Militär, Rüstung, Sicherheit

herausgegeben von Dieter S. Lutz

Eine Veröffentlichung des Instituts für
Friedensforschung und Sicherheitspolitik
an der Universität Hamburg

Band 10

Wolf Graf von Baudissin / Dieter S. Lutz (Hrsg.)

Kooperative Rüstungssteuerung

Sicherheitspolitik und Strategische Stabilität

Nomos Verlagsgesellschaft
Baden-Baden

CIP-Kurztitelaufnahme der Deutschen Bibliothek

Kooperative Rüstungssteuerung. Sicherheitspolitik u. strateg. Stabilität / Wolf Graf von Baudissin; Dieter S. Lutz (Hrsg.). – 1. Aufl. – Baden-Baden, Nomos Verlagsgesellschaft, 1981.
   (Militär, Rüstung, Sicherheit; Bd. 10)
   ISBN 3–7890–0707–2
NE: Baudissin, Wolf Graf von [Hrsg.]; GT.

1. Auflage 1981
© Nomos Verlagsgesellschaft, Baden-Baden 1981. Printed in Germany. Alle Rechte, auch die des Nachdrucks von Auszügen, der photomechanischen Wiedergabe und der Übersetzung vorbehalten.

Inhaltsverzeichnis

Vorwort von Staatsrat Helmut Bilstein

Vorwort der Herausgeber   7

I.   *Wolf Graf von Baudissin/Dieter S. Lutz:*
      Kooperative Rüstungssteuerung in Europa   9

II.   *Heinz-Jürgen Beuter:*
      SALT als Modell antagonistischer Rüstungssteuerung   49

III.   *Heinrich Buch:*
      Grundlagen und Perspektiven für SALT III   71

IV.   *Dieter S. Lutz:*
      Rüstung und Rüstungssteuerung in der Praxis: Das Beispiel der »Nuklearkräfte in und für Europa«   87

V.   *Justus Gräbner:*
      Der NATO-Doppelbeschluß: Modernisierungsplan und Rüstungssteuerungsangebot für die »eurostrategischen« Waffen   107

VI.   *Milan Šahovič:*
      Die fortdauernde Bedeutung der KSZE-Schlußakte – The Lasting Significance of the Final Act of the Helsinki Conference on Security and Cooperation in Europe   129

VII.   *Kalevi Ruhala:*
      Vertrauensbildende Maßnahmen – Confidence-Building Measures. Some regional and functional options   139

VIII.   *Evgeny Chossudovsky:*
        Für ein umfassendes politisches Konzept Vertrauensbildender Maßnahmen in den Ost-West-Beziehungen – Towards the Elaboration of a Comprehensive Policy Concept of CBMs in East-West Interactions. Some tentative considerations 159

IX.   *Herbert Wulf:*
        Rüstungssteuerung durch Umstellung der Rüstungsindustrie auf zivile Produktion 171

X.   *Joachim Krause:*
        Die Beschränkung konventionellen Rüstungstransfers in die Dritte Welt – Möglichkeiten und Methoden Kooperativer Rüstungssteuerung 189

XI.   *Michael Brzoska:*
        Verifikationsprobleme der Rüstungstransferkontrolle 209

XII.   *Dieter S. Lutz:*
        Neutralität – Keine Alternative zur Kooperativen Rüstungssteuerung? 225

Autorenverzeichnis 238

Register 241

Zehn Jahre IFSH –
zehn Jahre Forschung für den Frieden

von Staatsrat *Helmut Bilstein*

In diesem Jahr besteht das Institut für Friedensforschung und Sicherheitspolitik an der Universität Hamburg (IFSH) zehn Jahre. Mit der Gründung des Instituts wollte der Senat der Freien und Hansestadt Hamburg »eine unabhängige wissenschaftliche Einrichtung (schaffen), die im Bereich der Friedensforschung im allgemeinen und auf dem Gebiet sicherheitspolitischer Problemstellungen die Kriterien freier Forschung und Lehre, die Förderung des wissenschaftlichen Nachwuchses und die Publizierung der Forschungsergebnisse erfüllt« (Mitteilung des Senats an die Bürgerschaft, Drucksache VII/913 vom 02. 02. 1971).
Der Beschluß des Senats lag einerseits im Rahmen einer Empfehlung des Wissenschaftsrates von 1970, »die friedensrelevante Forschung verstärkt zu fördern«, und er entsprach und entspricht andererseits auch in besonderer Weise dem nachdrücklichen Friedensauftrag des Grundgesetzes der Bundesrepublik Deutschland und der Verfassung der Freien und Hansestadt Hamburg: Nach dem Willen des Grundgesetzes soll die Bundesrepublik Deutschland »dem Frieden der Welt dienen«; nach der Verfassung der Freien und Hansestadt Hamburg will Hamburg »im Geiste des Friedens eine Mittlerin zwischen allen Erdteilen und Völkern der Welt sein«.
Was also lag und liegt näher, als ein Institut zu fördern, das durch seine Arbeit mit dazu beitragen will, die Voraussetzungen für Frieden und Kooperation zu erforschen und dabei nach den Ursachen von Gewalt, Zerstörung und Krieg fragt.

Nach seiner Satzung soll sich das Institut für Friedensforschung und Sicherheitspolitik im Rahmen der Friedensforschung widmen:

1. der Durchdenkung der Probleme der Friedenssicherung,
2. der Nachwuchsförderung durch Lehrtätigkeit
3. der Anfertigung von sicherheitspolitischen Studien unter spezifisch europäischen und deutschen Aspekten.

4. der Bestandsaufnahme und laufender Orientierung über das strategische Denken in Ost und West in Vorträgen, Zeitungs- und Zeitschriftenartikeln, Rundfunk- und Fernsehbeiträgen und Publizierung in einer eigenen Schriftenreihe.

Das Institut für Friedens- und Konfliktforschung an der Universität Hamburg ist während seines bisher zehnjährigen Bestehens diesem Auftrag mehr als gerecht geworden. Die die wissenschaftliche Arbeit der Institutsmitarbeiter dokumentierenden Schriften und Buchreihen, die Lehrtätigkeit der Institutsangehörigen an der Universität und an der hiesigen Hochschule der Bundeswehr, die zahlreichen Fachkonferenzen und Vermittlungstagungen haben die Grundlagen dafür geschaffen, daß das IFSH in Wissenschaft, politischer Praxis und Öffentlichkeit zum Begriff geworden ist. National wie international gehört es zu den wichtigsten und anerkanntesten Einrichtungen der Friedens- und Konfliktforschung; nicht zuletzt steht dafür auch die Aktivität seines Wissenschaftlichen Direktors, Wolf Graf Baudissin.
Ein Teil der Institutsarbeit spiegelt sich in den Beiträgen der vorliegenden Sammelbände wider, die von Institutsmitgliedern oder ehemaligen Mitarbeitern – darunter Generalstabsoffiziere – angefertigt wurden. Der Band »Krisen, Konflikte, Kriegsverhütung« versucht u. a. durch die Analyse einer Reihe von gesellschaftlichen oder internationalen Konfliktfällen und -feldern sowie von krisen- und kriegsträchtigen Problemen Wege der Deeskalation, der Konfliktminderung und Problembewältigung aufzuzeigen bzw. nach den Ursachen von Kriegen oder spezifischen Konflikten zu fragen und Verhütungsmöglichkeiten zu diskutieren. Der Band »Kooperative Rüstungssteuerung« gibt darüber hinaus Analysen und Inhalte wieder, die man durchaus als »Schule« des Instituts bezeichnen kann. Ihre Bedeutung spiegelt sich in der aktuellen Diskussion um den Doppelbeschluß der NATO, die Rüstung der Sowjetunion im Mittelstreckenbereich und dem Fortgang des Entspannungs- und SALT-Prozesses wider.
Wissenschaft wird das Problem der Gewalt und ihrer Überwindung nicht lösen; sie kann jedoch durch Analyse und Dokumentation zum Verständnis und zur Lösung beitragen. Bürger, wie politisch Verantwortliche sind angesichts der vielfältigen, häufig unübersichtlich komplizierten internationalen Beziehungen mit ihren wirtschaftlichen, sozialen, aber auch ökologischen oder kulturellen Konfliktpotentialen darauf angewiesen – vielleicht heute mehr als zur Zeit der Gründung des Instituts.

Vorwort der Herausgeber

Die nachfolgenden Aufsätze werden aus Anlaß des zehnjährigen Bestehens des IFSH veröffentlicht. Ihre Autoren sind bzw. waren Mitglieder des IFSH. Die Aufsätze der beiden Bände »Kooperative Rüstungssteuerung« und »Konflikte, Krisen, Kriegsverhütung« spiegeln einerseits das Spektrum der Aufgabenstellung des Instituts, andererseits seine Spezialisierung auf sicherheitspolitische Problembereiche im Rahmen der Friedensforschung. Analyse und Ergebnisse der einzelnen Arbeiten sind nicht deckungsgleich, teilweise sogar recht unterschiedlich; sie nicht anzugleichen, sondern im Gegenteil nebeneinander zur Diskussion zu stellen, entspricht dem Selbstverständnis des IFSH im besonderen und der Friedensforschung im allgemeinen.

Das IFSH fühlt sich der politischen Praxis verpflichtet; in der Auswahl und Durchführung seiner Aufgaben orientiert es sich strikt an den Kriterien freier Forschung und Lehre. Die Verantwortung – auch für die nachfolgenden Aufsätze – liegt somit bei den Autoren.

Die Friedenswissenschaft selbst, als deren Teil sich das IFSH versteht, hat es mit dem Forschungsgegenstand »Frieden« zu tun, der als ein sich ständig wandelnder Prozeß zu begreifen ist. Seine Richtung läßt sich nur in der Diskussion auch gegensätzlicher Meinungen und Ergebnisse erschließen. Die nachfolgenden Arbeiten sind der Versuch, hierfür einen Beitrag zu leisten.

Wolf Graf von Baudissin   /   Dieter S. Lutz

IFSH, Oktober 1981

Wolf Graf von Baudissin, Dieter S. Lutz

I. Kooperative Rüstungssteuerung in Europa

1. *Vorbemerkung zum Stand der Kooperativen Rüstungssteuerung (KRSt)*

Der Rückschlag, den der Entspannungsprozeß zwischen Ost und West zum Jahreswechsel 1979/80 nach der Intervention in Afghanistan und anderen Ereignissen um den Persischen Golf erfuhr, mehrt die Skepsis, insbesondere der Weltmächte, gegenüber dem guten Willen und der Seriosität der anderen Seite. Zugleich erheben sich Stimmen, die der Rüstungsdynamik wieder freien Lauf lassen möchten. Doch kann es im Interesse irgendeines der Beteiligten und Betroffenen sein, gerade im Zustand erhöhter politischer Spannungen auch den Rüstungssteuerungsprozeß anzuhalten oder gar umzukehren?

Die schlechten Erfahrungen der SALT-Partner aus dem Aufschub des Verhandlungsbeginns 1968/69 mahnen zur Vorsicht. Schon damals brachte die Verzögerung die trotz ABM-Vertrag überflüssig gewordene, kaum verifizierbare Vermirvung von Raketen. Ähnliche technologische Belastungen des Rüstungssteuerungsprozesses ergaben sich aus der Nicht-Realisierung der Wladiwostoker Vereinbarungen Mitte der 70er Jahre. Stärker aber noch als die 60er und 70er Jahre wird das kommende Jahrzehnt geprägt sein von der zunehmenden Eigendynamik der Waffentechnologie, ihrer Tendenz zu First-Strike- und Counterforce-Systemen, ihrer sprunghaften, nicht exakt berechenbaren Entwicklung, der hieraus – ohne KRSt – ständig möglichen Veränderung des Kräfteverhältnisses sowie der daraus folgenden strategischen Instabilität. Auf der Basis ohnehin gespannter Beziehungen werden die Kontrahenten also mit Aussetzen der Rüstungssteuerung zukünftig – vom »worst case« ausgehend – mit dem gegnerischen Erstschlag rechnen bzw. selbst mit dem Gedanken der Präemption spielen müssen.

In einer »ungesteuerten« Situation stören Krisen wie derzeit der Afghanistan-Konflikt nicht nur den Entspannungsprozeß; vielmehr fällt ihnen dann die Rolle des Katalysators zu mit der Folge militärischer Auseinandersetzungen. Umgekehrt bietet die Fortführung der KRSt auch in Krisenzeiten die Chance, den circulus vitiosus zu durchbrechen, d. h. politische Spannungen nicht in rüstungstechnische Konsequenzen oder gar in militärische Aktionen zwischen den Verhandlungspartnern umschlagen zu lassen. Mechanismen und Organe des KRSt-Prozesses wie die Standing Consultative Commission (SCC) können dazu beitragen, wenn schon nicht Mißtrauen abzubauen, so doch Mißverständnisse zu deeskalieren. Ihr Funktionsbereich wird deshalb zukünftig zu verbreitern sein.

Das Ziel der KRSt – die Aufrechterhaltung der strategischen Stabilität – besitzt also auch und gerade im Konfliktfalle Gültigkeit. Aus diesem Grund haben auch nachfolgende Ausführungen ihre richtungsweisende Gültigkeit nicht verloren, obwohl sie bereits zum Jahresende 1979 für das DGFK-Jahrbuch 1979/80 niedergelegt wurden: Wir haben sie bewußt in nur leicht überarbeiteter Form als Einführung für den vorliegenden Band gewählt. Daß Rüstungssteuerung als *Prozeß* zu verstehen ist und damit zugleich eine Einführung in die Thematik nur als *Teil* einer eben auch kritischen und kontroversen Diskussion angesehen werden muß, zeigen die anschließenden Aufsätze. Wissenschaft und Politik müssen sich dieser Diskussion stellen.

2. *Theorie und Konzeption der Kooperativen Rüstungssteuerung* (KRSt)

2.1 *Sicherheitspolitik im Entspannungsprozeß*

Äußere Sicherheitspolitik ist Vorsorge gegen Eingriffe von außen, die mit Androhung oder Anwendung militärischer Gewalt die Entschlußfähigkeit der Regierung, die Entscheidungsfreiheit des Parlaments, die eigenständige Entwicklung der Gesellschaft oder die Existenz des Staates und der ihm angehörenden Menschen bedrohen. Gewahrt werden soll die politische Unabhängigkeit, die territoriale Integrität sowie die Lebensfähigkeit eines Landes und die Existenzerhaltung und -entfaltung seiner Bürger – nicht gegenüber allen denkbaren, aber gegenüber den außenpolitisch wahrscheinlichen Gefahren.[1]

---

1 Vgl. auch: *Wolf Graf von Baudissin*, Arms Reduction in Europe, in: ders., *Dieter S. Lutz*, Kooperative Rüstungssteuerung in Theorie und Wirklichkeit, IFSH-Forschungsberichte, 6/1978, S. 1; zum Ziel der Existenzerhaltung und -entfaltung der Bürger und Bewohner eines Staates vgl. auch: *Dieter S. Lutz*, »Positiver Frieden« als Verfassungsauftrag, in: Friedensanalysen, Für Theorie und Praxis Bd. 6, Frankfurt a. M. 1977, ›S. 178–199, 180 f, 183 ff; *Dieter S. Lutz, Volker Rittberger*, Abrüstungspolitik und Grundgesetz, Eine verfassungsrechtlich-friedenswissenschaftliche Untersuchung. Baden-Baden 1976, insbes. S. 139 ff.
Als einführende Literatur vgl. allgemein: *Günter Schwarz, Dieter S. Lutz*, Sicherheit und Zusammenarbeit, Eine Bibliographie zu KSZE, SALT, MBFR, Baden-Baden 1980; *Donald G. Brennan* (Hrsg.), Strategie der Abrüstung, Achtundzwanzig Problemanalysen, Deutsche erweiterte Ausgabe, hrsg. in Verbindung mit dem Forschungsinstitut der DGAP von *Uwe Nerlich*,

Sicherheitspolitik kann keinen Zustand der Konfliktlosigkeit schaffen; dies zu erwarten, wäre illusionär. Es geht stets um relative Sicherheit, die auch die Sicherheitsbedürfnisse der Nachbarn und des Gegenüber berücksichtigt. Im Zuge des Entspannungsprozesses verliert die Sicherheitspolitik mehr und mehr ihren Charakter als bloße Kriegsverhütungspolitik, sie versteht sich zunehmend als Beitrag zur Friedenspolitik.[2] Im Gegensatz zum Kalten Krieg beginnen die Akteure ihre Interdependenz und damit auch das komplizierte Verhältnis, füreinander zugleich Antagonist und Partner zu sein, anzuerkennen. Sie finden sich zu bi- und multilateralen Gesprächen und Abkommen auf den verschiedenen Sachgebieten und Ebenen in unterschiedlichen Zusammensetzungen bereit.[3] Sicherheit definiert sich somit nicht länger als bloße Negation ihres Gegenteils, der Unsicherheit, sondern positiv als Annäherung an einen Zustand der Stabilität friedlicherer zwischenstaatlicher Beziehungen bzw. Lebensbedingungen,[4] unter denen gewaltfreier Konfliktaustrag zur verbindlichen Norm werden soll.

Mit fortschreitendem Entspannungsprozeß kann Sicherheitspolitik zu einer – wenn auch wichtigen – Teilstrategie der Friedens- und Entspannungspolitik werden; letztere ist es auch, die Ziele, Strategien und Potentiale der Sicherheitspolitik bestimmt. Die umgekehrte Reihenfolge – Sicherheitspolitik als Dominante – überdehnt entweder den Begriff Sicherheit oder verwechselt Zweck und Mittel. Sie übersieht, daß eine bloße Politik der Kriegsverhütung auf Dauer nicht genügt. Konzepte dieser Art entstammen noch den Zeiten der Konfrontation,

– als bereits die bloße Existenz der anderen Seite als unmittelbare Gefahr für die eigene Sicherheit empfunden wurde und die internationalen Beziehungen demgemäß vorrangig durch das militärische Kräfteverhältnis bestimmt waren;
– als jeder – akute wie potentielle – Konflikt eine ernstzunehmende Sicherheits-, wenn nicht gar Existenzbedrohung bedeutete;

Gütersloh 1962; *Martin Müller*, Die Theorie der Kooperativen Rüstungssteuerung, in: *Klaus Dieter Schwarz* (Hrsg.), Sicherheitspolitik, Analysen zur politischen und militärischen Sicherheit, Bad Honnef 1976, S. 107–124; *Gundolf Fahl*, Internationales Recht der Rüstungsbeschränkung, Berlin 1975 ff.; *Wolf Graf von Baudissin*, Kooperative Rüstungssteuerung, in: *Ralf Zoll u. a.* (Hrsg), Bundeswehr und Gesellschaft, Ein Wörterbuch, Opladen 1977, S. 140–144; *Erhard Forndran*, Rüstungskontrolle, Friedenssicherung zwischen Abschreckung und Abrüstung, Düsseldorf 1970.

2 Zur Frage »Was ist Friedenspolitik?« vgl. auch den gleichnamigen Baustein in: *Dieter S. Lutz, Henning Schierholz*, Friedens- und Abrüstungspolitik, Bausteine für die politische Bildungsarbeit, Waldkirch 1978, S. 12 ff.

3 *Wolf Graf von Baudissin* a.a.O. (Anm. 1), S. 2.

4 Vgl.: *Klaus von Schubert*, Sicherheitspolitik, in: *Ralf Zoll, Ekkehard Lippert, Tjarck Rössel* (Hrsg), Bundeswehr und Gesellschaft, Ein Wörterbuch, Opladen 1977, S. 267, 268.

– als eine endgültige Normalisierung der Beziehungen nur denkbar schien, wenn der Antagonist vernichtet oder zur Kapitulation gezwungen würde.[5] Dieses Stadium der Konfrontation muß definitiv überwunden werden. Der Versuch durch Informationsaustausch Kooperation auf mehreren Ebenen zu üben, die bisher undurchdringlichen Fronten transparenter zu gestalten und die rigiden Feindbilder aufzuweichen, muß fortgeführt werden.
Militärische Macht als Mittel der Sicherheitspolitik hat ihre Bedeutung dennoch – oder gerade deshalb – nicht verloren, wenngleich ihre rein konfrontative Ausrichtung zu mildern ist. Ohne militärische Vorsorge gegen Eingriffe von außen findet sich kein Staat bereit, die bündnispolitischen und gesellschaftlichen Risiken einzugehen, wie sie der Entspannungsprozeß mit sich bringt. Sicherheitspolitik – und damit auch die Entspannungs- und Friedenspolitik – bedarf daher nach wie vor des »Standbeins« Militär und Rüstung. Im Zeitalter nuklearer Vernichtungsmittel soll das Militärpotential jedoch prohibitiv der gegenseitigen Abschreckung dienen, d. h. der Kriegsverhütung, und darf nicht auf Kriegsführung ausgerichtet werden, will man nicht weiter den einseitig drohenden Charakter der Rüstung betonen und Wettrüsten provozieren. Daß die sicherheitspolitische Wirkung der Abschreckung auch weiterhin von der politischen Glaubwürdigkeit ihrer Träger und der Effizienz des Instruments abhängt, liegt auf der Hand. Doch setzen das Prinzip der Gegenseitigkeit, die Beschränkung auf Kriegsverhütung sowie die hohe Verwundbarkeit der Industriegesellschaften die quantitativen wie qualitativen Anforderungen an das Potential herab.
Zum Kern herkömmlicher Sicherheitspolitik gehörte es, den potentiellen Gegner als tatsächlichen Feind zu betrachten, seine Aggressionsbereitschaft jedenfalls nicht auszuschließen und sich auf den »schlimmsten Fall« (worst case) vorzubereiten. Diese – im taktischen Bereich durchaus legitime – Einstellung paßt nicht in das Klima des Entspannungsprozesses; sie fördert Überlegenheitsstreben wie Wettrüsten und führt damit in militärstrategische Instabilität bzw. in dauernde Erwartung instabiler Kräfteverhältnisse.
Gerade auf sicherheitspolitischem Gebiet wirkt eine – tatsächliche oder vermeintliche – Instabilität für den sich unterlegen Fühlenden aber besonders bedrohlich; sie läßt die bei jeder wirtschaftlichen und sonstigen Kooperation unvermeidbaren Abhängigkeiten nicht als selbstverständliche und sicherheitspolitisch begrüßenswerte Interdependenz, sondern als unerträgliche Verwundbarkeit empfinden und fordert zu erhöhten Anstrengungen auf allen Rüstungsgebieten heraus.[6] Die Versuchung, sich in irgendeiner

---

5 So: *Wolf Graf von Baudissin,* a.a.O. (Anm. 1), S. 3.
6 Ebenda, S. 6.

Phase der ständigen Auf- und Umrüstung sowie der wechselnden Kräfteverhältnisse und -vorteile in einen präemptiven bzw. präventiven Krieg zu flüchten, wird daher sowohl für den stärkeren (und in Zukunft vielleicht wieder schwächeren) wie für den schwächeren (und in absehbarer Zeit womöglich noch schwächeren) der Kontrahenten zum ernsten Problem.[7] Jede Partei sieht die Aufrüstungsbemühungen der anderen; keine kann sicher sein, daß sie nicht als konkrete Kriegsvorbereitungsmaßnahmen gedacht sind bzw. zu einem Kräfteverhältnis führen, das die andere Seite zu indirektem Einsatz ihrer Streitkräfte anreizt. Diese dem System einseitiger Abschreckung immanente Konfrontations- und Krisenseskalationsgefahr zu beseitigen, ist – im dialektischen Prozeß mit der Entspannungspolitik – Aufgabe der »Kooperativen Rüstungssteuerung«.

2.2 Kooperative Rüstungssteuerung als Strategie der Sicherheitspolitik

2.2.1 Begriff und Entstehung der »Kooperativen Rüstungssteuerung«

Unter Kooperativer Rüstungssteuerung (KRSt) ist eine politisch-militärische Strategie zu verstehen, mit der Staaten oder Bündnisse trotz aller bestehenden Konflikte und Antagonismen als »Partner« ihre Militärpotentiale, deren Strategien, Umfang, Strukturen, Dislozierung und sogar deren taktischen Einsatz im Interesse ihrer beiderseitigen Sicherheit aufeinander abstimmen.[8] Als Konzept wurde KRSt[9] etwa um das Jahr 1960 unter dem angelsächsischen Begriff der Rüstungskontrolle (Arms Control) entwickelt.[10] Historisch lassen sich ihre Wurzeln bis zu den Abrüstungsbemühungen der Industrienationen des 19. Jahrhunderts zurückverfolgen. Anders jedoch als die Bemühungen um eine weltweite Abrüstung, anders auch als insbesondere die noch 1962 von den beiden Supermächten vorgelegten Vertragsentwürfe für eine »allgemeine und vollständige Abrüstung« (General and

---

7 Vgl. dazu auch: *Dieter S. Lutz*, Will a Third World War Occur in the Eighties?, in: Gandhi Marg 1/1979 (Vol. 1), S. 19; *Dieter S. Lutz*, Sowjetische Nuklearrüstung und SALT, in: *ders.* (Hrsg.), Militär, Rüstung, Sicherheit Bd. 1, Die Sowjetunion, Rüstungsdynamik und bürokratische Strukturen, Baden-Badn 1979.
8 Vgl. so: *Wolf Graf von Baudissin*, Kooperative Rüstungssteuerung, in: *Ralf Zoll* u. a., a.a.O. (Anm. 4), S. 140.
9 Der Begriff der Kooperativen Rüstungssteuerung, der sich im deutschen Sprachgebrauch durchgesetzt hat, ist zurückzuführen auf: *Wolf Graf von Baudissin*, Grenzen und Möglichkeiten militärischer Bündnisse, in: EA, 1/1970, S. 5, Anm. 4.
10 Wegweisend: *Donald G. Brennan* (Hrsg.), Strategie der Abrüstung, Achtundzwanzig Problemanalysen, Deutsche erweiterte Ausgabe, hrsg. von *Uwe Nerlich* in Verbindung mit dem Forschungsinstitut der Deutschen Gesellschaft für Auswärtige Politik, Gütersloh 1962.

Complete Disarmament) will die Konzeption der KRSt keine Utopie bleiben oder kaum erfüllbare Erwartungen wecken, sondern sich Schritt für Schritt in einem mühsamen, nicht immer geradlinigen Prozeß bei sorgsamer Wahrung strategischer Stabilität dem Ideal einer Welt ohne Waffen nähern, jedenfalls eine Voraussetzung für die weltweite und vollständige Abrüstung schaffen.[11] Obwohl die KRSt einerseits – wenn auch in unterschiedlicher Intensität – die Abrüstung als Endziel im Auge behält,[12] versucht sie andererseits pragmatisch die sich aus der Existenz nuklearer Vernichtungspotentiale ergebenden politischen und militärischen Folgen zu verarbeiten. Insbesondere beläßt sie die Abschreckungsstrategie in ihrer zentralen Rolle als Mittel der Kriegsverhütung. Je nach Forschungsrichtung dominiert jedoch – mehr eindimensional – die kurz- oder mittelfristig zu lösende Frage, durch welche Prozesse die gegenseitige Abschreckung zu stabilisieren sei,[13] oder – mehr zweidimensional – wie das stabilisierte bzw. noch zu stabilisierende Abschreckungssystem durch Abrüstung überwunden werden könne.[14] In jedem Falle aber kann KRSt als Strategie[15] für die gemeinsame Aufrechterhaltung glaubwürdiger gegenseitiger Abschreckung bzw. strategischer Stabilität bezeichnet werden; ihr langfristiges Ziel ist es allerdings, dies mit weniger bedrohten, weniger bedrohlichen und weniger kostspieligen Potentialen zu erreichen.[16] Unter dem kurz- und mittelfristigen Ansatz ist dagegen eine Konzeption der KRSt zu verstehen, die vorrangig auf Stabilisierung des Abschreckungssystems zielt und mehr oder weniger auf die Perfektionierung des klassischen balance-of-power-Mechanismus ausgerichtet bleibt. Eine solche Perfektionierung kann sowohl partielle Aufrüstungs- wie Reduzierungsmaßnahmen einschließen.[17]

---

11 *Wolf Graf von Baudissin,* a.a.O. (Anm. 8), S. 140 f.
12 So nachdrücklicher: *Martin Müller,* Die Theorie der Kooperativen Rüstungssteuerung, in: *Klaus-Dieter Schwarz* (Hrsg.), Sicherheitspolitik, Analysen zur politischen und militärischen Sicherheit, Bad Honnef-Erpel 1976, S. 107.
13 Stellvertretend: *Thomas C. Schelling,* Reziproke Maßnahmen zur Stabilisierung der Rüstung, in: *Donald G. Brennan,* a.a.O. (Anm. 10), S. 186–207.
14 Stellvertretend: *Jerome B. Wiesner,* Umfassende Systeme der Rüstungsbeschränkung, in: *Donald G. Bennan,* a.a.O. (Anm. 10), S. 219–257.
15 *Martin Müller* bezeichnet Kooperative Rüstungssteuerung zu Recht auch als »handlungsleitende Theorie« – a.a.O. (Anm. 12), S. 108–111.
16 So: *Wolf Graf von Baudissin,* a.a.O. (Anm. 1), S. 6; *ders.* bereits: Kooperative Rüstungssteuerung als Mittel der Entspannungspolitik, in: Information für die Truppe, 7/1972, S. 14 f.
17 Vgl.: *Martin Müller,* a.a.O. (Anm. 12), S. 112.

2.2.2 Strategische Stabilität als Ziel Kooperativer Rüstungssteuerung[18]

Als Strategie für die gemeinsame Aufrechterhaltung glaubwürdiger gegenseitiger Abschreckung[19] zielt KRSt darauf, strategische Stabilität zu erreichen, zu erhalten bzw. zu optimieren. In diesem Rahmen versteht man unter strategischer Stabilität ein Gesamt-Kräfteverhältnis zwischen Bündnissen und Staaten, das jeden Versuch einer Konfliktregelung mit militärischen Mitteln – ob im indirekten oder direkten Einsatz – deutlich als kalkuliert untragbares Risiko erkennen läßt. Es darf kein Zweifel an der politischen Entschlossenheit und Solidarität der Angegriffenen sowie an der Wirksamkeit ihrer Abwehr aufkommen. Unkalkulierbar sollten nur die einzelnen taktischen Reaktionen der angegriffenen Seite bleiben. Andernfalls bilden sich Instabilitäten, die kriegsverhütendes Krisenmanagement, auch gerade mit diplomatischen Mitteln, illusorisch machen.

Mit anderen Worten: Generelle Ausgewogenheit der tatsächlichen Kräfte bzw. Einsatzoptionen ist wichtiger als Umfang und Art einzelner Teilstreitkräfte, Waffengattungen oder Systeme: generell oder in bestimmten Regionen. Nur ein stabilisiertes Kräfteverhältnis kann helfen, die bestehenden Bedrohtheitsgefühle und das tiefwurzelnde Mißtrauen zu relativieren; als statisch-negatives Element, das gegen Unterwerfung und Katastrophe absichert, trägt strategische Stabilität dazu bei, die erforderlichen positiven Energien für den dynamischen Entspannungsprozeß freizusetzen.

Strategische Stabilität ist erst bei einer ausgewogenen Leistungsbilanz erreicht oder – anders ausgedrückt – bei Ausgewogenheit der sicherheitspolitischen und strategischen Optionen, die diese Potentiale ihren Besitzern eröffnen. Demgegenüber spielen Quantitäten bei der Analyse der Sicherheitsfaktoren nur noch eine sehr bedingte Rolle. Zahlenmäßige Stärkevereinbarungen behalten trotzdem ihren politischen Wert als gemeinsam anerkannte Ausgangsbasen für spätere Reduzierungen.

KRSt zielt nicht auf einfache Parität als zahlenmäßigem Gleichstand von Soldaten und bestimmten Waffen. Im Zeichen qualitativer Rüstungsdynamik, die neue taktische, militär-strategische, ja politische Optionen eröffnet, haben Zahlenvergleiche erheblich an Wert verloren. Simple numerische Hochrechnungen gehen an der komplexen Wirklichkeit vorbei, weil sie die qualitativen wie quantitativen Verschiedenartigkeiten der Potentiale, die

---

18 Zu folgendem vgl. bereits: *Wolf Graf von Baudissin*, a.a.O. (Anm. 1), S. 4–6.
19 Zu den Teilzielen einer auf Abschreckung zielenden Theorie Kooperativer Rüstungssteuerung vgl. den Katalog bei: *Erhard Forndran*, Rüstungskontrolle, Friedenssicherung zwischen Abschreckung und Abrüstung, Düsseldorf 1970, S. 122 f.; zu den Teilzielen einer die »Abrüstung« als Gesamtziel verarbeitenden Theorie vgl.: *Jerome B. Wiesner*, a.a.O. (Anm. 14), S. 227 f.

Widersprüchlichkeit ihrer Strategien und der geo-strategischen Bedingungen, unter denen sie stehen, ebenso unbeachtet lassen wie die hohe Mobilität, mit der heutzutage Verbände und Systeme über weite Entfernungen verlegt und versorgt werden können. Parität, wörtlich genommen, würde sogar zu einem Motor des Wettrüstens in einer Lage, da sich die Akteure bei ungenügender Transparenz mit altgewohntem »worst-case-thinking« um die Stabilität der nächsten Dekade zu sorgen beginnen. So verstandene Parität würde zum »Vorhalten« geradezu anreizen.

Bei der Bemessung von Potentialen wird sich KRSt im Interesse der Entspannungspolitik darauf einspielen müssen, sich mit «sufficiency«, dem Prinzip der Hinlänglichkeit zu begnügen. Dies bedeutet auch, daß partielle und temporäre Unterlegenheiten bewußt in Kauf genommen werden und der Tendenz widerstanden wird, der eigenen Seite möglichst viele, jedenfalls mehr strategische und taktische Optionen offenzuhalten, als sie der anderen Seite zugebilligt werden. In diesen Zusammenhang gehört auch das Postulat, keine neuen Technologien einzuführen, bevor ihre strategischen, sicherheitspolitischen und rüstungssteuerlichen Implikationen ausgelotet wurden. Zwischen globalen Kernwaffenbündnissen und unter gegenseitigen Abschreckungsprämissen sollten diese Risiken tragbar sein; sie sind zumindest in aller Regel niedriger als die Gefahren, die destabilisierendes Wettrüsten mit sich bringt.

2.2.3 Instrumentarien und Erfolgsbedingungen der KRSt

Kooperative Rüstungssteuerung schafft die Militärpotentiale nicht ab, sie steuert jedoch die Rüstungsprozesse und schränkt die Einsatzmöglichkeiten der Streitkräfte aller Beteiligten gleichmäßig ein. Der Erreichung dieses Zieles dient ein Bündel voneinander unabhängiger, aber in ihrer Gesamtheit wirksamer Maßnahmen:[20]
- Einfrieren (freeze) der Potentiale nach Umfang, Qualität und Dislozierung;
- Absichtserklärungen und Moratorien, die Produktionsbeginn bzw. weiteres Indienststellen von Waffensystemen neuer Technologien für eine bestimmte Zeit bzw. unter bestimmten Bedingungen hinausschieben;
- Abbau (reduction) von Teilen der Militärpotentiale; generell oder in bestimmten Regionen;

---

20 Zu den Instrumentarien vgl.: *Wolf Graf von Baudissin,* a.a.O. (Anm. 8), S. 141 f.

- Abschaffung (abolition) bestimmter Waffensysteme bzw. Truppenverbände;
- Festlegung von (bisher nicht erreichten) Höchstbeständen (ceiling);
- Einschränkung von Einsatz-Optionen (Verdünnung in bestimmten Gebieten; kernwaffenfreie bzw. entmilitarisierte Zonen);
- Vereinbarungen über Organisationsformen, Kommandostrukturen, Bereitschaftsgrade und logistischen Unterbau;
- Vereinbarungen im Bereich der Strategien und Militärdoktrinen.

Diese Maßnahmen und Instrumentarien können in Verträgen, Abkommen und stillschweigenden Vereinbarungen (tacit agreements) und durch demonstrative unilaterale Schritte festgelegt werden. In jedem Falle sind sie aber nur dann wirksam und erfolgversprechend, wenn sie kooperativ gehandhabt werden. Der Wille beider Seiten zu kooperativer Politik, aber auch die Übereinstimmung in der Beurteilung der Ziele und Methoden der KRSt müssen vorhanden sein bzw. glaubhaft gemacht werden. Jeder kompetitive oder konfrontative Ansatz wirkt unweigerlich kontraproduktiv. Fortschritte sind nur zu erwarten, wenn das Verhalten der Regierungen erkennen läßt, daß diese das Sicherheitsbedürfnis der Gegenseite entspannungskonform ernst nehmen; wenn die Vertragsschließenden auf maximale Sicherheitsvorkehrungen für sich selbst verzichten und in eine möglichst weitgehende Transparenz ihrer Absichten, Entscheidungsprozesse, Strategien und Potentiale einwilligen.[21] Steuerungspolitisch betrachtet, sind der Abbau sicherheitspolitischer, strategischer wie rüstungspolitischer Undurchsichtigkeit einerseits und die Nachprüfung der Vertragstreue andererseits Maßnahmen, welche die herkömmlichen Bedrohtheitsgefühle überwinden helfen; sie rationalisieren die zwischenstaatlichen Beziehungen. Dabei ist es ratsam, die Akteure zunächst nicht zu überfordern und Vereinbarungen zu vermeiden, die das latente Mißtrauen bestärken bzw. zu neuen Enttäuschungen führen könnten.

In jedem Fall sind Verifikationen und Vertrauensbildung, wenn nicht direkte Instrumentarien der KRSt, so doch »Begleitende Maßnahmen« (Associated Measures – AM), die über den Erfolg der Steuerungsbemühungen mitentscheiden. Bei den Vertrauensbildenden Maßnahmen (VBM) handelt es sich um Vereinbarungen, die Umfang, Organisation und Bewaffnung der Streitkräfte nicht unmittelbar berühren. Sie grenzen nur die Verfügbarkeit der Verbände, also ihre Aktivitäten und Dislozierungen in bestimmten Räumen ein. Sie erhöhen vor allem die Transparenz und machen dadurch Fehlbeurteilungen bzw. Fehlreaktionen unwahrscheinlicher.

---

21 *Wolf Graf von Baudissin*, a.a.O. (Anm. 1), S. 6 f.

Der sicherheitspolitische Wert der VBM liegt darin,
- daß sie ein hilfreiches Bild von der Routineausbildung der Beteiligten vermitteln, ohne unzumutbar zu sein;
- daß ihre Wirkung nur bedingt durch technologische Entwicklungen beeinflußt wird;
- daß sie »constraints« sind, die über die jeweilige Reduktionszone hinaus gelten, daß sie also den Statusunterschied zwischen Kontrollierten und Nichtkontrollierten relativieren und auch die angrenzenden Regionen transparenter werden lassen;
- daß die Art ihrer Anwendung wie die Bereitschaft zu ihrer Weiterentwicklung ein Indikator für das KRSt-Verständnis und den »good will« der Akteure ist.

Je mehr sich die Einsicht durchsetzt, daß ein Unterhalten von Potentialen, die über eine zur Kriegsverhütung notwendige Rüstungskapazität hinaus nennenswerte Kriegsführungs- und Verteidigungsfähigkeit entwickeln, sinnwidrig geworden ist, umso geringer sollte die sicherheitspolitische Bedeutung bloßer quantitativer Vereinbarungen und umso höher die der VBM veranschlagt werden.[22]

Bei der zweiten Säule der »Begleitenden Maßnahmen« – der Verifikation – geht es um die Prüfung der Vertragstreue der jeweils anderen Seite. Zu unterscheiden wäre zwischen der periodischen Inspektion an Ort und Stelle und der Überprüfung als ständigem Vorgang. Wesentlich ist aber, daß es sich bei der Verifikation im Rahmen der KRSt – im Gegensatz zur geheimen, einseitigen Aufklärung (Intelligence) – um ein offenes, formalisiertes und vor allem kooperatives Verfahren handelt.[23] Rein militärisches Denken neigt dazu, überhöhte Verifikationsanforderungen an den Vertragspartner zu stellen, um Einblick in alle Vorgänge zu erhalten. Das würde jedoch zusätzliche Friktionen und neues Mißtrauen schaffen. Verifikation muß also nach Form wie Intensität erträglich bleiben und sich lediglich auf die Feststellung von Fakten richten, die zum rechtzeitigen Erkennen grober Vertragsbrüche notwendig sind. Vor Überraschungsangriffen schützen die hochentwickelten Aufklärungssysteme der Weltmächte.

Mit fortschreitendem Entspannungs- und Rüstungssteuerungsprozeß sollten die Verifikationsstrukturen auch mit Funktionen des Krisen-Management betraut werden. Gerade hier können sie zur Transparenz verhelfen, die unnötige Eskalationen verhindert. Eine Beteiligung neutraler und bündnisfreier Regierungen könnte ihre politische und funktionale Effizienz beträchtlich erhöhen.

22 Ebenda, S. 9 f.
23 *Ders.,* a.a.O. (Anm. 8), S. 142.

Zusammengefaßt ergibt sich somit für eine erfolgreiche KRSt folgender Minimal-Katalog von Kriterien:[24]
1. Die Ziele und Methoden der KRSt sind für die Verhandlungspartner Grundlage ihrer Sicherheitspolitik. Hierzu gehören:
a) die Bereitschaft zur Anerkennung strategischer Stabilität als Norm;
b) der Verzicht auf den Gebrauch militärischer Mittel zur Regelung irgendwelcher Konflikte; ausgenommen bleibt die Abwehr einer Aggression bzw. die Abschreckung gegen die Fortsetzung der Kriegshandlungen und ihre Eskalation;
c) die Bereitschaft zu Kooperation und gegenseitiger Transparenz.
2. Die vorgeschlagenen bzw. vereinbarten Steuerungsmaßnahmen sind »ausgewogen«: sie belassen, grenzen ein oder nehmen den Parteien gleichwertige Optionen.
3. Die Einhaltung der Verträge bleibt verifizierbar.
4. Die Bemühungen um Rüstungssteuerung werden von VBM begleitet.
Kriegsverhütend und friedensrelevant wirken Maßnahmen der KRSt,
– wenn sie die Regierungen verpflichten, Rüstungsplanung, Bewaffnung, Strukturen und Strategien ihrer Streitkräfte gemeinsam auf die Erfordernisse strategischer Stabilität abzustimmen;
– wenn sie zur Begnügung mit »sufficiency« als Maßstab der Kräftebemessung führen und damit die unvermeidbaren zeitweisen sowie nur einzelne Rüstungssektoren betreffenden Unter- und Überlegenheiten erträglich erscheinen lassen;
– wenn sie Kräfteverhältnisse erhalten, welche die Beteiligten auch in Krisen mehr Sicherheit von einer De-Eskalation als von Eskalationen aller Art erwarten lassen;
– wenn Verifikationen und Krisenmanagement zum sicherheitspolitischen Alltag gehören.

3. *Die Praxis der KRSt-Politik in Europa*

Das Konzept der KRSt wird insbesondere auf zwei Ebenen praktiziert:
– bilateral zwischen den Weltmächten USA und UdSSR durch Verhandlungen über die Begrenzung strategischer Waffensysteme;
– multilateral zwischen Staaten der NATO und der WVO in Verhandlungen über einen Truppenabbau in Mitteleuropa.

24 Vgl. auch weitergehend noch: *Martin Müller*, a.a.O. (Anm. 12), S. 114–119.

3.1 Die Verhandlungen über die Begrenzung strategischer Waffensysteme

3.1.1 SALT[25]

Bereits am 3. Oktober 1972 war zwischen den USA und der UdSSR das erste Abkommen über die Begrenzung strategischer Waffensysteme (Strategic Arms Limitation Talks – SALT)[26] in Kraft getreten. Es umfaßte den Vertrag über Systeme zur Abwehr ballistischer Raketen (Anti-Ballistic Missiles – ABM),[27] der am 3. Juli 1974 durch ein Protokoll und eine vereinbarte Interpretation verdeutlicht wurde sowie ein Interimsabkommen über die Begrenzung strategischer Angriffswaffen nebst Protokoll. Diese Texte wurden durch ein Memorandum über die Einsetzung einer ständigen Beratungskommission (Standing Consultative Commission – SCC) vom 21. Dezember 1972 ergänzt und durch eine gemeinsame, in Wladiwostok abgegebene amerikanisch-sowjetische Erklärung über strategische Angriffswaffen am 24. November 1974 bestätigt.[28]

Das Interimsabkommen von SALT I nebst Protokoll vom 26. Mai 1972 sah folgende Vereinbarungen vor:
- die quantitative Begrenzung der strategischen Trägersysteme auf unterschiedliche Höchstzahlen, die den technologischen Vorsprung der USA ausgleichen sollten: jeweils für USA/UdSSR 1054/1618 ICBM, 710/950 SLBM, 44/62 Atom-U-Boote;
- das Verbot des Neubaus von Silos für ICBM nach Vertragsabschluß;
- das Verbot der Erweiterung bestehender Silos um 10 bis 15% ihres Durchmessers;
- das Verbot der Umwandlung vor 1964 erbauter ICBM-Abschußrampen in

---

25 Vgl. zu folgendem auch: *Dieter S. Lutz*, Sowjetische Nuklearrüstung und SALT, a.a.O. (Anm. 7); *ders.*, Strategic Arms Limitation Talks (SALT), in: *Wolf Graf von Baudissin, Dieter S. Lutz*, a.a.O. (Anm. 1), S. 29 ff.
26 Zur Vorgeschichte und den ersten Verhandlungsrunden von SALT vgl.: *Clarence T. Caldwell*, Soviet Attitudes to SALT, Adelphi Papers No. 75, The Institute for Strategic Studies, London 1971; *Samuel P. Payne*, The Soviet Debate on Strategic Arms Limitations, 1969–1972, in: Soviet Studies Vol. XXVII, No. 1/1975, S. 27–45; *John Newhouse*, Cold Dawn, The Story of SALT, New York 1973; *Milton Leitenberg*, SALT als Mittel der Rüstungskontrolle, in: Beiträge zur Konfliktforschung, 2/1974, S. 15–41 und 3/1974, S. 89–120.
27 Zu den »Antiraketen – Raketensystemen und Rüstungskontrolle (arms control)« vgl. den gleichnamigen – in einigen Teilen allerdings durch die Realität überholten – Aufsatz von *Jost Delbrück*, in: Abschreckung und Entspannung, Fünfundzwanzig Jahre Sicherheitspolitik zwischen bipolarer Konfrontation und begrenzter Kooperation. Veröffentlichung des Instituts für Internationales Recht an der Universität Kiel, Bd. 76, Berlin 1977, S. 770–779.
28 Die genannten Texte sind abgedruckt unter Abschnitt 8 in: *Gundolf Fahl*, Internationales Recht der Rüstungsbeschränkung, Berlin 1975 ff.

solche für »schwere« Raketen, die nach diesem Zeitpunkt konstruiert wurden;
- das Verbot des Umbaus von Silos, die nach 1964 für leichte ICBM errichtet waren, zur Aufnahme von »schweren« Systemen.

Im Rahmen dieser Bestimmungen und Verbote erlaubte SALT I schon aufgrund der hohen, von der UdSSR durchgesetzten Obergrenzen ein erhebliches Weiterrüsten (vgl. *Tabelle 1, S. 29*). Auch gestattet der Vertrag, ja reizte dazu an, eine Reihe von Umrüstungs- und Austauschmöglichkeiten bei den »begrenzten Systemen« wahrzunehmen: etwa den Ersatz der alten schweren ICBM durch neue leichte, den Abbau dieser Systemkategorien und ihren Ersatz durch SLBM, den Ersatz von neuen schweren ICBM durch andere schwere und schließlich den Ersatz der leichten ICBM durch andere leichte.[29] Als komplizierendes Element kam hinzu, daß die Sowjetunion im Rahmen der SALT-Gespräche keine Bereitschaft zu einer Definition für »schwere« und »leichte« Raketen zeigte und daß die Einführung der Kaltstarttechnik die bisherige Berechnungsbasis in Frage stellte. Die amerikanische Delegation gab deshalb bei Vertragsabschluß eine einseitige Erklärung ab, nach der die »Vereinigten Staaten jede ICBM, die ein wesentlich größeres Volumen hat als die größte zur Zeit (d. h. bei Vertragsabschluß – die Verfasser) auf beiden Seiten einsatzbereite leichte ICBM als schwere ICBM betrachten«.[30] Die »Offenheit« des Vertrages ermöglichte es in der Folgezeit der UdSSR, aber auch den USA,[31] das gesamte strategische Arsenal zu modernisieren und umzurüsten, ohne die Bestimmungen des Abkommens zu verletzen.[32] Herausragendes Austauschmerkmal ist hierbei, daß nahezu alle neuen Systeme, die ihrerseits wieder verschiedene Modifikationen aufweisen, mit Mehrfachsprengköpfen (Multiple Independently Targetable Re-entry Vehicle – MIRV)[33] versehen sind oder versehen werden können (dazu noch

29 Vgl.: ÖMZ, 1/1977, S. 19.
30 Vgl.: *Gundolf Fahl*, a.a.O. (Anm. 28); Abschnitt 8.3.1 D., S. 195 ff.
31 Ähnliche Entwicklungen können – wenngleich auch mit zeitlichen Verschiebungen – für beide Supermächte festgestellt werden.
32 Nach einen Rechenschaftsbericht der US-Regierung zu SALT I, der im März 1978 veröffentlicht wurde, habe auch die UdSSR die Bedingungen von SALT I erfüllt. Sie sei nie einer Übertretung oder Verletzung des Vertrages beschuldigt worden, wenngleich sie bis an die Grenzen der Vertragskonzessionen handle und seine Möglichkeiten ausschöpfe – vgl. *Heinz-Jürgen Gries*, SALT I und II, Limitierte Apokalypse?, in: VZ, Nachrichten aus dem politisch-parlamentarischen Bereich, 7–8/1978, S. 12; vgl. aber auch: *Georg Vancura*, Wieviel Sicherheit durch SALT?, in: Wehrkunde, 6/1976, S. 283; ferner: *Peer H. Lange*, Zur Aufwertung der Außenpolitischen Rolle der sowjetischen Militärmacht, SWP-AZ 2134, Foreign Policy No. 24/1976, S. 40–64.
33 Es gibt Mehrfachsprengköpfe, deren einzelne Sprengkörper sich verteilen, ohne auf verschiedene Ziele programmierbar zu sein (MRV – Multiple Reentry Vehicle); ferner Mehrfachspreng-

Kapitel 2.1.5.). Die UdSSR verbesserte die technologische Qualität ihrer Waffensysteme schneller und konsequenter als man bei Vertragsabschluß erwartet hatte. Dieses setzte Washington bei den Verhandlungen der 2. Runde von vornherein unter Erfolgsdruck.

Im Gegensatz zum Interimsabkommen, das nur für einen Zeitraum von 5 Jahren abgeschlossen wurde, gilt der 2. Teil des SALT I-Vertrages, die ABM-Vereinbarung,[34] unbefristet. Dieser Teilvertrag erlaubt beiden Weltmächten lediglich die Einrichtung von jeweils zwei ABM-Systemen mit jeweils 100 Abschußvorrichtungen und einem Radius von 150 km: eines zum Schutz der Hauptstadt und eines für eine ICBM-Stellung nach Wahl. Beide ABM-Systeme müssen wenigstens 1300 km voneinander entfernt liegen, wodurch die Bildung eines Territorialschutzes vermieden, also einer Erstschlagfähigkeit vorgebaut werden soll. Das Protokoll vom 3. Juli 1974 zum Vertrag zwischen den USA und der UdSSR über die Begrenzung von ABM-Systemen setzte sogar die Zahl der Dislozierungsgebiete auf jeweils eines herab.

Die Bedeutung des ABM-Vertrages liegt zunächst in der Beendigung des Rüstungswettlaufs auf dem Gebiet der strategisch destabilisierenden und außerordentlich kostspieligen ABM-Systeme. Doch wäre anzumerken, daß sich das Abkommen mit dem Protokoll von 1974 allein auf Radar- und Raketenabfangvorrichtungen im strategischen Bereich bezieht, nicht aber auf die Luftabwehr und die Bekämpfung taktischer Raketen und auch nicht auf die Abwehrmöglichkeiten durch Laser- und Satellitenwaffen. Darüber hinaus liegt die Bedeutung des Vertragswerks in der Legalisierung der Verifikation. Keine der beiden Vertragsparteien darf die Tätigkeit der Beobachtungssatelliten technisch stören oder durch vorsätzliche Tarnung beeinträchtigen. Mit SALT I hat sich die Sowjetunion erstmalig bereit erklärt, die uneingeschränkte Bewegungsfreiheit von Aufklärungssystemen zu akzeptieren.[35] Wieweit hierbei Einsichten in Grundregeln der KRSt oder technologische Zwänge eine Rolle spielen, bleibt offen. Hervorzuheben ist aber, daß die Vertragsparteien und damit auch die UdSSR das in der sowjetischen Militär-

---

köpfe, deren einzelne Sprengkörper jeweils auf vorherbestimmte, voneinander unabhängige Ziele einstellbar sind (MIRV – Multiple Independently Targetable Reentry Vehicle) und schließlich als vorläufig letzte Steigerung Sprengköpfe, deren einzelne Sprengkörper sich auch noch nach dem Ausstoß aus dem Träger-Flugkörper steuern lassen, d. h. Ausweichbewegungen machen können oder in verschiedener Weise das gewünschte Ziel anfliegen können (MARV – Maneuverable Reentry Vehicle).

34 Vgl. zum ABM-Vertrag ausführlich: *Gundolf Fahl*, SALT I, Die strategische Grenznachbarschaft von USA und UdSSR, Berlin 1977, S. 24–30.

35 Vgl.: *Andrew J. Pierre*, Das SALT-Abkommen und seine Auswirkungen auf Europa, in: EA, 13/1972, S. 435.

doktrin bislang geleugnete »Abschreckungsprinzip« vertraglich bestätigen:[36] SALT und insbesondere der ABM-Vertrag setzen eindeutig die »Verletzbarkeit (vulnerability) des potentiellen Gegners« voraus – also ein Grundprinzip nuklearer Abschreckungsstrategie. Die Geiselrolle der Bevölkerung wird als überzeugende Sicherung vor nuklearen Überraschungsschlägen betrachtet.

3.1.2 Die Vereinbarungen von Wladiwostok

Die nachfolgenden Verhandlungen von SALT II fanden einen vorläufigen Höhepunkt in der gemeinsamen Erklärung des damaligen US-Präsidenten *Gerald Ford* und des KPdSU-Generalsekretärs *Leonid J. Breschnew* anläßlich ihres Arbeitstreffens am 23./24. November 1974 in Wladiwostok.[37] Die Gespräche drehten sich offenbar vor allem um die Zahl der strategischen Waffensysteme und zielten noch nicht auf eine schrittweise Reduzierung der Rüstungsbestände. So einigte man sich auf die beiderseitige Höchstzahl (ceiling) von 2400 ICBM, SLBM und Fernbombern, auf eine Limitierung der schweren sowjetischen Raketen SS-9 und SS-X-18 (Höchstzahl: 300 Systeme) sowie auf die Ausrüstung von höchstens 1320 Raketen mit MIRV. Das Abkommen sollte 10 Jahre gültig sein; spätestens 1980 sollten weitere Verhandlungen (SALT III) beginnen.[38]

Von entscheidender Bedeutung für die Beurteilung dieser Vertragsgrundlage ist die Tatsache, daß es nach und durch SALT II jeder Seite freistehen sollte, die erlaubte Zahl an Trägersystemen zwischen ICBM, SLBM und Bombern nach Belieben aufzuteilen. Diese Regelung trug zwar den Unterschieden zwischen den Potentialen und Konzepten Rechnung, mußte aber dazu verleiten, alle laufenden Programme zu Ende zu führen. Darüber hinaus blieb sogar die Möglichkeit weiterer technologischer Verbesserungen offen; die strukturelle Rationalisierung mit dem Ziel qualitativer Aufrüstung wurde

---

36 So auch: *Albert Legault, George Lindsey*, Dynamik des nuklearen Gleichgewichts, Frankfurt/M. 1973, S. 177 f.; *Horst Afheldt*, SALT und qualitatives Wettrüsten, in: Wehrkunde, 12/1972, S. 632; *Benjamin S. Lambeth*, The Soviet Strategic Challenge under SALT I. in: Current History Vol. 23, Oct. 1972, S. 150; a. A.: *Marshall D. Shulman*, SALT and the Soviet Union, in: *Mason Willrich, John B. Rhinelander* (Hrsg.), SALT, The Moscow Agreement and Beyond, New York 1974, S. 119 f.; vgl. auch: *Stanley Sienkiewicz*, SALT and Soviet Nuclear Doctrine, in: International Security Vol. 2, No. 4/1978, S. 98.
37 Vgl.: SIPRI-Jahrbuch 1975, Uppsala 1975, S. 10 ff.
38 Vgl.: EA, 4/1975, S. D92–95; vgl. auch: *Georg Vancura*, a.a.O. (Anm. 32), S. 280; *Dieter S. Lutz*, Die KSZE im Geflecht anderer internationaler Handlungssysteme und Organisationen, in: *Jost Delbrück, Norbert Ropers, Gerda Zellentin* (Hrsg.), Grünbuch zu den Folgewirkungen der KSZE, Köln 1977, S. 42; *Gundolf Fahl*, a.a.O. (Anm. 28), Abschnitt 8.3.3.4.

nicht beschnitten.³⁹ Es ist daher nicht verwunderlich, wenn dieses Abkommen Zustimmung und Unterstützung bei den Militärbürokratien beider Seiten fand.⁴⁰

Dennoch erschwerten wesentliche Streitfragen die Realisierung der Wladiwostok-Erklärung. Zwar hatte die UdSSR den Anspruch aufgeben müssen, ihren Vorsprung in Trägerzahlen, den SALT I eingeräumt hatte, als Besitzstand aufrechtzuerhalten, und auch die Forderung nicht durchsetzen können, ihre MIRV-Unterlegenheit durch Abbau amerikanischer, britischer und französischer Kernwaffen zu kompensieren. Doch verlangte sie nunmehr die Austauschbarkeit von rund 1000 der leichten ICBM SS-11 gegen 1000 der vermirvten SS-19 mit drei- bis sechsfacher Tragfähigkeit und ferner die Einbeziehung der amerikanischen Marschflugkörper (Cruise Missiles) in die Verhandlungen. Andererseits weigerte sich Moskau jedoch, den Bomber Backfire auf die vereinbarten Trägersystem-Höchstzahlen anrechnen zu lassen, da dieser eindeutig als Mittelstreckenbomber zu werten sei. Als problematisch wurde schließlich auch die amerikanische Forderung dargestellt, alle ICBM eines einmalig mit MIRV getesteten Systems auf die MIRV-Obergrenze von 1320 Trägern anzurechnen.⁴¹ Dennoch wäre SALT II voraussichtlich auf der allgemeinen Grundlage von Wladiwostok unter Einschluß weiterer Beschränkungen für Cruise Missiles und Backfire abgeschlossen worden, wenn Präsident *Ford* nicht im Wahljahr 1976 zu innenpolitischen Rücksichtnahmen gezwungen gewesen wäre.⁴²

3.1.3 Der »politische« Konflikt um SALT II und der Verlauf der Verhandlungen

Die Wahlen von 1976 brachten den USA einen neuen Präsidenten, eine neue Regierung und ein neues Team von politischen Planern, Diplomaten und

---

39 Vgl.: *Dieter S. Lutz*, ebenda; *Georg Vancura*, ebenda.
40 »Im Falle der SALT-Vereinbarungen hatten die Chefs des Vereinigten Generalstabs ebenfalls ihre Bedingungen für ein Einverständnis, diesmal drei, die sie als Sicherheiten bezeichneten. Sie argumentierten, um sich gegen eine Verminderung ihrer nationalen Sicherheiten zu schützen, müßten die Vereinigten Staaten folgendes haben: Sicherheit – – einen weiten Bereich von Aufklärungspotentialen und -operationen, um zu verifizieren, daß sich die Sowjets an die Umwelt der Begrenzung strategischer Waffen halten. Sicherheit II – Verbesserungs- und Modernisierungsprogramme für den Angriff . . . Sicherheit III – energische Forschungs- und Entwicklungsprogramme« – vgl.: SIPRI (Hrsg.), Rüstung und Abrüstung im Atomzeitalter, Ein Handbuch, Reinbek bei Hamburg 1977, S. 303.
41 Vgl.: *Heinz-Jürgen Gries*, a.a.O. (Anm. 32), S. 12; *Georg Vancura*, a.a.O. (Anm. 32), S. 280, 283; *Richard Burt*, The Scope and Limits of SALT, in: Foreign Affairs Vol. 56, No. 4/1978, S. 753 f.
42 Vgl.: *Gert Krell*, SALT, Stand und Probleme, in: ami, 10/1077, S. 111–184.

Spezialisten mit ebenfalls neuen Verhandlungspositionen und Vorstellungen. Die Krise, in die mittlerweile die Verhandlungen nach Wladiwostok[43] geraten waren, schien ihrem Höhepunkt entgegenzutreiben,[44] als Anfang 1978 *Brzezinski* und *Vance* in einem öffentlichen Disput die Zweckmäßigkeit eines Junktims zwischen dem SALT II-Komplex und dem sowjetisch-kubanischen Engagement im äthiopisch-somalischen Konflikt erörterten. Kurze Zeit später, am 17. März, stellte der amerikanische Präsident in seiner sicherheitspolitischen Rede an der Wake Forest University in Winston Salem die Sowjetunion unverhüllt vor die Wahl, entweder politische Zurückhaltung zu üben oder eine Erhöhung des amerikanischen Rüstungsniveaus zu riskieren. Obwohl in der Folgezeit Tass- und Prawda-Erklärungen die Warnungen der US-Führung entschieden zurückwiesen, signalisierte *Breschnew* spätestens am 7. April 1978 in seiner Wladiwostok-Rede erneute Bereitschaft, am Kurs auf SALT II festzuhalten. Für die fast dreieinhalbjährige Dauer der Verhandlungen seit dem Abkommen vom 24. November 1974 machte er jedoch allein die amerikanische Seite verantwortlich.[45] Trotz der von der Sowjetunion angedeuteten Bereitschaft verstärkten sich die öffentlichen Auseinandersetzungen mit den Vereinigten Staaten im Sommer 1978. Zu den Streitfragen um Afrika kam nach dem Besuch von Präsident *Carters* Sicherheitsbeauftragtem *Brzezinski* in Peking Ende Mai noch der sowjetische Vorwurf, die USA versuchten, China gegen die Sowjetunion auszuspielen.[46] Nachdem *Carter* am 7. Juni in einer Rede vor Absolventen der Marine-Akademie in Annapolis[47] geäußert hatte, die Sowjetunion müsse sich zwischen Kooperation und Konfrontation entscheiden, reagierte die sowjetische Führung in einem redaktionellen Artikel der Prawda vom 17. Juni 1978[48] mit dem Vorwurf, die USA verzögerten die Abrüstungsverhandlungen. Als im Juli eine Serie von sowjetischen Gerichtsverfahren gegen Bürgerrechtler begann, verschärfte sich die Auseinandersetzung. Die neuerliche Kontroverse um die Frage der Menschenrechte überschattete auch das Genfer Treffen der beiden Außenminister, das zur Fortsetzung der SALT-Gespräche am 12./13. Juli

---

43 Vgl.: *David Aaron*, Wladiwostok und danach, Krise der Entspannung?, in: EA, 4/1975, S. 113 ff.
44 Zur sowjetischen Sicht vgl. den Artikel in der Prawda vom 11. 2. 1978 – in Englisch abgedruckt in: Survival Vol. XX, No. 3/1978 (Strategic Arms Limitation, The Soviet View), S. 121–127.
45 Vgl. zum Gesamtkomplex: *Christian Meier*, Die Sowjetunion und SALT II, Zur 4. Konsultationsrunde Vance – Gromyko Ende April 1978 in Moskau, Berichte des Instituts für ostwissenschaftliche und internationale Studien, 19/1978, S. 8 f., und dort die Quellenangaben.
46 Vgl.: EA, 15/1978, S. D425 f.
47 Vgl.: Wireless Bulletin from Washington, No. 106 vom 8. 6. 1978, deutsch in: EA, 15/1978, S. D426–D430.
48 Prawda vom 17. 6. 1978, deutsch in: EA, 15/1978, S. D431–D434.

stattfand. Dennoch unterstrich der amerikanische Außenminister *Cyrus Vance* vor dem Auswärtigen Ausschuß des Repräsentantenhauses in einer im Namen des Präsidenten am 19. Juli abgegebenen Erklärung, daß die Vereinigten Staaten ihre Bemühungen um ein SALT II-Abkommen hartnäckig fortsetzen würden. Ab Herbst 1978 wiederholte dann die amerikanische Presse immer wieder ihre Versicherung, SALT II stehe kurz vor dem Abschluß. Vor diesem teils macht-, teils innenpolitisch bestimmten Hintergrund ist es zu verstehen, daß trotz langjähriger und vielfältiger Konsultationsrunden auf den verschiedensten Ebenen, erst im Juni 1979 ein unterschriftsreifer Kompromiß vorgelegt werden konnte.

Aber auch die technischen und inhaltlichen Probleme sowie die unterschiedlichen amerikanischen und sowjetischen rüstungspolitischen Zielsetzungen bereiteten nicht unerhebliche Schwierigkeiten.[49] Insbesondere drei Problembereiche wurden in den laufenden Verhandlungen Gegenstand harter Auseinandersetzungen:
- die Obergrenze der strategischen Waffensysteme,
- ihre Modernisierung,
- die Verifikation.

Hinzu kamen mehrere Einzelprobleme wie:
- die Marschflugkörper,
- die Attrappenfunktion von Silos,
- die Mobilität von ICBM,
- der sowjetische Backfire-Bomber,
- die sowjetische SS-16.

Während die *Carter*-Administration spätestens seit 1977 für eine Senkung der Wladiwostok-Plafonds um rund 20% plädiert hatte, beharrte die sowjetische Seite auf den 1974 vereinbarten Höchstgrenzen. Ihre Begründung war, daß zu niedrige Obergrenzen nicht nur die Sicherheit der Sowjetunion gefährdeten, sondern auch den Grundsatz der »gleichen Sicherheit« verletzten. Dieser Frage sollte man sich daher erst im Rahmen von SALT III zuwenden. Die Gegensätzlichkeit der Auffassungen, aber auch die Andersartigkeit der Entscheidungsprozesse war am deutlichsten beim Moskau-Besuch des Außenministers *Vance* im März 1977 zutage getreten. Der »comprehensive«

---

49 Vgl. zu folgendem den am 11. Februar 1978 in der Prawda veröffentlichten Artikel: »Die Aufgabe der Begrenzung der strategischen Rüstungen, Perspektiven und Probleme«, in englischer Sprache abgedruckt in: Survival, 3/1978, S. 121–127; deutsch in: Sowjetunion heute, 4/1978, S. 10–12, 62–64; ferner: *Predag Antic,* Die Großmächte und SALT II, in: Internationale Politik, Nr. 688, S. 12–19; *Jan M. Lodal,* SALT II und die Sicherheit Amerikas, in: Europäische Rundschau, 2/1979, S. 31–56; *Dieter S. Lutz,* IFSH-Forschungsberichte. a. a. O. (Anm. 25), S. 34 f.; *Gert Krell,* a. a. O. (Anm. 42), S. 111–182.

Vorschlag Washingtons sollte »beiden Seiten wieder politische und strategische Stabilität bieten«, indem
- die Höchstzahl von Wladiwostok für Träger auf 2000 oder 1800, die für Mehrfachgefechtsköpfe auf 1200 oder 1000 herabgesetzt;
- die Entwicklung und Einführung aller neuen Waffensysteme gestoppt;
- die ICBM auf dem erreichten Stand eingefroren - und die Zahl der Testflüge begrenzt würden.

Außenminister *Gromyko* wies diesen Vorschlag in seiner Pressekonferenz mit ungewöhnlicher Schärfe als nicht akzeptabel zurück, da er eindeutig »einseitige Ziele« verfolge und ein Kurs auf eine Revision der in Wladiwostok übernommenen Verpflichtungen sei. *Gromyko* bestand auf dem »Recht beider Seiten auf Modernisierung der vorhandenen Flugkörper« und wandte sich gegen ein Verbot der Entwicklung neuer Waffenarten in Gestalt eines derartigen »Pakets mit anderen, eindeutig unannehmbaren Vorschlägen«.[50]
Die amerikanische Forderung nach Einschränkung der Modernisierungsoptionen bereits bestehender Offensivwaffensysteme wurde als Widerspruch zum Wladiwostok-Abkommen abgelehnt. Die Sowjetunion befürchtete offensichtlich eine Festschreibung des Status-quo-Vorteils der USA im Bereich der MIRV-Bestückung. Stattdessen sollte - so die Vorstellung Moskaus - auf die Entwicklung völlig neuer Massenvernichtungsmittel wie der amerikanischen MX-Systeme oder der Neutronenwaffe im vorgesehenen Zeitraum verzichtet werden. Eine Detailschwierigkeit bestand darin, eine Definition für qualitative »constraints« zu finden, die helfen würde, sowohl die amerikanische Methode des eindeutigen »Generationswechsels«, als auch den schrittweisen Verbesserungsprozeß, wie er in den sowjetischen Streitkräften üblich ist, zu steuern.
Die USA regten an, auch das in SALT I festgelegte Prinzip der gegenseitigen ungestörten Überwachung durch Satellitsysteme und die Möglichkeit der Einschaltung der Ständigen Beratungskommission um weitere Verifikationsaspekte zu erweitern. Demgegenüber bezeichnete die Sowjetunion die bisherigen Kontrollregelungen als ausreichend; insbesondere wies sie Vorwürfe wegen der angeblichen Entwicklung von »Killersatelliten« zurück.
Angesichts des unleugbaren technologischen Vorsprungs der USA auf dem Gebiet der Marschflugkörper wünschte die Sowjetunion die Indienststellung sowie Anzahl, Reichweite und Dislozierung von Cruise Missiles möglichst stark zu begrenzen. Nach ihrer Ansicht sei insbesondere die Ausstattung von

---

50 Pressekonferenz von Außenminister *Gromyko* über SALT, 31. 3. 1977, abgedruckt in: *Gert Krell, Dieter S. Lutz*, Nuklearrüstung im Ost-West-Konflikt, Baden-Baden 1980, Kapitel III: ferner in: EA. 2/1977, S. D291 ff.

Transportflugzeugen mit Cruise Missiles und/oder ihre Dislozierung außerhalb des amerikanischen Territoriums dazu angetan, die getroffenen Übereinkünfte bei der Reichweitenbegrenzung auszuhöhlen.
Nach Meinung der amerikanischen Delegationsmitglieder sollte wiederum der sowjetische Bomber »Backfire« in das SALT-Abkommen mit einbezogen werden. Diese Flugzeuge können in der Luft aufgetankt werden, besitzen also interkontinentale Operationsmöglichkeiten und müßten daher unter die strategischen Offensivwaffen eingereiht werden. Im Gegenzug wies die Sowjetunion darauf hin, daß dann auch die amerikanischen Flugzeuge in Westeuropa oder auch Flugzeugträger als strategische Systeme einzustufen seien.
Streitpunkt für die USA war ferner die Tatsache, daß die zweistufige Mittelstreckenrakete SS-20 in wenigen Stunden durch Aufsetzen einer weiteren Stufe in eine mobile ICBM SS-16 verwandelt werden kann. Da die SS-20 vom Abkommen nicht erfaßt wird, unterliegt die Herstellung der SS-16 keiner Beschränkung; es müssen nur genügend Zusatzstufen bereitgestellt werden.
Schließlich löste auch das von den USA geplante »Mehrfachzielpunktsystem« (MAP) langwierige Verhandlungen aus. Um eine Erstschlagfähigkeit der zunehmend treffgenauer werdenden sowjetischen Silo-ICBM zu verhüten, wünschten die USA ihre Träger beweglich in ein größeres Stellungssystem einzufügen. Dieses sollte den Angreifer zwingen, alle – auch die unbesetzten – Silos in die Zielplanung einzubeziehen und damit eine erheblich höhere Anzahl von Systemen zu binden.

3.1.4 *Der Wiener SALT II-Vertrag vom 18. Juni 1979*

Das zweite SALT-Abkommen[51] ist vier Jahre nach Wladiwostok, d. h. sieben Jahre nach SALT I am 18. Juni 1979 feierlich in Wien unterzeichnet worden. Der Vertrag ist das Produkt von knapp 300 zähen Sitzungen. Er besteht aus drei wesentlichen Teilen:
- dem »Vertrag zwischen der Union der Sozialistischen Sowjetrepubliken und den Vereinigten Staaten von Amerika über die Begrenzung der strategischen Offensivwaffen«, der bis Ende 1985 gilt;
- dem »Protokoll zum Vertrag«, das bis zum 31. Dezember 1981 befristet ist
- und einer »Gemeinsamen Erklärung über die Grundsätze und Hauptrichtungen der folgenden Verhandlungen über die Begrenzung der strategischen Waffen«.

51 SALT II ist abgedruckt u. a. in: EA, 15/1979, S. D367 (ff.).

Darüber hinaus sind dem Vertrag angeschlossen:
- eine gemeinsame Interpretationsübereinkunft;
- eine Stellungnahme *Breschnews* zur Frage des sowjetischen Bombers vom Typ Backfire;
- ein Memorandum und zwei Stellungnahmen der beiden SALT-Delegationsleiter zu den Bestandszahlen der von beiden Seiten dislozierten strategischen Waffen.

Die Bestimmungen des Vertrages lassen sich aufteilen:
- in qualitative Begrenzungen,
- in quantitative Begrenzungen
- und in Verifikationsmaßnahmen.

Tabelle 1
Datengrundlage zu den Zahlen strategischer Offensivwaffen im SALT II-Vertrag
Zeitpunkt: 1. November 1978

	USA	UdSSR
Startanlagen für Interkontinentalraketen (ICBMs)	1054	1398
Festinstallierte Startanlagen für ICBMs	1054	1398
Startanlagen für ICBMs mit Mehrfachgefechtsköpfen (MIRVs)	550	576
Startanlagen für unterseebootgestützte ballistische Raketen (SLBMs)	656	950
Startanlagen für SLBMs mit MIRVs	496	128
Schwere Bomber	574	156
Schwere Bomber, die für Marschflugkörper mit einer Reichweite von über 600 km eingerichtet sind	3	–
Schwere Bomber, die nur für ASBMs ausgerüstet sind	–	–
ASBMs mit MIRVs	–	–

Quantitativ begrenzt SALT II die Vereinigten Staaten und die Sowjetunion auf eine gleiche Gesamtzahl von strategischen Trägerwaffensystemen. Darunter fallen landgestützte Abschußrampen für Interkontinentalraketen (ICBM), unterseebootgestützte Abschußrampen für ballistische Raketen (SLBM), schwere Bomber und Luft-Boden-Raketen (ASBM) mit Reichweiten über 600 km. Dieser Plafond wird bis zum 31. Dezember 1981 auf 2250 gesenkt. Für die Sowjetunion bedeutet dies eine Reduzierung um 270 Systeme; für die USA, die derzeit nur 2060 operative Systeme besitzt, besteht dagegen die Möglichkeit der Aufstockung um etwa 190 Träger.

Innerhalb der Gesamthöchstzahl von 2250 Systemen sind mehrere Zwischengrenzen für bestimmte Trägerkategorien gezogen (vgl. *Schaubild 1*). Die Gesamtzahl der Abschußrampen für strategische Raketen mit Mehrfachsprengköpfen sowie der schweren Bomber mit Marschflugkörpern und Reichweiten über 600 km darf die Zahl von 1320 Systemen nicht übersteigen.

Schaubild 1: Grafische Darstellung der SALT II-Vereinbarungen

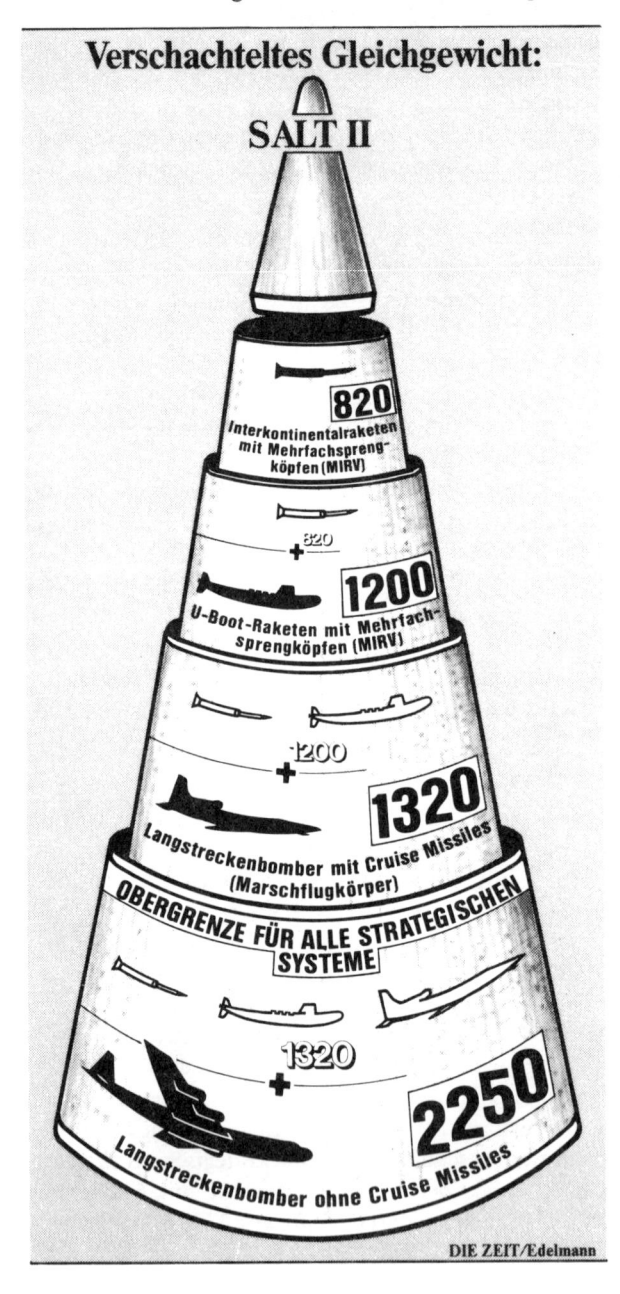

Verschachteltes Gleichgewicht: SALT II

820 Interkontinentalraketen mit Mehrfachsprengköpfen (MIRV)

820 + 1200 U-Boot-Raketen mit Mehrfachsprengköpfen (MIRV)

1200 + 1320 Langstreckenbomber mit Cruise Missiles (Marschflugkörper)

OBERGRENZE FÜR ALLE STRATEGISCHEN SYSTEME

1320 + 2250 Langstreckenbomber ohne Cruise Missiles

DIE ZEIT/Edelmann

Quelle: Die Zeit vom 18. 5. 1979, S. 10.

Von diesen 1320 »Mehrfach«-Systemen dürfen wiederum nur 1200 Systeme Abschußrampen für ballistische Raketen (ICBM/SLBM) mit Mehrfachsprengköpfen sein. Daraus ergibt sich auch, daß bei Ausschöpfung der Gesamtzahl von 1200 nur noch 120 Bomber zugelassen sind. Die Anzahl der Cruise Missiles pro Bomber ist auf je 28 Marschflugkörper mit einer Reichweite von über 600 km begrenzt.

Eine letzte Zwischengrenze gilt für ICBM mit MIRV. Jedem Land werden 820 Abschußrampen für Interkontinental-Raketen mit Mehrfachgefechtsköpfen zugestanden – eine Zahl, die im Blick auf die außerordentliche Treffgenauigkeit, aber auch Verwundbarkeit dieser Systeme von erheblicher Bedeutung ist.

Der Bau weiterer fester Abschußrampen für ICBM wird ebenso verboten wie die zahlenmäßige Erhöhung der festen Abschußrampen für schwere Interkontinentalraketen. Als schwere ICBM wird jede Rakete mit einem Startgewicht (Gewicht der gesamten Rakete) oder einem Wurfgewicht (Gewicht der Nutzlast der Rakete) gewertet, das größer ist als das der sowjetischen SS-19. Die *qualitativen* Einschränkungen betreffen erstmalig die Entwicklung und Dislozierung neuer Typen von Nuklearwaffen:

– Die Zahl der Gefechtsköpfe wird auf dem derzeitigen Teststand der bereits existierenden Typen eingefroren. Das bedeutet für ICBM eine Begrenzung auf maximal 10, bei SLBM auf maximal 14 Gefechtsköpfe.
– Das Wurfgewicht und das Gesamtgewicht von leichten ICBM, SLBM und Luft-Boden-Raketen darf das der sowjetischen SS-19 nicht übersteigen. Ähnliches gilt für die Erhöhung des Wurfgewichts und Startgewichts schwerer Interkontinentalraketen, die sich nach den Daten der SS-18 richtet.
– Jede Seite wird für die Dauer des Vertrages nur einen neuen Typ von Interkontinentalraketen erproben und dislozieren dürfen. Dieser neue Typ muß eine leichte ICBM sein.

Schließlich verpflichtet sich jede Seite, folgende Systeme weder herzustellen noch zu erproben bzw. zu stationieren:

– ballistische Raketen mit Reichweiten über 600 km zur Installation auf schwimmenden Mitteln, die keine U-Boote sind (sowie Startrampen für solche Raketen);
– stationäre oder mobile Startrampen und Raketen auf und unter dem Grund der Ozeane und anderer Gewässer;
– Mittel zur Beförderung von Massenvernichtungswaffen auf eine erdnahe Umlaufbahn;
– mobile Startrampen für schwere interkontinentale ballistische Raketen.

Zusätzlich sind Einführung und Flugversuche von MIRV-Flugkörpern mit Reichweiten über 600 km untersagt.

Die *Verifikation* wird durch eine Reihe von Bestimmungen abgesichert. Jede Seite verpflichtet sich erneut, die Tätigkeit der Aufklärungssatelliten nicht zu behindern, auch nicht durch Tarnung der Objekte. Eine »Absprache« zu diesem Artikel verbietet jede telemetrische Chiffrierung, d. h. Verschlüsselung von Testdaten für Raketen und Flugzeuge, welche die Verifikation behindert.

Um das Problem der Unterscheidung zwischen Raketen mit und ohne MIRV zu lösen, legt das Abkommen bzw. die Interpretationsübereinkunft fest, daß alle Raketen (bzw. alle Abschußrampen), die jeweils mit MIRV erprobt wurden, unter diese Kategorie fallen – selbst solche, die de facto nur einen Gefechtskopf besitzen. Darüber hinaus hat die Sowjetunion, um den Konflikt über einen möglichen Umbau der SS-20 in eine SS-16 beizulegen, einem generellen Verbot der weiteren Produktion, Erprobung und Dislozierung der SS-16 einschließlich von Teilen dieses Raketentyps zugestimmt.

Schließlich verpflichtet der Vertrag beide Seiten, Zahlen der eigenen strategischen Offensivkräfte als Teil einer vereinbarten Datengrundlage zur Verfügung zu stellen und Veränderungen zu erörtern; Testflüge sind rechtzeitig und in jedem Einzelfall anzumelden.

Die Funktionen der Ständigen Beratungskommission sind neu formuliert. Sie reichen von der Erörterung von Fragen der Vertragseinhaltung, insbesondere des Verhaltens gegenüber den »nationalen technischen Nachprüfungsmitteln«, über die Bewertung von Veränderungen der strategischen Lage und von Umbau- bzw. Demontageverfahren bei strategischen Systemen bis hin zu Vorschlägen für Stärkung und Weiterentwicklung des Vertragswerks.

Das *Protokoll* tritt gleichzeitig mit dem Vertrag in Kraft, läuft jedoch am 31. Dezember 1981 aus. Es legt der Entwicklung und Einführung bestimmter Systeme, für die bislang noch keine langfristigen Regelungen gefunden werden konnten, temporäre Beschränkungen auf.

Diesem Protokoll zufolge ist es beiden Seiten verboten, mobile Startanlagen für ICBM zu dislozieren bzw. von ihnen aus Flugtests durchzuführen. Verboten ist ferner die Dislozierung und Flugerprobung ballistischer Luft-Boden-Raketen, die Dislozierung von Marschflugkörpern mit einer Reichweite von über 600 km auf see- oder bodengestützten Startrampen sowie die Flugerprobung dieser letztgenannten Systeme, sofern sie mit zielsuchenden Mehrfachgefechtsköpfen ausgerüstet sind.

In weiteren Anlagen zum Vertrag
– wird einmal der »Zahlenstand der amerikanischen und sowjetischen strategischen Offensivstreitkräfte« wiedergegeben (vgl. Tabelle Nr. 1, S. 29);
– übernimmt *Breschnew* für die Sowjetunion die Verpflichtung, weder die

Produktionsrate des Bombers »Backfire« (Tu-22M) über eine Jahresstückzahl von 30 zu erhöhen noch Verbesserungen vorzunehmen, die den Operationsradius des Mittelstreckenbombers auf interkontinentale Entfernungen erweitern.

In einer gemeinsamen *Erklärung* über zukünftige Folgeverhandlungen bringen beide Seiten ihren Willen zum Ausdruck, eine effektive, quantitative und qualitative Begrenzung der strategischen Offensivwaffen über den Stand von SALT II hinaus anzustreben, und die strategische Stabilität zu festigen.

3.1.5 *Von SALT I zu SALT III*

SALT I brachte keine wirklichen Abrüstungsvereinbarungen, war aber immerhin ein wichtiger, wenn auch kleiner Schritt, der bisher absolut gesetzte Souveränitätsrechte der beiden Staaten im Interesse der KRSt in Frage stellte. Das zeigen vor allem die Bestimmungen des ABM-Vertrages. Konzeptionelle Divergenzen zwischen den Verhandlungspartnern verhinderten jedoch einschneidende Vereinbarungen zur wirksamen Steuerung der Rüstungsdynamik. Die qualitative Asymmetrie der Ausgangslage brachte darüber hinaus weitere Erschwerungen mit sich.

Faßt man die Auf- und Umrüstungsprogramme der beiden Weltmächte seit 1972 zusammen (vgl. dazu die IFSH-Forschungsberichte 1979/80), so ist festzustellen, daß das Interimsabkommen weder die Rüstungsdynamik einfing, noch gar zu ernsthaftem Rüstungsabbau führte. Auch gelang es nicht, die strategische Stabilität für die absehbare Zukunft zu verbessern bzw. darüber hinaus zu sichern. Zwar blieb die Gesamtzahl der ICBM in amerikanischem Besitz mit 1054 Systemen gleich und sank in der Sowjetunion von 1527 auf 1398 Silos; doch erhöhte Moskau seither die Zahl der SLBM drastisch von 456 auf 950. Auch die Zahl der nuklearen (Mehrfach)- Sprengköpfe ist seit 1972 deutlich gestiegen: auf sowjetischer Seite auf ca. 6000 und auf amerikanischer Seite auf ca. 10 000.

Insbesondere durch die Vermirvung der Raketen, aber auch durch größere Reichweiten, höhere Treffgenauigkeit der Sprengköpfe und größere Zuverlässigkeit der Trägersysteme hat der Rüstungswettlauf – trotz SALT I – eine qualitative Dimension erhalten und verstärkt. Mehr noch: Auch SALT II wird nicht greifbar dazu beitragen können, diese neuen qualitativen Dynamiken einzudämmen. Zwar sind einzelne Plafonds gezogen; doch lassen sie die qualitative und quantitative Aufrüstung um mehrere tausend Nuklearsprengköpfe nach wie vor zu. Vor allem aber bleiben Forschung und Entwicklung neuer Waffensysteme ungebremst.

Kriseninstabilität und die nächste Runde des Rüstungswettlaufs scheinen also gewiß. SALT II besitzt deshalb – zusammenfassend bewertet – eher eine »Brückenfunktion« zu möglichst baldigen SALT III-Verhandlungen denn einen eigenständigen Charakter. In diesem Sinne logische Teile des SALT II-Komplexes stellen deshalb auch das Datenmemorandum und die gemeinsame Erklärung zu den Folgeverhandlungen sowie die Verifikationsbestimmungen dar. Sie sind Vertrauensbildende Maßnahmen auf dem Wege zu SALT III. Diese Chance zur Vertrauensbildung gilt es mit dem Ziel zu nutzen, die Defizite der bisherigen Verträge dauerhaft zu überwinden. Neben einem generellen Rüstungsmoratorium müßten im Mittelpunkt zukünftiger SALT-Verhandlungen Themen stehen wie:
– die Einbindung der Bündnispartner,
– die Satellitenabwehrsysteme,
– die Unterwasserabwehrsysteme,
– die »Nuklearkräfte in und für Europa« (TNF),
– die Laserwaffen,
– die Cruise Missile,
– die Protonen- und Mikrowellenwaffen.

3.2 *Die Verhandlungen über Streitkräftereduzierungen in Mitteleuropa (MBFR)*

Anders als die SALT-Gespräche zwischen den USA und der UdSSR ist MBFR, die zweite Praxisebene der derzeitigen Rüstungssteuerungsversuche,
– auf Mitteleuropa konzentriert;
– mit Schwerpunkt auf den nicht-nuklearen Bereich ausgerichtet;
– eine multilaterale Plattform trotz bündnisgegebener Bilateralität.
Zwischen SALT und MBFR besteht keine prozedurale Verbindung. Der steuerungspolitische Zusammenhang zwischen beiden ist allerdings nicht zu verkennen. Er wurde spätestens offenkundig, als im Rahmen des Treffens zwischen *Breschnew* und *Carter* zur Ratifizierung von SALT II Mitte Juni 1979 neue Vorschläge zur Fortführung der stagnierenden MBFR-Gespräche unterbreitet wurden.[52] Nuklearstrategische Parität und Stabilität scheinen

---

52 Vgl. stellvertretend: *Pierre Simonitsch*, Breschnew bietet Truppenabbau an, in: Frankfurter Rundschau Nr. 138, vom 18. Juni 1979, S. 1 f.; *Erich Hauser*, Sowjet-Vorstoß bei MBFR, in: Frankfurter Rundschau Nr. 148, vom 29. Juni 1979, S. 1 f.

eine Voraussetzung, um auf konventioneller Ebene Verhandlungsergebnisse zu erzielen. Oder umgekehrt: Die Fest- und Fortschreibung von konventionellen Disparitäten und Instabilitäten könnte die nuklearstrategische Stabilität unterlaufen. Beide Ebenen hängen wiederum vom entspannungspolitischen Gesamtklima ab: Konfrontativere Beziehungen erhöhen die Sensibilität für das militärische Kräfteverhältnis; bei entspannterer Atmosphäre spielen Unausgewogenheiten keine wesentliche Rolle.

3.2.1 Ausgangslage und historischer Rahmen der MBFR-Verhandlungen

Die Bezeichnung MBFR (Mutual Balanced Force Reductions) für die Rüstungssteuerungsverhandlungen in Mitteleuropa ist ein westlicher Begriff. Die offizielle Verhandlungsbezeichnung lautet MUFRAAMCE (Mutual Force Reductions and Associated Measures in Central Europe). Dieser Terminus »beiderseitige Reduktionen von Truppen und Rüstung und damit zusammenhängende Maßnahmen in Mitteleuropa« schien zwar nach langem hin und her beiden Seiten akzeptabel, verschleiert jedoch den zentralen Streitpunkt, unter dem die Verhandlungen bislang leiden. Anders als der WVO geht es der NATO um das »balanced« als Zielvorstellung, d. h. um die Ausgewogenheit der Kräfte im Sinne numerischer Parität. Auch gibt es Meinungsverschiedenheiten über den Charakter der »zusammenhängenden« Maßnahmen, welche im englischen Text als »associated«, im russischen als »connected«, also stärker an die Reduktionen gekoppelt, aufgeführt werden. Die östlichen Wurzeln[53] der MBFR-Gespräche lassen sich bereits in den 50er und zu Beginn der 60er Jahre entdecken – so etwa in den Vorschlägen »über die Gewährleistung der Sicherheit in Europa« und ihren Nachfolgern, welche die Sowjetunion zum ersten Mal am 10. Februar 1954 auf der Berliner Konferenz der Außenminister vorlegte.[54] Am bekanntesten wurden die nach dem polnischen Außenminister bekannten *Rapacki*-Pläne für ein System kollektiver Sicherheit in Europa.
Der Westen führt die MBFR-Gespräche auf sein »Signal von Reykjavik« zurück. In der isländischen Hauptstadt hatte 1968 die NATO im Rahmen

---

53 Zur Vorgeschichte vgl.: Rüstungskontrolle in Europa, MBFR, Militärpolitik Dokumentation, 4–5/1977, S. 16 ff. und dort insbesondere den »Überblick über Disengagement-Vorschläge« 1954–1964 auf Seite 16 und die »sowjetische Interpretation« zur Frage »Wer war der Initiator?« auf Seite 26 f.
54 Zur Interpretation und Ablehnung dieser Vorschläge durch den Westen vgl.: *Manfred Görtemaker*, Zur Vorgeschichte der KSZE, in: *Wichard Woyke, Klaus Nieder, Manfred Görtemaker*, Sicherheit für Europa?, Die Konferenz von Helsinki und Genf, Opladen 1974, S. 61–93.

ihrer Ministerratstagung die Möglichkeit einer »ausgewogenen Truppenverminderung zwischen Ost und West« erstmals artikuliert. Allerdings war die Erklärung zu diesem Zeitpunkt vor allem eine für die eigene Öffentlichkeit bestimmte Reaktion auf die Initiative der sozialistischen Staaten für eine Konferenz über europäische Sicherheit – der späteren KSZE.[55] Darüber hinaus diente das »Signal« bündnisinternen Zwecken. Der Vorschlag war ein Teilergebnis der sicherheitspolitischen Erwägungen, die nach dem Ausscheiden Frankreichs aus der militärischen Struktur auf Initiative des belgischen Außenministers *Harmel* unternommen wurden. Zweck des Angebotes war es, dem unabgestimmten Abbau einzelner nationalstaatlicher Kontingente – insbesondere dem Rückzug amerikanischer Truppen, auf den Senator *Mansfield* drängte – einen bündnispolitischen Riegel vorzuschieben und die Regierungen moralisch zu verpflichten, etwaige Reduktionen erst im Rahmen eines späteren Abkommens zwischen NATO und WVO vorzunehmen.

Das Verhandlungsangebot von Reykjavik fand in der WVO zunächst kein positives Echo. Die Interessenlage hatte sich gegenüber den Zeiten der *Rapacki*-Pläne gewandelt. Bestand der Osten vorher auf der Vorrangigkeit von Rüstungsbeschränkungen, interessierte ihn nunmehr in erster Linie die Regelung der politischen Sicherheit und der ökonomischen Zusammenarbeit in Europa. Die Fronten hatten sich verkehrt.

Aus sachbezogenen wie taktischen Gründen drängte die NATO dagegen auf die Behandlung der unterschiedlichen Vorschläge aus Ost und West auf einer gemeinsamen Konferenz bzw. auf eine Art Junktim zwischen beiden Konferenzen; beides ließ sich allerdings nicht durchsetzen. Erst im Herbst 1973 begannen deshalb – parallel, doch ohne direkte Verbindung zu den Vorbereitungen der KSZE in Helsinki – die Wiener MBFR-Gespräche.[56]

3.2.2 Die Verhandlungsrunden von MBFR

Die vorbereiteten Konsultationen für MBFR fanden vom 31. Januar bis 28. Juni 1973 statt. Am 14. Mai wurde ein Protokoll und am 28. Juni ein Abschlußkommuniqué verabschiedet.[57]

---

55 *Dieter S. Lutz,* a.a.O. (Anm. 38), S. 41.
56 *Wolf Graf von Baudissin,* Bemerkungen zu den Wiener Verhandlungen, hekt. Manuskript vom 24. Mai 1976 (13 Seiten), S. 1 f.; *ders.:* MBFR, hekt. Manuskript vom 27. September 1976 (5 Seiten), S. 1.
57 Zum Protokoll vom 14. Mai 1973 und zum Abschlußkommuniqué vom 28. Juni 1973 vgl.: *Heinrich Siegler* (Hrsg.), Dokumentation zur Abrüstung und Sicherheit, Bd. XI, 1973, Bonn, Wien, Zürich 1974, S. 98 ff., 133 f.

Das Protokoll setzt fest:
- die 19 Teilnehmerstaaten der Konferenz, die sich aus 12 Mitgliedern der NATO[58] und 7 Mitgliedern der WVO[59] zusammensetzen;
- die 11 Signatarmächte möglicher Abkommen;[60]
- den besonderen Status der übrigen Teilnehmerstaaten;[61]
- den Geltungsbereich künftiger Übereinkommen für Mitteleuropa;
- Verfahrensfragen über Sitzordnung, Vorsitz, Verhandlungssprache und Vertraulichkeit der Gespräche.

Das Abschlußkommuniqué weist aus
- als Verhandlungsgegenstand: die beiderseitige Verminderung von Streitkräften und Rüstungen und damit zusammenhängende Maßnahmen in Mitteleuropa;
- als Ziel: stabilere Beziehungen und die Festigung von Frieden und Sicherheit in Europa;
- als Verhandlungsprinzip: die Beachtung des Grundsatzes der unverminderten Sicherheit;
- als Verhandlungsmethode: die angemessene Berücksichtigung der Komplexität des Verhandlungsgegenstandes.[62]

Die französische Regierung sah in den Gesprächen und ihren Folgen eine Bedrohung der westeuropäischen und nationalen Unabhängigkeit und in der Reduktionszone einen zusätzlichen Faktor der Trennung in dem ohnehin schon geteilten Europa.[63] Frankreich beteiligt sich deshalb nicht an MBFR.

Die eigentlichen Verhandlungen begannen am 31. Oktober 1973. Sie erbrachten trotz verschiedener Angebote und Vorschläge (vgl. *Tabelle 2*, S. 39–41) beider Seiten in über 18 Verhandlungsgrundlagen bis zur Sommerpause 1979 keine greifbaren Erfolge. Die grundlegende Diskrepanz in den Positionen – und damit auch die Ursache für das Stagnieren der Verhandlungen – liegt in der Frage des Kräftevergleichs:
- Die NATO strebt nach einer Änderung des aus westlicher Sicht ungünstigen numerischen Kräfteverhältnisses in Mitteleuropa durch Festlegung einer gemeinsamen Obergrenze. Sie will bzw. wollte deshalb durch asym-

---

58 Belgien, Dänemark, Bundesrepublik Deutschland, Griechenland, Italien, Kanada, Luxemburg, Niederlande, Norwegen, Türkei, Großbritannien, USA.
59 Bulgarien, DDR, Polen, Rumänien, CSSR, UdSSR, Ungarn.
60 Belgien, Bundesrepublik Deutschland, Großbritannien, Luxemburg, Niederlande, USA; DDR, Polen, CSSR, Sowjetunion.
61 Bulgarien, Dänemark, Griechenland, Italien, Norwegen, Rumänien, Türkei, Ungarn.
62 Vgl. auch: *Friedrich Ruth*, Die Wiener Verhandlungen über beiderseitige und ausgewogene Truppenverminderung hekt. Manuskript o. D. (19 Seiten), S. 6.
63 Vgl. die Erklärung des französischen Außenministers *Michel Jobert* am 20. Juni 1973 vor der Nationalversammlung, abgedruckt in: *Heinrich Siegler*, a.a.O. (Anm. 57), S. 120 f.

metrischen Abbau der Kräfte in der Reduktionszone einen beiderseitigen Plafond von 900 000 Soldaten als Gesamtstärke und von 700 000 Soldaten für die Landstreitkräfte – in späteren Vorschlägen auch unter Einbeziehung von Rüstung wie etwa Nuklearwaffen gegen Panzer – erreichen und damit erst die Ausgangsbasis für weitere substantiellere Truppenverminderungen schaffen. Dieses Gleichziehen erschien umso dringlicher, da die WVO den bisherigen qualitativen Rückstand aufzuholen drohte.
- Die WVO dagegen ging von einem »historisch gewachsenen«, also bereits bestehenden Gleichgewicht aus, das sich als friedensbewahrend bewährt und daher keiner weiteren Definition bedürfe. Symmetrische und lineare Reduzierungen bis zu 15% sollten dieses Kräfteverhältnis auf niedrigerem Niveau festschreiben.

Neben dem Grundproblem der Symmetrie des Truppenabbaus bzw. der Plafonds war und ist auch strittig, welche Teilstreitkräfte in das Abkommen mit einbezogen werden und ebenfalls, ob nationale Kontingente direkt oder nur bündnisintern reduziert werden sollen:
- Die NATO propagiert den Abbau von Heeresverbänden, da hier die Asymmetrie besonders ausgeprägt ist, aber da auch vertragswidrige Verstärkungen später schwieriger zu bewerkstelligen bzw. leichter zu verifizieren wären.
- Die Staaten der WVO plädieren dagegen für den Abbau aller Arten von Verbänden aus den Land-, Luft-, See- und Raketen-Teilstreitkräften.
- Die NATO wehrt sich gegen die Festlegung nationaler Plafonds,, da sie die spätere Entwicklung westeuropäischer Strukturen bzw. den Kräfteausgleich im Bündnis belasten würden.
- Die WVO hingegen möche gerade eine bloße kollektive Kontingentierung vermeiden und vor allem einen Einfluß auf den Umfang der Bundeswehr nehmen.

Nach längerem Stillstand mehren sich die Anzeichen für Kompromißbereitschaft auf beiden Seiten. Die Verhandlungspartner
- haben sich im Einklang mit der *Breschnew-Schmidt*-Erklärung auf das Prinzip geeinigt, daß »annähernde Gleichheit und Parität zur Gewährleistung der Verteidigung ausreichen«;[64]
- sind den kollektiven Höchststärken dadurch nähergekommen, daß zwar die vereinbarten Plafonds für die Bündnisse gelten, aber bei ihrer internen Umsetzung keine Erhöhung einzelner Kontingente über den jetzigen Stand hinaus eintreten darf;

---

64 Vgl.: EA, 18/1978, S. D513–515.

Tabelle 2

Die Vorschläge der NATO und der WVO zu MBFR

	NATO	WVO
I	22. 11. 1973	8. 11. 1973

NATO	WVO
Bestandsangaben: NATO WVO 770 000 925 000 (L) davon USA 198 000 SU 460 000 Pz 6 000 15 000	– keine – »bestehendes Kräfteverhältnis«
1. Phase NATO WVO USA –15% SU –15% = 29 000 = 69 000 9 500 Pz	*1. Phase* Alle Reduzierungsländer (mit Schwerpunkt USA/SU) –20 000
2. Phase Alle Reduzierungsländer bis zur kollektiven Höchstgrenze von 700 000 Landstreitkräften *Zusatz:* Gesamter aktiver Personalbestand beider Seiten bleibt im Reduzierungsraum zwischen den Phasen 1 und 2 unverändert.	*2. Phase* Alle Reduzierungsländer –5% *3. Phase* Alle Reduzierungsländer – 10% *Ergänzungsvorschlag* am 31. 11. 1974: wie oben, aber in 1. Phase nur Abbau der Streitkräfte von USA und UdSSR

	NATO	WVO
II	12.12. 1975 (befristetes Zusatzangebot)	19. 2. 1976 (Zusatzvorschlag)

NATO	WVO
1. Phase – Ziel: Parität und Kollektivität NATO WVO – 29 000 – 1 sowj. – 1 000 ASprK Pz-Armee – 54 F4 (– 68 000 – 36 Pershing – 1 700 Pz)	*1. Phase* – Festschreibung Kräfteverhältnis – Einbeziehung Luftstreitkräfte – Reduzierung nach Einheiten – nationale Höchststärken USA – 3% SU – 3% = 20 000 = 20 000 und als Gegenvorschlag zum Ausgleich der Reduzierung USA – 2 bis 3 sowj. PzRgt (200–300 Pz), – 54 Atombomber
2. Phase (wie I)	*2. Phase* Bis 1978 alle Reduzierungsländer – 15%
	Zahlenangaben Juni 1976 »Bestehender Gleichstand« 805 000 (L) WVO

	NATO	WVO
III	Datendiskussion ab Februar 1977 (Zählkriterien)	
IV	19. 4. 1978	8. 6. 1978

NATO	WVO
– ungefähre Parität – gemeinsame kollektive Höchstgrenzen 1. Verbindliche Zusagen über die quantitative Ausdehnung und den zeitlichen Ablauf der 2. Phase 2. Sowjetische Reduzierung der 1. Phase: Abzug von 5 Divisionen aus dem Reduzierungsraum 3. Amerikanische Reduzierung der 1. Phase: ⅔ in vollständigen Einheiten	– Prinzip der gleichprozentigen Reduzierung – bereits bestehende annähernde Gleichheit – innerhalb von 3–4 Jahren Reduzierungen von insgesamt: Westen 91 000 Osten 105 000 – alle Teilnehmer müssen sich beteiligen *Phase I* (1. Jahr) USA – 7% SU – 7% = 14 000 = 30 000 SU zieht zurück – 1 ArmeeHQ und Unterstützung und Logistik-Truppen – 2 Divisionen in voller Stärke – Anzahl von einzelnen PzEinh und Teil-Einh in der Stärke einer PzDiv – 1 000 Pz und 250 Schützenpanzer USA ziehen auf ihr Territorium zurück – 2 bis 3 Brig (Rest aus Reduktionsraum) – 1 000 nukleare Gefechtsköpfe – 36 Pershing-Abschußrampen – 54 nuklearfähige F4 – Verifikation durch Listenaustausch – Reduzierung der direkten Teilnehmer innerhalb von 2–3 Jahren nach Phase I – verbindliche Festlegung für jeden Teilnehmer – bei weitgehender einseitiger Reduzierung kein Ersatz über 50% durch andere Staaten – keine Erhöhung durch Umbesetzung (Zivilpersonal) – Höchstgrenzen für USA: ASprK, Pershing, F4 für SU: nur bei Panzern *Phase II* 1. Jahr – Reduzierung von 40% des festgelegten Reduzierungsbeitrages 2./3. Jahr – Reduzierung um die verbleibenden 60% USA/SU weitere Reduzierung bis auf die Durchschnittliche Reduzierungsquote (%) der direkten Teilnehmer

	NATO	WVO
V	12. 12. 1979	6. 10. 1979
	Ankündigung des (einseitigen) Abzuges von 1 000 veralteten nuklearen Gefechtsköpfen im Rahmen der TNF-Modernisierung	Ankündigung des einseitigen Abzugs von SU: – 20 000 (L) – 1 000 (Pz) – andere Militärtechniken Zusatzvorschlag VBM: – Bereitschaft zu Manöverankündigung ab 20 000 – Bereitschaft zu Verbot von Manövern über 40 000
VI	20. 12. 1979	10. 7. 1980

1. Phase
USA	UdSSR
– ca. 13 000	– 30 000

+ VBM
+ Verifizierung

2. Phase
Kollektive Verminderung
auf 900 000, davon
700 000 (L)

1. Phase
USA	UdSSR
– 13 000	– 20 000

+ (s. o.)
(+ Gesprächsbereitschaft über TNF, allerdings als SALT)

2. Phase
Begrenzung der nationalen Kontingente
auf 50% der Obergrenze (?)

Erläuterungen:
ASprK	Atomsprengköpfe	L	Landstreitkräfte
Brig	Brigade	Pz	Panzer
Div	Division	Rgt	Regiment

– haben den von der NATO vertretenen Grundsatz der Selektivität beim Abbau von Waffen und Geräten akzeptiert (»mixed-package« wie z. B. sowjetische Panzer gegen taktische Atomwaffen der USA);
– werden die vereinbarten Reduktionen in zwei festgelegten Phasen abwickeln und mit Landstreitkräften beginnen.

Allerdings gibt es noch grundlegende Differenzen in der Datendiskussion. Die NATO ging bereits in ihrem ersten Verhandlungsangebot von einem existierenden Kräfteverhältnis von 925 000 zu 777 000 Mann, d. h. von einem Verhältnis 1,19 zu 1,0 zugunsten der WVO aus.[65] Der Osten gab dagegen erst nach langem Zögern im Juni 1976 offizielle Daten für den vereinbarten

---

65 Zum folgenden vgl.: *Heinz Vetschera,* Sicherheit und Truppenabbau, Die Konferenzen, Wien 1976, S. 90–106.

Reduzierungsraum bekannt. Danach stehen angeblich derzeit im gesamten Raum der DDR, Polen und der Tschechoslowakei nur 805 000 Mann[66] Landstreitkräfte.[67] Allein über das verbliebene, somit leichte Truppenübergewicht will die WVO-Delegation verhandeln. Ähnliche Probleme stellen sich schließlich bei den Zahlenangaben zu den Panzersystemen oder den Definitionen von Boden- oder Luftlandetruppen, Betriebskampftruppen etc.[68]

3.2.3 Vertrauensbildende und Begleitende Maßnahmen

Die offensichtliche Schwierigkeit, sich in Wien auf Truppenstärken (Bestandsdaten) als Basis späterer Reduzierungen zu einigen, rückt die auf dieser Ebene bisher stiefmütterlich behandelten »Associated Measures« in den Vordergrund. Hier bietet sich zunächst die verbindliche Übernahme von VBM aus der Schlußakte von Helsinki[69] an, die man anhand der bisherigen Erfahrungen weiterentwickeln und auf die Bedingungen des Reduktionsraumes zuschneiden sollte.

In der Schlußakte verpflichten sich die Regierungen nur lose zu Vorankündigungen bestimmter Manöver und zum Austausch von Manöver-Beobachtern. So unverbindlich diese Selbstverpflichtung formal auch ist, die Praxis hat erwiesen, daß beide Maßnahmen wenig belasten, daß hingegen Regierungen, die gar nicht oder nur selektiv ankündigen, einladen bzw. Einladungen folgen, Gefahr laufen, sich international zu isolieren.

Während des Nachfolgetreffens in Belgrad wurden sowohl von mehreren westlichen wie vor allem von den neutralen und blockfreien Delegationen verschiedene Vorschläge für die Erweiterungen der VBM in der Überzeugung eingebracht, daß diese im Grunde recht bescheidenen Impulse mit Geist und Buchstaben der Schlußakte übereinstimmen, daß sie den bisherigen Erfahrungen aller Beteiligten entsprächen und den schwierigen Verhandlungen gerade bei MBFR etwas Rückenwind geben könnten.[70] Die UdSSR

---

66 Vgl. stellvertretend: *Pierre Simonitsch,* »Soldat« ist nun in Ost und West das gleiche, in: Frankfurter Rundschau, vom 5. November 1977, S. 3.
67 Zur Frage »Besitzt die Sowjetunion in der konventionellen Rüstung eine militärische Überlegenheit?« vgl. die gleichnamige Datenvergleichsanalyse von: *Dieter S. Lutz,* IFSH-Forschungsberichte, 9/1979, hier insbes. S. 24 ff.
68 Dazu auch stellvertretend: Der Osten ließ 190 000 Mann »verschwinden«, in: Die Welt Nr. 119, vom 23. Mai 1979, S. 8.
69 Zum folgenden vgl.: *Wolf Graf von Baudissin,* a.a.O. (Anm. 1), S. 10–12, 18.
70 Vorschlag der Delegationen Großbritanniens, Kanadas, der Niederlande und Norwegen vom 2. November 1977, Vertrauensbildende Maßnahmen, in: EA, 8/1978, S. D218–219.

lehnte jedoch jedes Gespräch über derartige Vorschläge ab, da sie über die Schlußakte hinausgingen. Sie schlug dagegen eine »Aktionsplattform« vor, auf der über bereits früher vorgetragene Vorschläge entschieden werden sollte.

Bei den Vorschlägen des Westens bzw. der Neutralen ging es vor allem
- um die Senkung der Ankündigungsschwelle von Manövern auf Stärken ab 10 000 Mann;
- um die Anregung, die Ankündigungsfrist vorzuverlegen;
- um detaillierte Angaben über die »Komponenten des Manövers«, so um die Bekanntgabe des Übungszwecks sowie des zeitlichen und räumlichen Rahmens des Manövers und der Art wie Stärke der teilnehmenden Verbände mindestens 3 Wochen vor Manöverbeginn;
- um die Verpflichtung zur Intensivierung und Verbreiterung des Beobachteraustausches;
- um die Verbesserung der Beobachtungsmöglichkeiten durch größere Bewegungsfreiheit im Manövergebiet und ausreichende Information über »den Zweck, die Merkmale und den Ablauf des Manövers«;
- um die Ankündigung größerer militärischer Bewegungen, die in Gesamtstärken von über 25 000 Mann an 30 aufeinanderfolgenden Tagen über eine Entfernung von mehr als 200 km geplant sind.

Inzwischen hat aber das Kommuniqué des Außenministerkommitees des Warschauer Paktes vom Mai 1979 eine Positionsänderung angezeigt. Die »Bedingungen zur Erweiterung der Vertrauensbildenden Maßnahmen zwischen den Staaten, für konkrete Schritte bei der militärischen Entspannung ... im Geiste der Schlußakte (sind) herangereift«.[71] Die WVO-Staaten erklären sich zur »Ergänzung der Maßnahmen, die gegenwärtig entsprechend der Schlußakte verwirklicht werden ...« bereit.

Dieses trifft sich mit Vorschlägen, welche die NATO auf amerikanisch-britisch-deutsche Initiative im Oktober 1979 vortragen will. Sie zielen auf Einschränkung von Überraschungsoptionen und enthalten
- Herabsetzung der Ankündigungsperioden für Manöver;
- Anmeldung von Personalaustausch;
- Einrichtung von Ein- und Ausgangskontrollen;
- Aufklärungsflüge in niedriger Höhe.[72]

Auch die französischen Vorstellungen, die bei der UNO-Sondergeneralver-

---

71 Vgl.: EA, 13/1979, S. D329 ff.
72 Neues Konzept des Westens für Wiener Verhandlungen, in: Süddeutsche Zeitung, vom 20. August 1979.

sammlung für Abrüstung vorgetragen wurden,[73] zeigen an, daß die Begleitenden Maßnahmen zunehmend Beachtung finden. Nach diesem Plan soll eine erste Phase europäischer Rüstungssteuerung der Einführung verschiedener VBM dienen als Voraussetzung für die folgende Reduzierung konventioneller Streitkräfte.
Aus dem umfangreichen Katalog sind anregend:
- aus den Maßnahmen der »gegenseitigen« Unterrichtung:
  - Austausch von Daten über die Führungsstrukturen und die Dislozierung der Streitkräfte (Großverbände);
  - Austausch von Daten über die Militärhaushalte;
  - Austausch von militärischem Lehrpersonal oder von Vortragsrednern;
  - größere Bewegungsfreiheit für die Militärattachés;
  - Flottenbesuche;
- aus den »Antiüberraschungsmaßnahmen«:
  - Ankündigung von Mobilmachungsübungen;
- aus den »Stabilisierungsmaßnahmen«:
  - Einrichtung eines Systems für Luft- und Satellitenüberwachung.

3.2.4 *Perspektiven MBFR*

Mit fortschreitenden Verhandlungen ist neben den *VBM* u. a. an den Aufbau von *Verifikationsstrukturen* und *-verfahren* zu denken, die sich bei den Reduktionen der Führungsmächte in der ersten Phase als einfache und wenig belastende Ein- und Ausgangskontrollen erweisen könnten. Zwar wird eine leistungsfähige Verifikation erst nach substantiellen Truppenreduzierungen bzw. nach Vereinbarung einschneidender »constraints« unerläßlich; doch scheint es aus psychologischen Gründen ratsam, möglichst bald mit diesen Maßnahmen zu beginnen und auch Neutrale wie Bündnisfreie daran zu beteiligen, um auf breiterer Basis Erfahrungen sammeln zu lassen.
Darüber hinaus empfiehlt es sich, frühzeitig die Einrichtung einer *»Multilateral Standing Consultative Commission«* zur Diskussion zu stellen. Das SCC hat sich auf der bilateralen SALT-Ebene bewährt – insbesondere bei der Klärung angeblicher Vertragsverletzungen. Es tagt dort in periodischen, mindestens halbjährlichen Sitzungen, neben denen ad-hoc-Treffen jederzeit einberufen werden können. Politische Fragen werden in der Regel auf Mini-

---

73 Vgl. dazu: *Joachim Krause,* Aufzeichnung betr.: Zur Sondergeneralversammlung der Vereinten Nationen über Abrüstung: Ansatzpunkte und Perspektiven globaler Abrüstungsbemühungen im Kontext des Nord-Süd-Konflikts, SWP-AZ 2192, Fo. Pl. II 3/78, S. 38, und dort die Quellenangaben.

ster-Botschafterebene, technisch-bürokratische durch Experten behandelt. Auch für MBFR könnte ein derartiges Forum gute Dienste leisten, um Unklarheiten und Irrtümer z. B. der Verifikation zu klären, den Vertragstext auszulegen, Vorschläge für eine Verbesserung und Weiterentwicklung des Vertrages zu erarbeiten und eine Bank der entscheidenden Daten auf dem laufenden zu halten. Ein derartiges »vorpolitisches« Sieb würde eine Reihe von Friktionen ausscheiden, bevor sie zu politischen Konflikten eskalieren können.

Ferner wären verifizierbare Maßnahmen zu entwickeln, die in einem MBFR II-Vertrag zu einem schrittweisen *Abbau* offensiver, insbesondere präemptiver *Optionen* und zu einer Eingrenzung anderer destabilisierender Maßnahmen beitragen. In diesem Zusammenhang ist nicht zuletzt an die Gefährdungen zu denken, welche die geostrategische Lage Mitteleuropas und der Zuschnitt des Reduktionsraumes mit sich bringen. Solange eine Seite – ob nun begründete oder übertriebene – Sorge vor einer überlegenen, auf Sieg zielenden Aggression hegt, sind nennenswerte Truppenreduktionen oder gar Haushaltseinsparungen nicht zu erwarten. Außerdem wirken Reduzierungen nur stabilisierend, falls ein Konsensus über Art und Zahl wie Verbleib der in Frage kommenden Systeme oder Verbände besteht bzw. ihre Ersetzung durch Modernisierung nach vereinbarten und verifizierbaren Kriterien erfolgt.

Es dürfte für den Steuerungsprozeß unabdingbar sein, sich zunächst auf allseitig akzeptable Ist- und Soll-Stärken im Reduktionsraum zu einigen. Sie können mit Verifikationsbeginn verbindlich werden und die qualitative, aber auch psychologische Basis für alle weiteren Maßnahmen bilden. In der folgenden Phase wären Vereinbarungen zu treffen,
– welche die Transparenz vertiefen, z. B. durch regelmäßigen Austausch bestimmter Daten und durch die Einrichtung der Verifikationsstrukturen;
– welche verlängerte Vorwarnzeit gewährleisten;
– welche die organisatorischen wie technischen Vorbedingungen für eine Aggression aus dem militärischen Stand verschlechtern;
– welche die Feindbilder und strategischen Konzepte beider Seiten den Gegebenheiten wie den Erfordernissen des Entspannungsprozesses stärker angleichen.

Derartige Absichten sollten – nach dem Muster des »joint statement of principles« von SALT – als Absichtserklärung für Folgeverhandlungen bereits in einem MBFR I-Vertrag ihren Platz finden. Dies würde auch das Vertrauen der Öffentlichkeit in den sicherheitspolitischen Wert der KRSt födern und zum besseren Verständnis der Probleme beitragen, die in Wien zur Diskussion stehen.

Die Verifikationsorganisation könnte – dies klingt heute noch utopisch – später auch *Krisenmanagement-Funktionen* übernehmen und sogar einen ständigen Rüstungsdialog zwischen den Bündnissen in Gang halten. Bei einigermaßen ausgewogenem Kräfteverhältnis bietet das jeweils operationale Potential des Gegenübers den geringsten Anlaß zu einer Steigerung der Rüstungsanstrengungen; es sind die neuen, wenig durchsichtigen Waffenprogramme, die ein Wettrüsten anreizen bzw. rechtfertigen. So bewirkte die Vorankündigung von mittelfristigen Streitkräfte- und Innovationsplanungen stabilisierende Transparenz und ermöglichte gemeinsame Rüstungssteuerung zu einem Zeitpunkt, da noch kein Prestige und noch keine gewichtigen »vested interests« auf dem Spiel stehen.

Prinzipiell erscheint es dringend geboten, die Rüstungssteuerung aus dem diplomatisch-spektakulären Verhandlungsprozeß mehr und mehr herauszulösen und in permanent funktionierende internationale Strukturen zu verlegen. Andernfalls hinken die Verhandlungen ständig der technologischen Entwicklung hinterher und geraten die Regierungen unter sachfremden Zeitdruck. Sie werden zur Beschaffung und Einführung von »bargaining chips« verführt, die dann Eigengewicht entwickeln und zu rüstungssteigernden Kompensationen angereizt, die drohende »constraints« innenpolitisch schmackhaft und erträglich machen sollen. Steht dann der Abschluß von Verträgen heran, müssen die höchst komplizierten Probleme simplifiziert werden; die jeweilige Opposition fühlt sich versucht, die bei jedem Kompromiß einzugehenden Nachteile zu überzeichnen; Feindbilder werden dabei revitalisiert oder verharmlost, Bedrohungen aufgebauscht oder geleugnet.

4. *Die KRSt in der Krise?*

Der Rüstungssteuerungsprozeß hat in den letzten Jahren an Umfang und politischer Bedeutung gewonnen: Man verhandelt in unterschiedlicher Zusammensetzung auf den verschiedensten Ebenen zwischenstaatlicher Zusammenarbeit von der Sondergeneralversammlung und den beiden Ausschüssen der UNO über die Nachfolgetreffen der KSZE und andere regionale Gremien bis hin zu SALT mit seinen ergänzenden bilateralen Gesprächen und zu MBFR. Hinzu kommt die »Grauzone«, die sich mit ihren komplexen Verhandlungsproblemen nicht länger zurückdrängen läßt.

Über die bisherigen Ergebnisse der KRSt-Verhandlungen kann man recht unterschiedlicher Ansicht sein: je nachdem, ob vollständige Abrüstung oder strategische Stabilität zum Maßstab erhoben wird; je nachdem, ob die Rüstungsdynamik isoliert oder im Rahmen der allgemeinen politischen Entwicklung betrachtet wird. Ohne Zweifel sind die vertraglich definierten Rüstungseinschränkungen nicht beeindruckend. Doch sollte nicht unterschätzt werden, welch radikale Abstriche an herkömmlichen Souveränitätsvorstellungen, an einseitigen Sicherheitsansprüchen und an ideologisierten Feindbildern eine rationale KRSt-Politik fordert. Dieser Bewußtseinswandel braucht seine Zeit; der Verhandlungsprozeß fördert ihn.

Das Wort von der Krise der KRSt geht um; ihm ist zuzustimmen, soweit es um Kritik an den Verhandlungsverfahren geht. Diese haben sich als zu schwerfällig erwiesen, um mit dem technologischen Entwicklungstempo mitzuhalten. Darüber hinaus werden die Verhandlungsergebnisse noch durch innenpolitische Rücksichtnahmen geschmälert und Konzessionen eingegangen, die Folgeverhandlungen belasten. Diese Gegenwirkung wird zunehmen, sobald die Steuerung von allen Beteiligten Verzichte auf wichtig erscheinende Optionen und Rüstungstechnologien verlangt.

Die ablehnende Haltung gegenüber der KRSt scheint sich auch im Westen zu verstärken. Bei der Ratifizierungsdiskussion zu SALT II meldeten sich Stimmen, welche die Glaubwürdigkeit der »flexible response« und des amerikanischen »commitment« nur bei Wiederherstellung eindeutiger Überlegenheit auf der strategisch-nuklearen Ebene bzw. bei Gleichziehen auf den beiden unteren Sockeln der Triade gesichert sehen.

Dieses Denken wird von einer zunehmenden Skepsis gegenüber der Entspannungspolitik, aber auch gegenüber ihren Militärstrategien bestimmt. Kriegsverhütung durch gegenseitige Abschreckung und beiderseitige Zweitschlagfähigkeit soll durch Kriegsführungskonzepte mit Eskalationsdominanzen ersetzt werden; KRSt stehe – so wird argumentiert – im Widerspruch zu den Erfordernissen der Sicherheit; militärische Überlegenheit ließe sich – dieses widerspricht freilich den Erfahrungen der beiden letzten Jahrzehnte – zumindest politisch einsetzen. Damit wird Konfrontation gefördert, forciertes Aufrüsten provoziert und Kriseninstabilität geschaffen. Möglicherweise ist dieser Rückfall in Kriegsführungskonzepte nur eine vorübergehende Reaktion auf den Entschluß der letzten amerikanischen Regierung, im Interesse des Einfangens der Rüstungsdynamik auf die bisherige Überlegenheit zu verzichten. Auf jeden Fall unterstreicht dieser Trend den politischen Wert der VBM für alle Steuerungsebenen inner- und außerhalb Europas. Es sollte daher jede Gelegenheit genutzt werden, sie weiter auszubauen und dabei Strukturen zu entwickeln, die routinemäßige Rüstungssteuerung und undramatisches Krisenmanagement ermöglichen. Madrid wäre der geeignete Ort, die grundsätzliche Klärung dieser Möglichkeiten voranzutreiben und Modelle für regionale Steuerungsorgane anzuregen. Ein solcher Ansatz könnte zur Rück- bzw. Neubesinnung auf eindeutige Kriegsverhütungspotentiale und ihre gemeinsame Steuerung verhelfen.

Heinz-Jürgen Beuter

II. SALT als Modell antagonistischer Rüstungssteuerung

In den Sicherheitsbeziehungen der Akteure im internationalen System stellt Rüstungssteuerung[1] zweifellos das noch zu lösende Problem auf dem Weg zur Erlangung größerer gemeinsamer Sicherheit dar. Die unmittelbare Gefährdung des weltweiten status quo durch eine Vielzahl begrenzter peripherer Konflikte und die zugleich drastisch ansteigenden Handlungsoptionen der Mittel- und Supermächte rücken die Notwendigkeit der Anstrengungen um die Begrenzung und Steuerung militärischer Machtpotentiale in den Vordergrund aller sicherheitspolitischen Lösungsversuche. Gegen Ende der sechziger und in den siebziger Jahren etablierten die Supermächte und in der Folge auch die durch sie geführten Sicherheitsbündnisse, in Übereinstimmung und Ergänzung des politischen Prozesses der Entspannung, mit den Verhandlungen über SALT und MBFR globale und regionale Rüstungssteuerungsebenen, bei denen insbesondere die Risikofaktoren einer weiter ungehemmten Rüstung und die damit verbundenen Sicherheitsprobleme zur Disposition standen. Trotz erster grundlegender Erfolge bei SALT und einer gewissen Annäherung der Standpunkte bei MBFR wurde die nächste Dekade des Rüstungssteuerungsprozesses mit dem Kommunikationsabriß des Jahres 1980 zwischen den Supermächten eingeläutet. Zuvor schon wurde die Ratifizierungsdebatte der bisher einzigen Folgevereinbarung zur Rüstungssteuerung, SALT II, gegen Ende 1979 vom amerikanischen Senat ausgesetzt und ihre Wiederaufnahme scheint auch nach der eingelegten Denkpause äußerst unwahrscheinlich.

Die Tonlage der Mißstimmung zwischen den Supermächten wurde u. a. durch die sowjetische Intervention in Afghanistan intoniert und hat erneut das westliche Erwartungsdilemma hinsichtlich der erreichbaren Resultate einer umfassenden Sicherheitskooperation offenkundig werden lassen. Dieses Dilemma basiert vor allem auf der fragwürdigen Annahme des Westens, daß mit einer irgendwie gearteten sicherheitspolitischen status-quo-Regelung auch das allgemein politische Handeln des Gegenübers eingeschränkt wer-

---

1 Der Begriff Rüstungssteuerung wird anstelle der deutschen Übersetzung von »arms control« in »Rüstungskontrolle« verwendet, weil er weiter zu fassen ist als der engere Kontrollbegriff.

den könnte. Besonders problematisch wird diese Haltung, wenn mit einem Mißverhältnis von eigenen sicherheitspolitischen und militärischen Anstrengungen und dem erwarteten Gewinn operiert wird. Eine derartige, auf maximalen Gewinn bei minimalen Kosten gerichtete Methode ist leicht durchschaubar und wird bestenfalls nicht ernst genommen.

Die derzeitige Krise scheint deshalb vor allem eine Krise der westlichen Ziel- und Verhandlungsstrategie zu sein und untermauert die These, daß der Westen bei den Rüstungssteuerungsverhandlungen in der Gefahr steht, Verhandlungen mit sich selbst zu führen. Bei dem notwendigerweise auf die aktuelle politische Weltlage gerichteten Blick darf nicht übersehen werden, daß die derzeitige Misere in der Konzeption einer westlich geprägten Rüstungssteuerungspolitik grundsätzlicher Art ist und ihre tieferen Ursachen in der Anlage der Sicherheits- und Entspannungspolitik schlechthin hat. Während die kommunistischen Staaten die ausgehandelten SALT II-Verträge als großen Erfolg und Fortschritt auf dem Weg zur Abrüstung feiern, herrscht im Westen eine nicht zu übersehende Ratlosigkeit und ein tiefes Unbehagen über das vorliegende ausgehandelte Ergebnis vor. Zwei Erklärungen liegen dafür parat: Entweder waren die Erwartungen zu euphorisch oder man hat etwas ausgehandelt, was man so nicht wollte bzw. nachfolgende Akteure für unzureichend halten.

Welche Betrachtung man auch wählt, es bleibt der Eindruck haften, daß bei der Konzeptualisierung der Verhandlungsstrategien bei SALT die Prämissen der Kooperation für den jetzt auch wieder ausgebrochenen Konflikt außer acht gelassen worden sind. Diese liegen in einem prinzipiellen Antagonismus der Systeme, deren unterschiedliche Sicherheitsvorstellungen und -ausprägungen verantwortlich zeichnen für aneinander vorbeizielende Lösungsansätze. Unter derartigen Bedingungen können die Ergebnisse einer partiellen Sicherheitskooperation folgerichtig nur Produkte der Ausgangslage sein. Der Beleg zu dieser Annahme muß im einzelnen nicht weiter ausgeführt werden, da er evident ist. Wohl aber muß gefragt werden nach dem möglichen Umfang einer solchermaßen ausgerichteten Sicherheitskooperation, nach den tatsächlich vorhandenen Gemeinsamkeiten und den bisher vereinbarten Regelungen, Prinzipien und Grundsätzen einer zumindest teilweise gemeinsamen Rüstungssteuerung. Die nachstehenden Überlegungen haben deshalb die Absicht, auf einen umfassenden Ansatz zur Erfassung der Rüstungssteuerungsrealität hinzuweisen, bei dem sowohl die Rahmenbedingungen von SALT reflektiert werden, als auch eine Konzeptualisierung von Rüstungssteuerung vorgenommen werden soll.

Denn trotz aller Meinungsverschiedenheiten und verbalen Drohgebärden der Akteure dürften die nächsten Gespräche dort beginnen, wo die letzten

Dialoge endeten. So ist auch bereits von beiden Seiten eindeutig signalisiert worden, daß man bereit ist, sich auch ohne eine Ratifizierung an die bisher ausgehandelten Regelungen zu halten.[2] Ebenso eindeutig ist der Wille erkennbar, die bereits bestehenden Kommunikationsstrukturen nicht ohne Not zu beeinträchtigen. Dieses gilt auch vor dem Hintergrund der teilweise sehr widersprüchlichen Haltungen der Supermächte nach der Vertragsunterzeichnung von SALT II im Juni 1979.

Diese können erklärt werden mit den hohen Erwartungen und zugleich den Befürchtungen beider Seiten über einen möglichen Mißerfolg und führten zu massiven Versuchen, auf die Entscheidung des Gegenübers Einfluß zu nehmen. Die entsprechenden sowjetischen Reaktionen reichten von der bisher einmaligen Einmischung des sowjetischen Außenministers Gromyko in den inneramerikanischen Entscheidungsprozeß während der Ratifizierungsdebatte des US-Senats über SALT II im Juli/August 1979 in Form der ausgesprochenen Drohung vom »Ende der Verhandlungen bei einem Scheitern von SALT II im US-Senat«[3] bis hin zum Verhandlungsangebot Breschnews zur Weiterverhandlung über SALT II ohne Vorbedingungen vom Februar 1981.[4]

Das Spektrum der durch die SALT II-Ratifizierungsdebatte ausgelösten dritten großen amerikanischen Strategiediskussion[5] reichte von der empfohlenen Zustimmung zum Vertragswerk durch den ehemaligen US-Präsidenten Carter vom Juni 1979[6] bis zur Ablehnung der Vereinbarungen durch den

---

2 Die Übereinstimmung der Supermächte in dieser Frage kann aus zwei Fragen entnommen werden, die der ehemalige US-Präsident Carter dem deutschen Bundeskanzler, Helmut Schmidt, auf dessen Moskau-Reise mitgegeben hatte. Die erste davon lautete: »Sollten sich nicht beide Seiten an die Bestimmungen von SALT II halten, obwohl der Vertrag in Washington noch nicht ratifiziert sei?« Breschnews knappe Antwort darauf: »Die Sowjetunion nehme eine völkerrechtliche Bindung ernst, wenn der Vertrag in Kraft sei.« In: Der Spiegel, Nr. 28/1980, S. 21.
3 Der sowjetische Außenminister Gromyko äußerte sich während der in den USA andauernden Ratifizierungsdebatte zum Fortgang der Verhandlungen nach einem möglichen Scheitern der SALT II-Verträge im US-Senat, indem er feststellte, daß dann . . . »die Verhandlungen zu Ende sind«. Vgl. die Wiedergabe dieser Äußerung und die Weisung von Senator Goldwater an den die UdSSR besuchenden Senator Baker: »Tell that Gromyko, to go to hell,« in: Time, vom 9. Juli 1979, S. 24.
4 Der sowjetische Staats- und Parteichef Leonid Breschnew eröffnete am 23. Februar 1981 den XXVI. Parteitag der KPdSU mit neuen Vorschlägen für die Abrüstungsgespräche zwischen Ost und West. Er erklärte sich zu neuen Gesprächen über die Begrenzung der strategischen Rüstung (SALT II) bereit. In: Süddeutsche Zeitung, Nr. 49 vom 28. Februar/1. März 1981, S. 9.
5 Vgl. dazu die Darstellung von *Klaus-Dieter Schwarz* über die Entwicklungsphasen und Etappen bisheriger amerikanischer Militärstrategie, aus denen er bisher zwei große Strategiediskussionen entnimmt. In: Schwarz (Hrsg.): Sicherheitspolitik, Bad Honnef-Erpel, Juni 1976, S. 163 ff.
6 Vgl. dazu: President's Letter of Transmittal, June 22, 1979, in: SALT II Agreement, Selected Documents No. 12 A, United States Department of State, Washington D.C. – Vienna, June 18, 1979.

neuen US-Präsidenten Reagan vom November 1980, verbunden mit dem Vorwurf an die Sowjetunion, den vereinbarten Verhaltenskodex von 1972 gebrochen zu haben.[7] Während so die sowjetische Politik vor und nach SALT II höchstens taktische, aber keine grundsätzlichen Wendungen erfahren hat, wurden auf amerikanischer Seite beträchtliche Kurskorrekturen durchgeführt. Die bereits unter Präsident Carter eingeschlagene Politik der Bestrafung mit Getreideembargo und Olympiaboykott wurde von der neuen Regierung Reagan übernommen und in Teilen fortgesetzt, obwohl die Unzulänglichkeit der zur Verfügung stehenden Mittel offensichtlich war. Mit diesem generellen Wandel wurde die seit Kissinger geläufige »linkage-Linie« der amerikanischen Politik neu belebt und zur vorläufig alleinigen Richtschnur amerikanischer Sicherheitspolitik erhoben. Fortschritte in den Rüstungssteuerungsverhandlungen sind danach eng an das Wohlverhalten der UdSSR in anderen Politikfeldern geknüpft. Dabei scheint für die USA auf der Hand zu liegen, daß dieses am ehesten aus einer Position der Stärke heraus erreicht werden kann.

In seiner Kompromißlosigkeit unterscheidet sich allerdings das neue »linkage-Konzept« deutlich von seinen Vorgängern. Es gründet sich auf eine Vielzahl gezogener amerikanischer Lehren, von denen hier nur einige, für den Bereich der Rüstungssteuerung besonders signifikanten, hervorgehoben werden sollen:

– Die Rüstungssteuerungsstrategien beider Seiten folgen den jeweiligen ideologischen Strategiepostulaten, sind deshalb nicht identisch, sondern gründen sich auf überwiegend individuelle Sicherheitsrationalitäten.
– Die dennoch entstehende Kooperation ist kein Ersatz für Maßnahmen zur Sicherstellung der eigenen »Nationalen Sicherheit«.
– Eine Junktim-Politik kann deshalb auch kein Ersatz sein für tatsächlich vorhandene Schwächen auf anderen Gebieten.
– Die Grundlagen einer globalen Gleichgewichtstheorie liegen noch nicht fest und werden überlagert durch Ansätze von Überlegenheitsdoktrinen.
– Das Gleichgewicht zwischen antagonistischen Systemen und Weltmächten kann höchstwahrscheinlich nicht endgültig fixiert werden, es muß notwendigerweise hochgradig labil sein.
– Der Verhandlungsansatz der USA war in einer Weise auf Kooperation

---

7 Nach Erklärungen des Sprechers des US-Außenministeriums, William Dyess, haben die USA der Sowjetunion den Bruch des 1972 vereinbarten Verhaltenskodexes (Vereinbarungen zwischen Breschnew und Nixon über die grundsätzlichen Prinzipien der gegenseitigen Beziehungen) im internationalen und gegenseitigen Verkehr vorgeworfen. Nach: Süddeutsche Zeitung: Der Kreml will über SALT verhandeln, Nr. 38, vom 16. 2. 1981, S. 5.

angelegt, mit der möglicherweise die beabsichtigte Wirkung überhaupt nicht erreicht werden konnte.[8]
Die Summe dieser Einzelerfahrungen dürfte in den USA zur derzeitigen Denkpause geführt haben, die vor allem dazu dienen soll, Ziele und Aussichten von Rüstungssteuerung erneut grundsätzlich zu überdenken. Sie kann auch als Versuch gekennzeichnet werden, Antworten auf die Fragen nach den eigenen Sicherheitserfordernissen, sowie nach dem Umfang des zukünftigen Kooperationsrahmens zu finden. Die zu erwartenden Ergebnisse dieser Diskussion können sich jedoch nicht auf neu zu formulierende Hypothesen gründen, sondern müssen die Fakten der bisherigen Rüstungssteuerungsentwicklung von SALT I bis SALT II mit einbeziehen. Jede handlungsbezogene Betrachtung der aktuellen Rüstungssteuerungsproblematik muß deshalb vom bisher erzielten Konsensus bzw. vom weiter bestehenden Dissens bei SALT ausgehen.
Die Fülle der bisher vorliegenden Literatur zum Thema Rüstungssteuerung widmet sich vorzugsweise der Vielzahl von theoretischen Aspekten, Einzelproblemen und Detailfragen, ohne daß Arbeiten ausgemacht werden können, die sich mit den SALT-Verhandlungen als grundlegendem und womöglich determinierendem Rüstungssteuerungsphänomen in den internationalen Beziehungen als Ganzem befassen. Die steigende Abhängigkeit des Problems Rüstungssteuerung von sich außerordentlich dynamisch entwickelnden politischen und militärischen Rahmenbedingungen erschwert in der Tat auch eine der Realität entsprechende – ganzheitliche – Betrachtungsweise. So sind in den bisherigen Analysen zur Rüstungssteuerungsentwicklung zumeist Vorgehensweisen anzutreffen, die entweder Einzelfragen, manchmal eine begrenzte Gruppe zusammenhängender Probleme in den Mittelpunkt der Untersuchung stellen oder Untersuchungen, die eine breite Auswahl erklärender Faktoren anbieten, die sich jedoch – häufig mangels eines angemessenen theoretischen Bezugsrahmens – im einzelnen nicht selten widersprechen. Problematisch erscheint insbesondere der häufig anzutreffende ausschließliche Bezug auf die konzeptionellen Grundlagen von Rüstungssteuerung, die in den 60er Jahren angesichts damaliger Strukturbedingungen des internationalen Systems und außenpolitischer Zielsetzungen und -strategien der beiden Weltmächte entwickelt wurden. Ohne einen Anspruch auf eine zusammenhängende Gesamtkonzeption zu erheben, richteten sich diese Rüstungssteuerungskonzeptionen in ihren theoretischen Absichten weniger auf die Erklä-

---

8 Diese Auffassung wird von *Strobe Talbott* in seiner Insiderstory über die Endphase der SALT II-Verhandlungen vertreten. *Talbott, Strobe:* Endgame, The Inside Story of SALT II, New York u. a. 1979.

rung rüstungssteuerungsrelevanter Prozesse in den internationalen Beziehungen als vielmehr auf die Postulierung von Grundsätzen und Forderungen, die zudem noch die Realität der sich zunehmend abzeichnenden Rüstungsdynamik einfangen helfen sollten. Sie waren zumeist ein an der Stabilität des status quo orientierter normativer Anspruch an die internationalen Sicherheitsbeziehungen, insbesondere im Verhältnis zwischen den USA und der UdSSR. Überwiegend in der »Security Community« der Vereinigten Staaten entwickelt und so nicht nur spezifisch methodischen Ansätzen, sondern auch der Sicherheitspolitik der USA verpflichtet, waren diese Zielvorstellungen über Rüstungssteuerung häufig von der antagonistischen Realität losgelöst oder wurden von ihr rasch überholt. Ein mehr oder minder erhebliches Defizit zwischen theoretischen Zielvorstellungen und den jeweils bereits wieder veränderten Bedingungen der Realität waren die unvermeidbare Folge. Durch die seither eingetretenen Veränderungen in den Strukturen der internationalen Beziehungen im allgemeinen, sowie spezifische dynamische Entwicklungen im Bereich des »Umfeldes« der Rüstungssteuerung, wie
- besonders der gesamtpolitischen, durch die Dialektik von Kooperations- und Konfliktbereitschaft gekennzeichneten, internationalen Situation,
- der begrenzten realen Ergebnisse bisheriger praktischer ›Rüstungskontrollpolitik‹,
- und der technologischen Dynamik und dem damit verbundenen qualitativen Rüstungswettlauf,

wird eine Betrachtungsweise, die sich an Einzelfragen orientiert, immer problematischer. Es fehlt vor allem aber auch an Konkretisierungen der ziemlich abstrakt theoretischen Zielvorstellungen der Rüstungssteuerung und an der unumgänglichen Einbeziehung des tatsächlichen Zielverhaltens der beteiligten Akteure. Letzteres gilt besonders vor dem Anspruch, mit einem Konzept der Rüstungssteuerung auch die sicherheitspolitisch relevanten Interessenlagen antagonistischer Systeme erfassen, erklären und letztlich auch beeinflussen zu können. Zu den Voraussetzungen der Entwicklung einer Konzeption der Rüstungssteuerung gehört deshalb vor allem, daß die Zielvorstellungen, Konzeptionen, Einfluß und Dominanz maßgeblicher Akteure bestimmt werden können.

War die akteurorientierte Analyse der Umfeldbedingungen von Rüstungssteuerung im Prinzip bereits seit längerem durchführbar, so wird mit dem vorliegenden SALT II-Vertrag vom 19. Juni 1979 als umfassender Folgevereinbarung zur Begrenzung der strategischen Rüstung nunmehr erstmalig auch die Prozeßanalyse der Rüstungssteuerung möglich.

1. *Methodische Überlegungen*

Die Vielfalt von Einzelproblemen und die Interdependenzwirkungen zwischen Rüstungssteuerung, Sicherheitsbeziehungen und gesamtpolitischen Zielen verlangen bei einer auf theoretische Reflexion gegründeten empirischen Analyse der SALT-Verhandlungen nach einer Reduktion auf grundlegende Faktoren und nach einer Strukturierung, die analytische und prognostische Zugriffe ermöglicht. Eine derartige Komplexitätsreduktion[9] sollte zudem in der Lage sein, die wesentlichsten Strukturen einer antagonistischen Rüstungssteuerung abbilden zu können. Die Offenlegung des Rüstungssteuerungsverhaltens der Akteure, der bestimmenden Faktoren der Rüstungssteuerungsebene SALT, sowie der Mechanismen der internationalen Rüstungsdynamik müssen deshalb unter den gegebenen realen politischen Machtverhältnissen der antagonistischen Systemkonkurrenz zentrale Elemente des erkenntnisleitenden Interesses darstellen. Denn wenn in der Realität dieser Systemkonkurrenz ausgerechnet im Bereich der Macht- und Sicherheitsbeziehungen eine Zunahme an Kooperation und Konfliktregelung beobachtet werden kann, muß die Kernfrage lauten: Von welchen Bedingungen hängt der konfliktfreie Austrag antagonistischer Ziele ab.[10]

Zu ihrer Beantwortung bedarf es der empirischen Aufarbeitung der Rüstungssteuerungswirklichkeit – im übrigen eine Voraussetzung jeder Konzeptualisierung. Mit diesem Ansatz verbindet sich auch die Auffassung, daß ein Rüstungssteuerungskonzept, welches Kriterien »kollektiver Rationalität« ebenso wie Postulate »Gemeinsamer Sicherheit« einschließen soll, sich nicht allein auf bloße normative Theoriesätze stützen kann, sondern vor allem die in der Realität sich ausbildenden Konsensprinzipien der Akteure einbeziehen muß. Denn ein Dilemma der Rüstungssteuerung liegt eben gerade darin, das Sicherheitsproblem nicht individuell, sondern in einer umfassenden Weise zu lösen, so daß die zum Teil unvereinbaren individuellen »Systemrationalitäten« in einer wechselseitig annehmbaren kollektiven Form zusammengefügt werden. Eine Auflösung dieses Dilemmas ist nur möglich, wenn Ansätze zur Ausbildung kollektiver Rationalitäten in der Wirklichkeit vorhanden sind, die Grundlagen einer kooperativen Sicher-

---

9 Vgl. dazu u. a. die Definition von *Luhmann*: »Reduktion von Komplexität auf entscheidungsfähige Problemgrößen war aber bisher das kritische Organisationsproblem, ja das Systemproblem schlechthin.« In: *Luhmann, Niklas*: Zweckbegriff und Systemrationalität, Frankfurt 1973, S. 256.
10 So auch die inhaltlich gleichlautende Fragestellung von *K. H. Gantzel* nach dem vorrangigen Beitrag der Disziplin Internationale Beziehungen. Vgl. dazu: *Gantzel, Klaus-Jürgen*: System und Akteur. Beiträge zur vergleichenden Kriegsursachenforschung, Düsseldorf 1972, S. 60.

heitsentwicklung sein können und zur Entwicklung partiell gemeinsamer Zielvorstellungen führen.
Für die weitere Entwicklung eines Konzeptes »Gemeinsamer Sicherheit« bei SALT ist deshalb bedeutend, ob Ansätze für ein derartiges Rüstungssteuerungssystem in der Realität ausgemacht oder als Ergebnis bisheriger grundsätzlicher Konsensübereinkünfte zumindest als Zielprojektion postuliert werden kann. Soll die Rüstungssteuerungsbeziehung von SALT im Mittelpunkt der Analyse stehen, so ist eine Abgrenzung der die Rüstungssteuerung beeinflussenden und umgebenden Faktoren notwendig. Die damit verbundene Ausgrenzung der Umfeldbedingungen der Rüstungssteuerung kann indes nicht zu ihrer generellen Ausschließung und Nichtbeachtung führen. Für die weitere Untersuchung des tatsächlichen Konsensus kommt es vielmehr darauf an, die unmittelbar auf die Resultate von Rüstungssteuerung einwirkenden Strukturbedingungen des Umfeldes mit in die Bewertung einzubeziehen.
Wegen der gebotenen Kürze sollen an dieser Stelle zur Verdeutlichung einige Umfeld- und Rahmenbedingungen der Rüstungssteuerung bei SALT in Form stark verkürzter Hypothesen vorgestellt werden.

1. *Theoretische Rüstungssteuerungsziele*

Die bisher vorliegenden theoretischen Zielvorstellungen zur bilateral globalen Rüstungssteuerung berücksichtigen nur in geringem Umfang die an individuelle Rationalitäten gebundenen Interessen der antagonistischen Akteure, sind deshalb überwiegend Theorievariable, nicht aber politischer Verhandlungsrahmen.

2. *Internationale Beziehungen*

Die Rüstungssteuerungspolitik geriet zum Herzstück der Entspannungspolitik. Sie konnte zwar so zeitweilig die gesamten Sicherheits- und Rüstungssteuerungsbeziehungen determinieren, wegen ihres gleichzeitig begrenzten Handlungsrahmens aber nicht die in sie gesetzten, allgemeinpolitischen Erwartungen erfüllen.

3. *Intra-staatliche Rüstungssteuerungshaltung*

Die vor allem ideologisch begründete unterschiedliche Bewertung des Nutzens militärischer Macht und die mangelnde Adaption von Kriterien kollektiver Rationalität führten zu individuell rationaler Fixierung auf die Bedürfnisse der individuellen Sicherheit und beschränken damit drastisch die Möglichkeiten zur realistischen Perzeption der tatsächlichen Sicherheits- und Handlungsorientierung des Gegenübers.

4. *Militärstrategien*

Die realen, militärisch-strategischen Fähigkeiten beider Supermächte haben die Bedeutung und Ausprägungen der unterschiedlichen Militärdoktrinen und -strategien bereits überholt und tendieren zu einer faktischen Konvergenz nuklearer Handlungs- und Kriegsführungsoptionen.

5. *Spieltheorie*

Die amerikanische Maxime eines »second to none« und das ideologische Überlegenheitspostulat der UdSSR führten zu einem Nullsummenspiel mit ungleicher Machtverteilung und determinierten die jeweils optimale Strategie. SALT war bisher aufgrund der unterschiedlichen Bedingungen (Technologievorsprung der USA) kein Paritätsspiel, sondern ein abgeschwächtes Überlegenheitsspiel der USA mit kooperativen Verhandlungsangeboten. Die logische Folge war deshalb eine »Überlegenheitsstrategie« der UdSSR, die in der Lage war, den möglicherweise eintretenden »Schaden« zu minimieren und zugleich langfristig eine Wiederholung dieser unausgewogenen »Spielanlage« ausschließen konnte.

6. *Grenz-Nutzen-Faktoren*

Der Rüstungswettlauf zur Maximierung individueller Sicherheiten wird begrenzt durch Kosten-Nutzen-Analysen, z. B. durch den Finanzierungsrahmen oder den zu erwartenden Schadensumfang, die den abnehmenden Grenz-Nutzen einer Sicherheitsanstrengung verdeutlichen und eine partielle Kooperation nahelegen, bzw. sie erzwingen.

7. *Minimalkonsens in der Rüstungssteuerung*

Die logischen Strukturen des mit unterschiedlichen Mitteln begonnenen individuellen Sicherheitswettlaufes, die individuell rationalen Zielveränderungen und die daraus resultierenden kollektiv rationalen Nutzenüberlegungen führten zu einem Minimalkonsens und zur Ausprägung eines antagonistischen Systems auch in der Rüstungssteuerung, mit der Ausbildung von

Grundsätzen, Prinzipien, Kriterien und Beschränkungen, die die Überlebensfähigkeit antagonistischer Sicherheitspolitik sicherstellen sollten.

8. *Prozeßcharakter der Rüstungssteuerung*

Die als Folge maximaler Sicherheitserwartungen eintretenden Kosten bei Konsensverlust führten zur kollektiv rationalen Konserweiterung, Reduzierung der Risiken und zur Durchsetzung des Rüstungssteuerungssystems auch auf anderen Ebenen. Das aus Widersprüchen entstandene antagonistische Rüstungssteuerungssystem ist als Abbild realer Beziehungen ein bestimmender Bezugsrahmen für sicherheitspolitische Handlungsspielräume und Beschränkungen, nicht nur für die Supermächte, sondern weltweit für alle Akteure.

2. *Die Kooperation in der antagonistischen Rüstungssteuerung*

Während die Erweiterung einer »normalen« Kooperation wegen ihrer Zielbestimmtheit nicht im Detail erörtert werden muß, verlangt die Kooperation unter antagonistischen Bedingungen eine nähere Betrachtung. Bleiben die grundsätzlichen Widersprüche nicht aufhebbar, so kann ein partieller Kooperationserfolg sich mit hoher Wahrscheinlichkeit nur dann einstellen,
– wenn kooperative Verhandlungsangebote dem Kontrahenten handfeste Prämien bei Annahme versprechen,
– wenn einseitige Selbstverpflichtungen in glaubhafter Weise abgegeben werden,
– wenn die Ausprägungen von Grenz-Nutzen-Phänomenen beidseitig wahrgenommen und akzeptiert werden,
– wenn im mindesten Regelungen möglich sind, die den eigenen Status gegenüber Dritten absichern können und durch einseitig taktische oder strategische Zielveränderungen der eigene Machtstatus nicht gefährdet wird.

Das vielschichtige Vertragsnetz von SALT ist ein Musterfall für den Versuch, unter antagonistischen Ausgangsbedingungen zu einer Kooperation im Bereich der strategischen Sicherheitsbeziehungen zu gelangen. Das eingesetzte Instrumentarium[11] dokumentiert die Vielfalt völkerrechtlicher Willensäußerungen[12] und umfaßt

11 Vgl. dazu: *Wengler, W.*: Rechtsvertrag, Konsens und Absichtserklärung im Völkerrecht, JZ 1976, S. 193–197.
12 Das formale Neben- und Miteinander ist für das moderne Völkerrecht keine neue Erscheinung.

- die klassischen Völkerrechtsverträge von SALT[13]
- die als »integral parts« geltenden Protokolle zu den Vereinbarungen[14]
- die sich von diesen anfänglich abhebenden vereinbarten Interpretationen und gemeinsamen Verständniserklärungen von SALT I,[15] die allerdings durch die vereinbarten Erklärungen und Absprachen von SALT II[16] auf die Ebene des integralen Zusammenhanges angehoben wurden,
- die Einseitigen Erklärungen,[17]
- die Grundsätze für Beziehungen zwischen den USA und der UdSSR sowie die Grundsätze für die Verhandlungen über die weitere Begrenzung strategischer Angriffswaffen, die mit der gemeinsamen amerikanisch-sowjetischen Erklärung von Wladiwostok fortgesetzt wurden und in die gemeinsame Erklärung über die Grundsätze und Hauptleitlinien für künftige Verhandlungen bei SALT II mündeten,[18]

Beispiele für die Regelungen komplizierter und verschachtelter Sachverhalte sind u. a. die Berlin-Verträge und die Vietnam-Regelungen. Vgl. dazu: *Fahl*: SALT I. Die strategische Grenznachbarschaft von USA und UdSSR, Berlin 1977, S. 16 und Zivier, E. R.: Der Rechtsstatus des Landes Berlin, 3. Auflage, Berlin 1977.

13 SALT I-Vertrag zwischen den USA und der UdSSR über die Begrenzung von Systemen zur Abwehr ballistischer Raketen (ABM-Vertrag) und Interimsabkommen zwischen den USA und der UdSSR über bestimmte Maßnahmen hinsichtlich der Begrenzung von strategischen Angriffswaffen (SALT I-Vertrag) vom 26. Mai 1979, in: Fahl, Gundolf: Internationales Recht der Rüstungsbeschränkung. Berlin 1972. Englische Fassung und deutsche Übersetzung der Vertragstexte. Text E 8.2.1 und 8.2.3.
SALT II-Vertrag zwischen den USA und der UdSSR über die Begrenzung strategischer offensiver Waffen (SALT II-Vertrag) vom 18. Juni 1979, in: Selected Documents No. 12. Department of State, USA, Washington D.C., Vienna, June 18, 1979 P. 26 ff. und Europa-Archiv: Sonderdruck aus Folge 15 vom 18. 8. 1979, S. 368 ff.

14 Protokoll zum Interimsabkommen zwischen den Vereinigten Staaten von Amerika und der Union der Sozialistischen Sowjetrepubliken über bestimmte Maßnahmen hinsichtlich der Begrenzung von strategischen Angriffswaffen vom 26. Mai 72, in: *Fahl*: a.a.O., S. 64 und 65.
Protokoll zum Vertrag zwischen den Vereinigten Staaten von Amerika und der Union der Sozialistischen Sowjetrepubliken über die Begrenzung von ABM-Systemen vom 3. Juli 1974, in: *Ebenda*: S. 56 ff.
Protokoll zum SALT II-Vertrag vom 18. Juni 1979, in: Europa-Archiv 15/1979, a.a.O., S. D 389 ff.

15 Interpretationen zu den Abkommen vom 26. 5. 1972, in: Fahl: Die strategische Grenznachbarschaft a.a.O., S. 66 ff.

16 Vereinbarte Erklärungen und Absprachen zu dem Vertrag zwischen den USA und der UdSSR über die Begrenzung strategischer offensiver Waffen vom 18. 6. 1979, in: Europa-Archiv, a.a.O., S. D 391 und D 369 ff.

17 Einseitige Erklärungen der USA und der UdSSR im Laufe der Vertragsverhandlungen zum ABM-Vertrag und Interims-Abkommen vom Juli 1970 bis Mai 1972, in: Fahl: Die strategische Grenznachbarschaft a.a.O., S. 72 ff. Sowjetische Erklärung betreffend »Backfire« vom 16. Juni 1979, in: EA, a.a.O., S. D 394.

18 Grundsätze für die Beziehungen zwischen den USA und der UdSSR vom 29. Mai 1972, in: *Fahl: Ebenda;* S. 98 ff. Grundsätze für die Verhandlungen über die weitere Begrenzung strategischer Angriffswaffen vom 21. Juni 1973, in: *Fahl*: Internationales Recht, a.a.O., Dok. D. 8.3.3.2.

— bis hin zu einseitig erklärenden Parlamentsresolutionen.¹⁹

Aus diesen qualitativ unterschiedlichen und vielfältig ineinandergreifenden Vereinbarungen kann der Funktionszusammenhang der Gesamtheit der SALT-Vereinbarungen ersichtlich werden. Die formalen und rechtlichen Verschränkungen ergeben sich aus dem unmittelbaren Bezug zu früheren, bzw. zeitlich parallel laufenden Vereinbarungen. Sie werden weiter dokumentiert durch den gleichartigen Aufbau und die jeweiligen Hinweise auf das jeweilige Inkrafttreten der Verträge, bzw. ihrer Geltungsdauer. Sie sind das Ergebnis der bisherigen bilateralen Sicherheitskooperation, die ein beträchtliches Maß an explizitem Konsens hervorgebracht hat, aber auch im Ausklammern wesentlicher und strittiger Probleme zugleich die Grenzen der vorläufigen Kompromißfähigkeit aufgezeigt hat.

3. *Der Minimalkonsens bei SALT*

Mit der Vielfalt der Vereinbarungen und Erklärungen wurde der tatsächliche Konsens zum Teil sehr allgemein und generell zum Ausdruck gebracht, aber auch schon aus Gründen der notwendigen Fixierung der technischen Einzelregelungen sehr detailliert beschrieben. Zu seiner Erfassung ist von den Übereinkünften der Akteure in den grundlegenden Zielvorstellungen einer bilateralen Rüstungssteuerung, niedergelegt in den SALT-Vereinbarungen, auszugehen. Dieser Minimalkonsens kann unter folgende Oberbegriffe, als Prinzipien bilateraler Rüstungssteuerung, vorläufig zusammengefaßt werden:

1. Die in den Grundsätzen für die Beziehung zwischen den USA und der UdSSR vom 29. 5. 1972 noch allgemein gehaltenen Absichtserklärungen über die ». . . Stärkung der allgemeinen Sicherheit . . .« und ». . . Anerkennung der Sicherheitsinteressen der Vertragsparteien auf der Basis des Grund-

---

Gemeinsame, in Wladiwostok abgegebene, amerikanisch-sowjetische Erklärung über strategische Angriffswaffen vom 24. November 1974, in: *Ebenda*; S. 80 f. Gemeinsame Erklärung der Grundsätze und Hauptleitlinien für künftige Verhandlungen über die Begrenzung strategischer Waffen vom 18. Juni 1979, in: Europa-Archiv, a.a.O., S. D 393 f.

19 Neben die internationalen Dokumente hat der amerikanische Kongreß eine »Gemeinsame Resolution« gestellt, mit der das amerikanische Sicherheitsinteresse unter Bezug auf das Rücktrittsrecht definiert wurde. Vgl. dazu: Congressional Joint Resolution on the Interim Strategic Offensive Arms Limitation Agreement, Sept. 30, 1972, US. Arms Control and Disarmament Agency, Documents on Disarmament No. 69, Washington D.C. 1074, S. 681–683. Während das Jackson-Amendment von 1972 über die zukünftige amerikanische Verhandlungsleitlinie keine bilaterale Wirkung hatte, dürften mögliche Amendments des US Senats bei der Ratifizierung von SALT II zumindest unter diese Kategorie zu fassen sein.

satzes der Gleichberechtigung...«[20] wurden in den Grundsätzen für die weiteren Verhandlungen vom 21. 6. 1973 ausgedehnt auf die »... Anerkennung der jeweils gleichen Sicherheitsinteressen der anderen Seite...«[21] und bereis in der Wladiwostok-Erklärung vom 24. 11. 1974 mit dem Bekenntnis zum »... Prinzip der Gleichheit und gleichwertiger Sicherheit...«[22] neu formuliert. Sie fanden in der gemeinsamen Erklärung der Grundsätze vom 18. 6. 1979 in dem »... Grundsatz der Gleichheit und der gleichen Sicherheit...«[23] ihre vorläufig endgültige Explikation der bilateralen Vorstellungen einer *Gemeinsamen Sicherheit*.

2. Die in allen Vereinbarungen wiederkehrende Absichtserklärung der Begrenzung strategischer Waffen wurde nach den ersten quantitativen Festschreibungen des Interimsabkommens und den vereinbarten Höchstgrenzen in der Wladiwostok-Erklärung erstmals im SALT II-Vertrag um die Zielvorstellung der »... Festigung der *strategischen Stabilität*...«[24] erweitert.

3. Diese sollte von Beginn der Verhandlungen an durch eine *Begrenzung* der strategischen offensiven Waffen erreicht werden; eine Zielvorstellung, die im SALT-II-Vertrag präzisiert wurde und sich vor allen auf die Waffen richten soll, »die das strategische Gleichgewicht am meisten gefährden.«[25]

4. Schon sehr frühzeitig wurden bereits im ABM-Vertrag »... wirksame Maßnahmen zur Verminderung der strategischen Waffen...«[26] gefordert und später häufig wiederholt, doch deren Verwirklichung in *quantitativen und qualitativen Reduzierungen* als einer der grundlegenden Rüstungssteuerungsabsicht wurde nach ersten Höchstgrenzenvereinbarungen im SALT-I-Vertrag bzw. der Erklärung von Wladiwostok erst später im SALT-II-Vertrag durch einen ersten substantiellen Abbau von Waffen angegangen.[27]

5. Auch die essentielle Kontrollfrage vereinbarter Abkommen wurde, beginnend im ABM-Vertrag, Artikel XII, und Interimsabkommen, Artikel V, erstmals eindeutig definiert und konsequent im SALT-II-Vertrag, Artikel

---

20 *Fahl*: Internationales Recht, a.a.O., Dok D 10.3.2. S. 1 u. 2.
21 *Ebenda*; Dok D. 8.3.3.2, S. 2.
22 *Ebenda* ;Dok D. 8.3.3.4, S. 2.
23 EA: 15/1979, a.a.O., S. D 393.
24 SALT II-Vertrag, in: EA: *Ebenda*; S. D. 368.
25 Gemeinsame Erklärung der Grundsätze vom 18. 6. 1979, in: *Ebenda*; S. D 393.
26 ABM-Vertrag, in: *Fahl:* Internationales Recht, a.a.O., Text D 8.2.1, S. 1.
27 SALT II-Vertrag. Artikel III. Begrenzung auf 2400, ab. 1. 1. 1981 auf 2250 Gesamtsysteme, a.a.O., S. D. 374.

XV, wieder aufgenommen und präzisiert. Die Fragen der *Verifikation* wurden im Zuge der neuen Waffentechnologien zur Schlüsselfrage von SALT II, wie aus den zahlreichen Erklärungen und Absprachen zu den verschiedenen Waffensystemen und deren Identifizierungsmöglichkeiten deutlich werden kann.

6. Weiterhin wurde anerkannt, daß eine reale Rüstungssteuerung nur möglich ist, wenn das Mißtrauen Schritt für Schritt abgebaut werden kann und Verhandlungs- und Kooperationsformen entwickelt werden, in denen »*Vertrauensbildende Maßnahmen*« ». . . zur Stärkung des Vertrauens zwischen den Staaten . . .«[28] führen können. Dazu werden die Vertragspartien auch ». . . andere Schritte erwägen, um die strategische Stabilität zu sichern und zu erhöhen . . .»[29] und damit zur Verwirklichung der vereinbarten Grundsätze und Verträge beitragen.

Schon bei dieser problembezogenen Postulierung der Konsensoberbegriffe auf der Grundlage der Verhandlungsergebnisse wird offenbar, daß auf der Basis dieses Bezugsrahmens von Prinzipien ein grob konzeptualisiertes System der Rüstungssteuerung entwickelt werden kann. Eine mehr akteurbezogene Betrachtung vermittelt zudem, daß der vorstehende Katalog von Prinzipien sowohl durch die individuell erklärten Zielvorstellungen über Rüstungssteuerung abgedeckt wird, aber auch als das Ergebnis der zwischenzeitlich erfolgten Änderungen in den Sicherheitsbeziehungen der Supermächte bezeichnet werden kann. Des weiteren werden diese Prinzipien von den Akteuren als Minimalkonsens akzeptiert und die Lösung der damit in engem Zusammenhang stehenden weiteren detaillierten Prinzipienprobleme wechselseitig gefordert.

Die bis hierher als Minimalkonsens ausgewiesenen Prinzipien[30] sind weitgehend deckungsgleich mit der Problem- und der Akteurebene und können als vorläufig grundlegende Strukturen eines weiterhin offenen Rüstungssteuerungssystems von SALT gelten.

---

28 So u. a. im ABM-Vertrag, a.a.O., Text D. 8.2.3, S. 1.
29 Gemeinsame Erklärung der Grundsätze, SALT II-Vertrag, a.a.O., S. D 394.
30 Von Prinzipien wird auch bei der Konkretisierung des Völkerrechts gesprochen, wenn z. B. Prinzipien der »kollektiven Sicherheit«, des »Gewaltverbotes«, der »individuellen und kollektiven Selbstverteidigung« als Ergebnisse der UN-Charta analysiert werden. Vgl. dazu: *Weber, Hermann/Wedel, Henning von*: Grundkurs Völkerrecht, Juristische Lernbücher, Band 10, Frankfurt/Main 1977, S. 189 ff.

4. Prinzipien und Kriterien des Rüstungssteuerungssystems von SALT

Die aus den Vertragswerken von SALT, den Erklärungen der Akteure und den realen Strukturen internationaler Politik ermittelten Konsensprinzipien und -kriterien sollen in der nachstehenden Übersicht zusammengefaßt werden. Mit dieser Darstellung werden bewußt die Gefahren einer verkürzten Wiedergabe in Kauf genommen. Der damit verfolgte Zweck liegt zum einen in der Übersicht über die Einzelergebnisse einer umfangreichen Studie[31] und zum anderen dient er der formalen Darstellung des Rüstungssteuerungssystems von SALT. Die Übersicht ersetzt nicht den an anderer Stelle geleisteten Begründungszusammenhang der Konsensprinzipien. Mit ihr soll zugleich auch ein Rahmen angeboten werden, damit neu auftretende Probleme ähnlichen, früheren Problemstellungen leichter zugeordnet werden können. Aufgelistet sind die Kriterien, die während der SALT-Verhandlungen eine besondere Bedeutung im Rüstungssteuerungsdialog hatten und in denen ein Konsens bzw. ein ausdrücklicher Dissens festgestellt werden konnte. Die mit der Benennung verbundenen Feststellungen des ersten expliziten oder impliziten Auftretens der Konsensbegriffe geben die Ergebnisse von Einzeluntersuchungen wieder, die allerdings ohne die Verbindung zur ausführlichen Analyse nur eine verhältnismäßig geringe Aussagekraft entfalten können.

In der letzten Spalte sind zusätzlich noch stichwortartige Hinweise auf Probleme enthalten, die entweder von SALT II nach SALT III übertragen werden dürften, oder die in der nächsten Verhandlungsrunde mit großer Wahrscheinlichkeit neu auftreten dürften.

5. Zu Rationalität und Konsequenzen des bilateralen Rüstungssteuerungssystems

Mit dem vorgestellten System umfangreicher Einzelregelungen bilateraler Rüstungssteuerung ergibt sich die zentrale Frage, ob und inwieweit durch diesen bisher erzielten Konsensus die individuellen Sicherheitsrationalitäten überwunden wurden und ob damit eine neue Form der kollektiven Systemrationalität von Rüstungssteuerung erreicht werden konnte. Die den Rüstungssteuerungshaltungen der Akteure zugrunde liegenden individuellen Sicherheitsüberlegungen sind zweifellos in die Rationalitäten der jeweiligen nationalen Gesamtpolitiken eingefaßt; zumindest begleiten sie diese als

---

31 Vgl. dazu die ausführliche Analyse in: *Beuter, Heinz-Jürgen*: SALT als System Antagonistischer Rüstungssteuerung, Nomos-Verlag Baden-Baden 1981, i. E.

Abb. : Das antagonistische Rüstungssteuerungssystem

Prinzipien/Kriterien	Konsens			implizit	Dissens.	Ausblick
	explizit	SALT				Rahmen
	I	W	II	seit:		SALT III
1. Gemeinsame Sicherheit	X	X	X			
1. Kollektive Sicherheit	X					
2. Gleiche Sicherheit	X			II	Statusfragen Realisierung	- crisis management
3. Kriegsvermeidung				1962		
4. Gleichgewicht			X	I	Optionen	
5. Abschreckung				I	MAD	
6. Gegenseitige Verwundbarkeit					- Schadensbegrenzung	
1. AGM	X					
2. Civil Defense					X	
2. Strategische Stabilisierung	X	X	X			
1. Strategische Stabilität		Ziel	X	W		- Gray Area
2. Parität		Zahl	X	I	Optionen	- Optionen
3. Symmetrie	ABM	Zahlen	Sublimits		Optionen	
3. Begrenzung	X	X	X			
1. Quantitative Höchstgrenzen	X	X	X			- mobile ICM
2. Qualitative Begrenzung		X	X			- neue sublimits
3. Modernisierung	X	X	X		warheads	- insb. neue ICBM
4. Channeling competition				II	ASW	- CH
5. Grauzone				I	Gray Area	- Systeme
4. Reduzierung	X	X	X			
1. Reduzierungsmethoden		X	X			- sublimits
2. Quantitative und qualitative Reduzierung		ABM	X			- Gesamtzahl

5. Verifikation	X	–	X	X
1. Transparenz		X	X	– space control system
2. NTM	X		X	– ASAT
3. no interference	X		X	– CM
4. Verifikationshilfen			ASAT	
5. SCC	X			
6. CBM	X	X	X	I/II
1. Stärkung des Vertrauens	X		X	– associated measures
2. Ankündigung Raketenstarts			X	
3. Arbeitsgruppen zu SALT			X	– Teillösungen
			Lösungen	

festen Bestandteil politischer Grundauffassungen. Unter den Bedingungen des politischen Wettstreits der Systeme dürfte sich deshalb auch die Rüstungssteuerung nicht aus der antagonistischen Ausgangslage lösen. Aus dieser Annahme heraus kann aber auch positiv gefolgert werden, daß die kooperativen Anteile einer auf die Auseinandersetzung angelegten Strategie den Rahmen der Risikoüberlegungen und damit auch der Befürchtungen beider Seiten über ein mögliches Scheitern der Sicherheitsbestrebungen wiedergeben können.

Diese Befürchtungen werden geprägt durch eine Skala von Unsicherheitsfaktoren für beide Seiten, die von der Wahrnehmung der Folgen der eigenen absoluten Verwundbarkeit bis hin zur Annahme einer möglichen Überlegenheit des Gegenübers reicht, durch die letztlich die individuellen Handlungsmöglichkeiten eliminiert werden könnten. Auf der Seite der aufsteigenden Supermacht UdSSR waren diese Faktoren unverhältnismäßig hoch, waren sie doch durch historische Erfahrungen und ideologische Postulate überlagert. Mit dem Wandel der strategischen Kräfterelation von einer Überlegenheit zur Gleichwertigkeit haben sich diese Befürchtungen und Abhängigkeiten beider Akteure zu gleichen Lasten verteilt. Denn wählt man z. B. die Furcht der USA vor der Verwundbarkeit ihrer ICBM's, so besteht spiegelbildlich die Furcht der UdSSR vor der gesicherten »counter-silo-capability« dieser Waffen gegen die Hauptstreitmacht des eigenen strategischen Arsenals. Diese neue Situation wechselseitiger und nicht mehr aufhebbarer Verwundbarkeiten beherrscht die derzeitigen Kräfteverhältnisse; allerdings werden deren Implikationen von beiden Seiten mit unterschiedlichem Gewicht und divergierenden Motiven antizipiert. So muß die Gewöhnung an nunmehr gleichwertige Partner um so schwerer fallen, als die UdSSR für die USA weiterhin ideologieverdächtig bleibt, während die USA für die UdSSR ideologisch nicht gleichwertig ist.

Mit dem Wandel von ungleicher Verteilung quantitativer und qualitativer Vorteile zu legitimierter Parität und numerischer Gleichheit der Potentiale haben sich im Rahmen von SALT Prinzipien und Kriterien ausgebildet, die den Minimalkonsens begründeten und ihn erweiterten. Die grundsätzliche Kompromißformel der Verhandlungen erhält durch die Anerkennung der Prinzipien »beiderseitiger Verwundbarkeit, beiderseitiger gleicher Sicherheit und des Versagens einseitiger Vorteile« eine ausgesprochen kollektive, rationale Dimension. Ihr Zustandekommen und ihre Weiterentwicklung kann im wesentlichen mit dem beiderseitig wahrgenommenen außerordentlichen Gefährdungspotentials des Verhandlungsgegenstandes erklärt werden.

Dem weiteren Trend zur Ausweitung des Konsens stehen aber nach wie vor konkrete politische und ideologische Gegensätze und Reste von Überlegenheitsphilosophien entgegen. Der allgemein politische Dualismus von Kooperation und Konfrontation wird deshalb auch zum Grundraster der weiteren Rüstungssteuerungsentwicklung. Die Aussagen auf beiden Seiten dazu belegen dieses eindeutig. So stellt Pavlov ohne nähere Begründung fest, daß nach Inkrafttreten des SALT II-Vertrages der Wettstreit im Felde strategischer offensiver Waffen nicht anhalten werde.[32] Auch die USA bereiten sich auf eine neue Runde im technologischen Wettrüsten vor und verleugnen nicht die Absicht, diese nötigenfalls auch gewinnen zu wollen. So wurde paradoxerweise während der Ratifizierungsdebatte in den USA und danach der SALT II-Vertrag im wesentlichen als Hebel zur Erhöhung der Ausgaben für die strategische Rüstung genutzt, und zwar gleichermaßen von Gegnern und Befürwortern der Vereinbarungen. Der vor zwei Jahren noch zutreffend von Burt geäußerte Verdacht, daß die USA mit der Argumentation, die strategische Balance würde sich ohne Vertrag zu Ungunsten der USA verändern,[33] weil diese nicht mehr gewillt seien, mit der Sowjetunion den strategischen Wettstreit weiterzuführen, ist allerdings nach den außenpolitischen Menetekeln des weiteren offensiven Verhaltens der UdSSR und nach dem Regierungswechsel Carter/Reagan von 1980 in den USA wie weggefegt.

Die SALT II-Regelungen lassen zudem auch genügend Bereiche offen, in denen jede Seite frei entscheiden kann, welche strategischen Systeme sie in der Zukunft besitzen will. So kann es nicht verwundern, daß die Ergebnisse von SALT II nur einen geringen Einfluß auf die militärischen Programme beider Seiten haben werden. Das wesentlichste Resultat der bisherigen Abkommen dürfte deshalb wohl darin liegen, daß beide Seiten in der Lage sein müssen, zu sagen, sie seien »second to none«.[34]

Die Aufgabe der besten individuellen Sicherheitslösung – Überlegenheit – zugunsten einer kollektiv wünschenswert zweitbesten Lösung – Gleichwertigkeit – dürfte schon unter individuell logischen und rationalen Aspekten kaum zu verwirklichen sein, zumal in der Praxis die Furcht hinzutritt, daß kollektives Verhalten den Übertölpelungsversuch des Kontrahenten geradezu herausfordern könnte. Die bereit gehaltenen strategischen Arsenale haben sich deshalb auch immer weiter von der ursprünglichen Ausrichtung auf die ausschließlich strategische Abschreckung entfernt. Die Ausnutzung aller Lücken in den Verträgen führte in einem sich steigernden Tempo auf beiden Seiten zu »war-fighting-capabilities«, mit Potentialen, die ansteigende

---

32 *Pavlov V.* und *Karzning A.*: SALT II – Its Content and Importance, in: International Affairs (SU), Nov. 1979, S. 34.
33 *Burt*: The Scope and Limits of SALT, in: Foreign Affairs (USA), Juli/Sept. 1978, S. 767.
34 *Freedmann*: Time for a Reappraisal, in: Survival, 5/1979, IISS London, S. 38.

»first-strike-Fähigkeiten« besitzen. Die Strategie der ›arms limitation‹ hat so nach Freedman zur Strategie der ›arms imitation‹ geführt.³⁵
Eine auf kollektive Ziele ausgerichtete Rüstungssteuerung kann sich jedoch nicht mit der Feststellung begnügen, daß ein beiderseitig regulierter strategischer Wettlauf, welcher den Anreiz für ein militärisches »worst-case«-Planungsverhalten mindert, besser sei als ein nicht regulierter Wettstreit. Damit würde zwar die Kriegsverhinderung durch ein Mehr an Stabilität weiterhin als Rüstungssteuerungsziel gelten können, doch zur gleichen Zeit die Optimierung der Kriegsverhinderungs- oder Abschreckungsstrategien zu Potentialen führen, die möglicherweise den Krieg führbarer und berechenbarer machen und damit zwangsläufig dem gesetzten Ziel entgegenwirken müssen. Durch die beiderseitige, verstärkte Abschreckungsabsicht und die in diesem Rahmen für notwendig gehaltenen Vermeidungsstrategien und Waffenprogramme kann so in widersinniger Weise der Krieg führbarer werden.
Ob aus dieser Tendenz jedoch gefolgert werden darf, daß der Krieg dadurch immer wahrscheinlicher wird, muß angezweifelt werden. Eine derart kollektiv irrationale Handlung wird nur durch individuell irrationale Ziele und Programme auslösbar sein. Diese sind allerdings in der Sicherheitsrealität nicht auszumachen. Sicher ist zudem, daß durch die Zunahme der strategischen Optionen die Unsicherheiten für das individuelle Überleben und den hinzunehmenden Schaden außerordentlich groß werden und jede auch militärische Planbarkeit überfordern. Nicht einmal die als ideale Planungsgrundlage zu bezeichnende gesicherte Überlegenheit einer Seite – die über Jahrzehnte durch das Potential der USA gegeben war – dürfte unter den derzeitigen atomaren Abschreckungsbedingungen zum atomaren Krieg führen.
Die atomare Auseinandersetzung wird deshalb durch die Rüstungssteuerungsregelungen, speziell von SALT, auch unter Fortsetzung des technologischen Wettstreites, vermutlich eher immer unwahrscheinlicher. Die latente, aber beherrschbare Gefahr des Ausbruchs eines atomaren Krieges kann zwar nicht beseitigt, doch durch eine Vertiefung der Konsensregelungen in der Rüstungssteuerung gemindert werden. Für das Rüstungssteuerungssystem von SALT wird auf diese Weise auch der Systemzweck – Erhaltung des Systems – angesichts eines nicht zu ertragenden Rückfalls in größte Unsicherheit zur Rationalitätsfrage. Das wiederholte Verhalten der Akteure in Form der weiteren Akzeptierung ausgehandelter Vertragswerke, beim Auslaufen von SALT I im Jahre 1977 und bei der derzeitig noch völlig offenen Situation über die Zukunft von SALT II, entspricht im Ansatz der notwendigen kollektiv rationalen Selbstbindung.

---

35 *Ebenda*; S. 39.

Unabhängig von vorgesehenen Änderungen oder Amendments zum vorliegenden Vertragspaket müßte dementsprechend auch die Wiederaufnahme der Verhandlungen am Konsensstand von SALT II der nächste logische Schritt sein. Eine völlige Aufgabe des bisher ausgehandelten Rahmens zugunsten einer Neuauflage einer Politik der Stärke erscheint wegen der Gefährdung des gesamten bisherigen Konsens außerordentlich bedenklich. Ein derartiger Wechsel kann wegen der damit verbundenen Gefahren, nicht nur wegen des dann vermutlich neu einsetzenden ungehemmten Wettrüstens, sondern vor allem wegen der riskant ansteigenden Unsicherheiten innerhalb der strategischen Gleichung ernsthaft nicht erwogen werden. Auch durch einen prinzipiell nur kurzfristig durchhaltbaren Kurswechsel dürften besondere Vorteile im strategischen Kräfteverhältnis nicht erreichbar sein, das bisher auf beiden Seiten eingesetzte Kapital und Prestige zur Wahrung einer Paritätsgleichung ließe dieses nicht zu. Allenfalls würde dadurch der gesamte bisher erreichte Kompromiß in Frage gestellt.

Heinrich Buch

III. Grundlagen und Perspektiven für SALT III

Ausgehend von Grundlagen und Stand der strategischen Rüstungssteuerung sowie deren Kontext wird auf Interessen der USA und der Bundesrepublik bei der Fortführung des SALT-Prozesses eingegangen und mit einigen konzeptionellen Überlegungen zum Grauzonenproblem geschlossen.

1. *Der Aktualitätsbezug*

Die letzten Wochen im Bundestag und in den Parteien der Bundesrepublik waren dramatisch. Um das Konzept von Rüstung und Rüstungsbegrenzung in der konkreten Form des NATO LRTNF-Beschlusses durchzusetzen, kam mit der de-facto-Vertrauensfrage das stärkste demokratische Instrument zum Einsatz. Der Kanzler und der Außenminister machten ihre eigene politische Zukunft vom Willen zur Realisierung beider Teile des sogenannten Doppelbeschlusses abhängig – mit vorerst hinreichendem Erfolg. Das mit diesem Vorgang verbundene Zielbündel soll in der Innenpolitik sowohl die politischen Repräsentanten als auch ihre Wähler hinter die Positionen der politischen Führer zwingen und handlungsfähige Mehrheiten ermöglichen. Bündnispolitisch werden die USA erneut an den Ernst des Willens erinnert, über Rüstungsbegrenzungen zu verhandeln, und denjenigen europäischen NATO-Partnern, deren Position aufzuweichen droht, wird eine gemeinsame Politik angeboten, um die LRTNF-Entscheidung durchhalten zu können. Nicht zuletzt aber wird der Sowjetunion die Entschlossenheit vor Augen geführt, sich in der Sicherheitspolitik auch durch eine Kampagne der Angst nicht erpressen zu lassen.
Damit stehen auf dieser Seite des Atlantiks in den kommenden Monaten die Theorie der Rüstungssteuerung (Arms Control) und vor allem die Praxis von SALT sowie seine Bedeutung für Europa im Zentrum des politischen und öffentlichen Interesses.

2. *Das Wesen der Rüstungssteuerung*

Rüstungssteuerung und Abrüstung sind analytisch unvereinbar. Der Ansatz einer allgemeinen, weltweiten und unilaterale Reduktionen vorsehenden *Abrüstung* wurde beginnend mit dem Baruch-Plan 1946 über die U.N. Disarmament Commission 1952 und das Eighteen National Disarmament Committee (ENDC) 1961 durch die Conference of the Committee on Disarmament (CCD) 1969 auf der Ebene der Vereinten Nationen institutionalisiert.
Rüstungssteuerung (Arms Control) dagegen ist ein technisch orientierter Ansatz für Rüstungsbegrenzungen mit einem bescheidenen Zielhorizont. Die auf *Stabilität* ausgerichtete Rüstungssteuerung akzeptiert den Wettbewerb und das Konfliktmuster im internationalen System; sie betrachtet Streitkräfte als notwendiges und legitimes Instrument nationaler Politik.[1] Deshalb sind Rüstungssteuerung und Rüstungsprogramme als die zwei Seiten derselben Münze zu betrachten. Beide dienen der nationalen Sicherheit; beide sind in den politischen Kontext des internationalen Systems eingebettet.
Rüstungssteuerung als Konzept kann wegen ihres im wesentlichen technischen Charakters politische Mäßigung nur reflektieren, aber nicht in die Wege leiten. Ihr Ziel ist es, die Risiken und Kosten des politischen Konflikts durch ausgehandelte Rüstungsbegrenzungen einzudämmen.
Hierfür gibt es drei Teilziele:
– Reduzierung des Kriegsrisikos
– Reduzierung der Kosten für Kriegsvorbereitungen
– Reduzierung der Verluste im Falle eines Krieges.
Rüstungsverhandlungen können zwar das Kriegsrisiko verringern, aber nicht abschaffen. Sie können Rüstungskosten herabsetzen helfen, wenn das internationale politische System dies zuläßt, d. h. wenn vor allem die Supermächte sich beim direkten und indirekten Einsatz ihrer militärischen Macht zurückhalten. Die Verteidigungslasten werden jedoch hoch bleiben, solange die Sowjetunion ideologische Ziele politisch operationalisiert und unter Nutzung ihrer Militärmacht versucht, ihre Position im Ost-West-Konflikt durch Ausweitung ihres Einflußbereiches in der sogenannten 3. Welt zu verbessern. Die Überlagerung der Konfliktachsen Ost-West und Nord-Süd verschärft den Gegensatz und zugleich die Probleme der Rüstungssteuerung.
Rüstungsbegrenzungsabkommen schließlich sind keine Meilensteine zum Frieden sondern nützliche Instrumente der Vertragspartner – ihr Minimalkonsens – für die Fortführung des Wettbewerbs. Sie wirken sich bestenfalls

---

1 Vgl. *Barry M. Blechmann*: Do Negotiated Arms Limitations Have a Future?, in: Foreign Affairs, Fall 1980, S. 113 ff.

günstig auf das internationale politische System aus, indem sie einige Bereiche der militärischen Instrumentarien herabsetzen und unter Kontrolle halten.
Dieser ursprünglich für Analytiker und Planer entwickelte Rüstungssteuerungs-Ansatz wurde aufgrund öffentlicher Interessen und politischer Zwänge ausgeweitet und mit Erwartungen überfrachtet, die ihm eine Eigendynamik zumaßen.
Der Mißerfolg daraus entstandener Fehleinschätzungen – nicht zuletzt in der Carter-Administration – berechtigen zu der Forderung, die Rüstungssteuerung auf ihren bescheidenen Ansatz zurückzuführen, um endlich wieder das zu erzielen und einer ungeduldig werdenden Öffentlichkeit vorweisen zu können, was dringend benötigt wird: Ergebnisse mit Substanz – pragmatische Schritte zur Begrenzung technologisch immer höher entwickelter Arsenale.

3. *Der Stand von SALT II*

Der Vertrag wurde am 18. 6. 1979 in Wien unterzeichnet. Seine Behandlung im U.S.-Senat ist instruktiv. Am Ende der ersten Runde von Hearings des Senate Foreign Relation Committee waren spezifische Kritiken ausgeräumt und die Aussicht einer Ratifizierung schien günstig. Verbleibende Bedenken konzentrierten sich darauf, daß eine gewisse Euphorie in der Carter-Administration und der Öffentlichkeit zu einer neuen Vernachlässigung des Verteidigungsbudgets führen könnte, das sich erst seit 1976 wieder zu stabilisieren begann. Seit rund 10 Jahren hatten die USA ihre Verteidigung eher vernachlässigt. Sie haben ihre Verteidigungsausgaben relativ vermindert, die Flotte reduziert, das land- und luftgestützte nuklearstrategische Potential eingefroren, das Tempo der Innovation stark reduziert und – nicht zuletzt – die Wehrpflicht abgeschafft.
Das weitere Schicksal des Vertrages hing in keiner Weise von irgendwelchen neuen Argumenten zu seinen Bestimmungen oder neuen Erkenntnissen über das strategische Kräfteverhältnis ab, sondern ausschließlich von politischen Ereignissen.
Die Pseudokrise über eine sowjetische Kampfbrigade in KUBA verzögerte die Vorbereitung der Ratifizierungsdebatte (Markup). Dann behandelte das Committee den Vertragstext Abschnitt für Abschnitt und überstimmte substantielle Änderungswünsche.
Am 9. 11. 1979 hatte das Senate Foreign Relations Committee den Markup abgeschlossen – mit 23 gebilligten Änderungsanträgen und Vorbehalten (in

20 Understandings unterschiedlicher Kategorie), von denen jedoch keiner so wesentlich war, daß er Neuverhandlungen mit der Sowjetunion erfordert hätte. Das Abstimmungsergebnis von 9 zu 6 in diesem traditionell liberalen Organ war bereits der Einstieg ins politische Abseits. Eine ⅔-Mehrheit für SALT II in der unterzeichneten Form zeichnete sich nirgends ab.
Nicht zuletzt kam sehr starke Opposition gerade auch von demokratischen Senatoren.
Dann erfolgte jedoch der Überfall auf die US-Botschaft in Teheran, der die Eröffnung der Plenardebatte verzögerte, und schließlich kam der »Gnadenstoß« durch die sowjetische Besetzung von Afghanistan. Nachdem mit Afghanistan jede Möglichkeit einer Ratifizierung unmöglich geworden war, wurden im Januar 1980 auf Antrag des Präsidenten die weiteren Beratungen des Senats über SALT II bis auf weiteres aufgeschoben. Entgegen der von Verteidigungsminister Weinberger in Europa vertretenden Auffassung befindet sich SALT II jedoch noch in Vorlage vor dem Senat (pending). Ein Antrag von Senator Tower, den Vertrag seinerzeit wieder an Präsident Carter zurückzureichen, hatte im Plenum keine Mehrheit gefunden.
Präsident Reagan hat klar gemacht, daß er den unterzeichneten SALT-II-Vertrag nicht ratifiziert haben will. Vizepräsident Bush erklärte:»Wir waren gegen den bestehenden Vertragsentwurf und finden, daß er in wesentlichen Punkten verändert werden sollte. Dies haben wir auch in unserer Wahlkampagne zum Ausdruck gebracht, und wir sind sehr besorgt über bestimmte Aspekte der Verifizierung und Kontrollen. Doch im gleichen Atemzug muß ich wohl hinzufügen, daß unser Präsident sich festgelegt hat auf eine bedeutende, kontrollierbare Verminderung der strategischen Waffen«.[2]
Die Nichtratifizierung von SALT II in der 96. Kongreßperiode bietet eine Möglichkeit, den Vertrag zu modifizieren und die öffentliche Wertschätzung für Rüstungssteuerung wiederzugewinnen. Ein derartiger Prozeß ist nicht leicht und kostet Zeit aus der Sicht der europäischen Interessen.
Inzwischen begann zwar am 28. 5. 1981 in Genf die 19. Sitzung der mit SALT ins Leben gerufenen Standing Consultative Commission, die erste seit dem 24. 10. 1980, und der amerikanische Präsident richtete seine erste Note an die sowjetische Führung.
Auf der Arbeitsebene des SALT-Apparates der amerikanischen Administration erhielten die Interagency-Groups ihre Studienaufträge jedoch erst im März 81 mit einer vorgegebenen Studienzeit von rund 6 Monaten. Ähnlich

---

2 Interview US-Vizepräsident *George Bush – Gerd Ruge* vom 17. 5. 1981, in: BPA-Nachrichtenabt. Ref. II R 3, Rundf.-Ausw.-Deutschland, DFS/17. 5. 81/22.40/Ge-Ms – Das Interview –, S. 8 f.

bezeichnend könnte sein, daß im State Departement bisher mit Rüstungssteuerung befaßte Bearbeiter zu European Affairs überwechselten.

4. *Der politische Rahmen für SALT*

Rüstungssteuerung ist ein komplementäres, nicht etwa alternatives Element der eigenen Politik, d. h. sie kann nur integraler Teil einer ausgewogenen außenpolitischen Gesamtkonzeption sein. Die mit ihr identifizierte Entspannung ist man heute versucht, dem politischen Klima zuzuschreiben oder gar als Illusion zu bezeichnen, die schnell kommt und schnell geht – wie das Wetter in Neuengland, über das Mark Twain sagte: if you don't like it, wait an hour!
Als politisches Konzept jedoch besteht die Détente, wie jede Art Außenpolitik mit der Sowjetunion, aus einem sicherheitspolitisch-strategischen und einem ökonomischen Teil. Während die Sowjetunion sich nach SALT I seit Angola als sicherheitspolitisch destabilisierender Faktor in der 3. Welt betätigt, sollte man nicht übersehen, daß die USA kurz zuvor den mit dem Handelsvertrag von 1972 verbundenen Wünschen der Sowjets nach Most Favoured Nation Status, sowie nach Kapital- und Technologie-Transfer nicht entsprachen, wie sich am Trade Act von 1974, dem Jackson-Vanick-Amendment und der Export-Import-Bankgesetzgebung nachvollziehen läßt. Nach Verengung der Détente auf die strategische Rüstungskontrolle ist es eher erstaunlich, daß sie nicht ganz aufgegeben wurde. Dies läßt sich eventuell mit dem Wunsch begründen, Möglichkeiten zu einer weitergehenden Kooperation wenigstens offen zu halten, was angesichts der Entwicklung der Wirtschaft der Sowjetunion für diese zu einem Imperativ werden kann.

5. *Der Sicherheitspolitische Kontext für SALT*

Während die sowjetische Volkswirtschaft mit ernsten Mängeln ringt und vielfach außerstande ist, Bedürfnisse der Bevölkerung zu befriedigen, wird ihr trotz der strategischen Rüstungskontrolle eine sehr hohe kontinuierliche Rüstungsleistung abverlangt. Als Folge dessen ergeben sich unverkennbare sicherheitspolitische Veränderungen:

(1) Das Kräfteverhältnis im Bereich der interkontinental-strategischen Nuklearwaffen bewegt sich auf eine annähernde Parität zu; die Verwundbarkeit der USA nimmt zu.

(2) Damit wird die Grundlage der NATO-Strategie verändert, eine quantitative konventionelle Unterlegenheit durch die Abschreckungswirkung interkontinental-strategischer nuklearer Überlegenheit zu kompensieren.

(3) Diese Veränderungswirkung wird dadurch verstärkt, daß die Überlegenheit des Westens in der Qualität konventioneller und taktisch nuklearer Waffen rasch abnimmt, seine Unterlegenheit in der Quantität aber noch zunimmt.

(4) Die kritischste Entwicklung schließlich ist die sowjetische Hochrüstung mit eurostrategischen SS-20. Diese verstärkt das ohnehin hohe sowjetische Übergewicht bei IRBM/MRBM und muß darüberhinaus im Zusammenhang mit den Backfire-Dislozierungen gesehen werden. Diesem Potential, das die strategische Koppelung zwischen USA und Westeuropa verstärkt herausfordert, hat der Westen nichts Gleichwertiges entgegenzusetzen.

Diese Veränderungen sind in einem doppelten Kontext zu betrachten:
- Nach der leidvollen Erfahrung zweier Weltkriege sieht die sowjetische Militärdoktrin das unverzügliche Vortragen dessen, was sie als Gegenangriff bezeichnet, auf das Territorium des Gegners vor. Selbst wenn ihr politischer Zweck auch defensiv sein mag, sind die sowjetischen Streitkräfte so bewaffnet und disloziert, daß die präventive Aktion technisch möglich und eine »Notwehr aus Irrtum« nicht ausgeschlossen ist.
- Die Sowjetunion steht als überlegene Landmacht nicht mehr so eindeutig wie früher der überlegenen Seemacht USA gegenüber, sondern ist selbst im Begriff, eine Seemacht im Weltmaßstab zu werden. Ihre Fähigkeit zur globalen Projektion militärischer Macht hat sie bereits bewiesen.

6. *Interessen der USA an der Fortsetzung des SALT-Prozesses*

Berater von Präsident Reagan haben in Moskau wiederholt die Bereitschaft signalisiert, über einen geänderten SALT II-Vertrag so früh wie möglich zu verhandeln. Sicherheitsberater Allen nannte die Bedingungen: einen ausgewogenen, verifizierbaren und gleichwertigen Vertrag. Das bedeutet im wesentlichen:
- Reduzierung der ICBM mit MIRV und der je ICBM erlaubten MIRV, der sogenannten Fraktionierung, zur engeren Begrenzung der Summe der ICBM-Gefechtsköpfe,
- Verbot der Verschlüsselung der Telemetrie grundsätzlich sowie Verbesserung der Verifikation und

- vertragsgleiche Erlaubnis von schweren ICBM, sogenannten Modern Large Ballistic Missiles (MLBM), für die USA, selbst wenn sie diese Option überhaupt nicht nutzen wollen.

Inoffizielle amerikanische Sondierungen in Moskau ergaben:
- MLBM: hier bestehe sowjetische Bereitschaft, den USA das Vertragsrecht einzuräumen, ebenfalls MLBM zu bauen;
- wesentliche Reduzierung (deep cuts): es erscheint möglich, das subceiling für ICBM mit MIRV von 820 zu senken;
- Verifikation/Telemetrie: hier sei am wenigsten Gesprächsbereitschaft zu erkennen.

Für Neuverhandlungen gilt insgesamt:
- der Zeitfaktor hat eine kritische Bedeutung. SALT II wurde durch drei US-Administrationen in vier Kongreßperioden ausgehandelt.
- Verteidigungsminiser Weinberger geht davon aus, daß ein durch Rüstungsprogramme abgesichertes Verhandlungsangebot nicht vor Herbst 81 gemacht werden sollte, um dann tatsächlich Deep Cuts zu erzielen.
- Die Joint Chiefs of Staff empfinden die Notwendigkeit für SALT mehr denn je, und ein strategisches Wettrüsten würde bedeuten, daß für die NATO-Modernisierung weniger Geld zur Verfügung steht.
- Auch ein neuer SALT-Vertrag muß von dem jetzt wesentlich konservativeren Senat ratifiziert werden, der wenig außenpolitische Rücksichten nehmen muß und will.

7. *Mögliche Aspekte eines neuen Vertrages*

- Die Sowjetunion scheint sich inzwischen zunehmend der Verwundbarkeit ihrer ICBM bewußt zu werden. Ihr Interesse an Cruise Missile-Begrenzungen dürfte weiter zunehmen.
- Ein weiterer Aspekt im Hinblick auf ICBM-Verwundbarkeit und »Site-Defense« könnte der Ablauf der ersten 10 Jahre des ABM-Vertrages 1982 sein.
- Das Problem »Verschlüsselung der Telemetrie«, die nur von der Sowjetunion betrieben wird, behindert zwar die Verifikation, eignet sich aber nicht sehr für den Versuch, ein Verbot zu erzwingen, weil die Daten sonst möglicherweise in Kapseln »eingeholt« werden und National Technical Means dann ganz wirkungslos bleiben. Dies war auch ein Grund, warum bei den Verhandlungen für SALT II hier nicht insistiert wurde.
- Als begleitende Maßnahme könnte der Senat bei entsprechendem Inter-

esse der Sowjetunion die noch nicht ratifizierten, begrenzten unterirdischen Teststoppabkommen von 1974 und 1976 rasch ratifizieren.

8. *Wo stehen wir bei SALT?*

Der Stand von SALT II ist nicht ermutigend. Ein unterzeichneter jedoch von den USA nicht ratifizierter Vertrag, der zumindest in ihrer 97. Kongreßperiode keine Chance hat, in dieser Form eine erforderliche Zweidrittelmehrheit des Senats zu finden, kann sich eher als Stolperstein denn als Meilenstein erweisen, wenn er ex-post zum falschen Wegweiser degradiert wird. Immerhin hatte das in den Wahlen unterlegene liberale Spektrum der USA die Bedeutung von SALT II mit dem ebenfalls nicht ratifizierten Völkerbundvertrag verglichen und auf die historischen Folgen hingewiesen.
Der nach dem Fehlschlag des »Comprehensive Proposal« vom März 1977 zum Drei-Teile-Dokument ausgehandelte SALT II-Vertrag war als nächster Rüstungskontrollabschnitt konzipiert, dem weitere Schritte folgen sollten. Teil III des Vertrages, die Absichtserklärung für SALT III, über deren weitgehende Fertigstellung die NATO-Alliierten seit dem Spätjahr 1978 unterrichtet waren, setzte die politischen Leitplanken für weitere quantitative Reduzierungen und qualitative Begrenzungen.
SALT III sollte u. a. die im Protokoll angesprochenen Fragen regeln. Aufgrund der Cruise Missile-Bestimmungen bedeutete dies eine Selbstverpflichtung zu Verhandlungen über TNF, die Nuklearwaffen in und für Europa, wie das einstimmig angenommene Biden-Understanding vom 2. 11. 1979 explizit bestätigt.[3] Wie begründet die Nichtratifizierung von SALT II auch immer sein mag, sie hat den europäischen Alliierten diese amerikanische Selbstverpflichtung weggenommen, um die sie heute, d. h. nach dem LRTNF-Beschluß, kämpfen und politische Preise zahlen müssen.
Die gemeinsame Erklärung am Ende des ersten offiziellen Besuchs des Bundeskanzlers bei Präsident Reagan bezeichnet die TNF-Modernisierung als wesentlich und betont die Gleichgewichtigkeit beider Elemente des LRTNF-Beschlusses. Der amerikanische Beschluß, bis zum Jahresende mit der Sowjetunion in Verhandlungen im SALT-Rahmen über die Begrenzung nuklearer Mittelstreckenwaffen einzutreten, wurde bestätigt. Unter Hinweis

---

3 Siehe *Biden – Understanding (Category I)* Concerning Theater Nuclear Systems and SALT III, in: The SALT II Treaty, Report of the Committee on Foreign Relations United States Senate together with Supplemental and Minority Views (zitierweise: SFRC, SALT II Report), Washington 19. 11. 1979, S. 51 f.

darauf, daß U. S. Außenminister Haig hierfür vorbereitende Gespräche mit der Sowjetunion aufgenommen hat, wurde den im Kommuniqué von Rom als erforderlich bezeichneten vorbereitenden Untersuchungen in den zuständigen NATO-Gremien besonderer Vorrang zugewiesen.[4] Die Pläne, wonach die Special Consultative Group und die High Level Group vordringlich solche vereinbarten Studien durchführen sollen, waren am 13. 5. 1981 in der Ministertagung des Verteidigungsplanungsausschusses (DPC) der NATO gebilligt worden.[5]

9. *SALT und die deutschen Sicherheitsinteressen*

Ausgangspunkt ist der nicht ratifizierte SALT II-Vertrag. Die amerikanische Regierung beabsichtigt, über diesen Vertrag neu zu verhandeln, und die Sowjetunion hat erkennen lassen, daß sie bereit ist, in neue Gespräche einzutreten. Ehe sich Ergebnisse auf der Ebene der strategischen Waffen abzeichnen, ist eine Übereinkunft über TNF-Begrenzungen jedoch nicht wahrscheinlich.
Solange es zwischen den Vereinigten Staaten und der Sowjetunion kein Abkommen über ein stabiles Gleichgewicht der strategischen Nuklearwaffen gibt, wird es für jede Seite sehr schwierig sein, sich auf ein annehmbares Kräfteverhältnis der TNF mittlerer und großer Reichweite in Europa festzulegen.
Die deutschen Sicherheitsinteressen bei SALT wurden in grundlegender Weise von Dr. Peter Corterier, MdB, General-Rapporteur des politischen Ausschusses der Nordatlantischen Versammlung und Mitglied des Außenpolitischen Ausschusses des deutschen Bundestages, am 10. 9. 1979 vor dem amerikanischen Senat dargelegt: Die Interessen der Bundesrepublik an SALT haben ihren Ursprung in ihrer geopolitischen und strategischen Lage, sowie in ihren vitalen Interessen an der Fortführung der Entspannungspolitik und der Aufrechterhaltung eines stabilen militärischen Gleichgewichts.
Ein gültiger SALT-Vertrag wird als Voraussetzung dafür betrachtet, Nuklearwaffen in Europa, insbesondere Systeme mittlerer Reichweite, zu begrenzen. Aus europäischer Sicht sind diese Waffen insbesondere mit der Dislozierung der SS-20 und Backfire ein akutes und zentrales Problem für

---

4 Vgl. Bulletin, Presse- und Informationsamt der Bundesregierung, Bonn 26. 5. 1981, Nr. 49, S. 421.
5 Vgl. Bulletin, Presse- und Informationsamt der Bundesregierung, Bonn 21. 5. 1981, Nr. 47, S. 410.

den weiteren SALT-Prozeß. Ziel der Verhandlungen muß es sein, ein ausgewogenes gesamtstrategisches Kräfteverhältnis sicherzustellen und die Geschlossenheit des Bündnisses zu bewahren. Schematische Parität auf allen Ebenen kann jedoch nicht deutsches Ziel sein, weil dies dem inneren Zusammenhalt der Allianz abträglich wäre.[6]
Europäische Kritik an SALT II bezieht sich besonders auf 2 Bestimmungen, die sich unvorteilhaft auf Europa auswirken könnten:

(1) Artikel 2 Absatz 1 zum Protokoll des Vertrages: »Each Party undertakes not to deploy cruise missiles capable of range in excess of 600 kilometers on sea-based launchers or on land-based launchers.«
Dem präjudizierenden Effekt dieser Bestimmung muß durch eine klare zeitliche Begrenzung entgegengewirkt werden, wie das von Regierung und Senat der USA bislang geschah.[7]

(2) Artikel 12 des Vertrages:
»In order to ensure the viability and effectiveness of this Treaty, each Party undertakes not to circumvent the provisions of this Treaty, through any other state or states, or in any other manner.«
Diese Klausel könnte den Transfer von Cruise-Missile-Technologie und eine amerikanische Unterstützung bei der Modernisierung der britischen und französischen Nuklearstreitkräfte in Frage stellen. Die Nichtumgehungsklausel darf daher nicht als Nichttransferklausel interpretiert werden. Das Understanding des Senats im Markup trägt dem Rechnung.[8]

Wir Europäer haben ein Interesse daran, daß in SALT III auch die nuklearen Waffensysteme begrenzt werden, welche Europa bedrohen. So wird auch die Implementierung des LRTNF-Beschlusses vom Fortschritt oder Nichtfortschritt der Rüstungskontrollverhandlungen mit der Sowjetunion abhängen. Nach unserer Auffassung ist die Sicherheit innerhalb der Allianz unteilbar. Sie betrifft das Territorium aller Allianzstaaten und sollte nicht von einer Reichweite von mehr als 5000 Kilometern abhängig gemacht werden. Es darf keine Zonen unterschiedlicher Sicherheit geben, und daher auch keine isolierte TNF-Arms Control in Europa. Der Zusammenhang mit dem gesamten

---

6 Vgl. hierzu und in der Folge: *Peter Corterier,* SALT II and German Security Interests, Ms. o. J., abgedr. in: 96/1 U.S. Congress, Senate Committee on Foreign Relations, Hearings: The SALT II Treaty, Washington (GPO) 1979, Part 4, S. 314–321.
7 Vgl. SFRC, SALT II Report, S. 437.
8 Siehe 96/1 U.S. Congress, Senate Committee on Foreign Relations, Hearings: The SALT II Treaty, Washington (GPO) 1979, Part 6 Markup, S. 218–242.

strategischen Kräfteverhältnis muß erhalten bleiben, und die Bundesrepublik darf nicht in eine Rolle besonderer Art innerhalb der Allianz gezwungen werden. Schließlich kommt es darauf an, die sowjetische Überlegenheit an Mittelstreckenwaffen abzubauen, welche die europäischen NATO-Mitglieder besonders bedrohen.

10. *Einige konzeptionelle Überlegungen für das Grauzonenproblem*

Die Suche nach Gleichgewicht muß zum einen vom Kräfteverhältnis zwischen den Supermächten ausgehen und zum anderen vom Kräfteverhältnis zwischen den beiden Bündnissen. Die gesamtstrategische Balance wird dann auf einen Kompromiß zwischen diesen beiden Ebenen hinauslaufen müssen. Die strukturellen Zusammenhänge lassen sich durch zwei Gleichungen bzw. Ungleichungen darstellen.[9] Auf diese Weise können Kräfteverschiebungen als Funktion der Zeit deutlich gemacht werden.

(1) In der Zeit der nuklearstrategischen Überlegenheit der USA bestand ein großes Übergewicht der USA in der Supermachtrelation, siehe Formel (1). Dabei ist der Faktor v für das kontinentalstrategische Potential der NATO gleich 1, weil dieses sowjetisches Territorium erreichen kann. Der Faktor w_1 für das kontinentalstrategische Potential der Sowjetunion ist viel kleiner als 1, weil dieses Potential die USA nicht, sondern nur ihr Glacis erreichen kann. In der Paktrelation, in der die Faktoren v und w_2 für die kontinentalstrategischen Potentiale beider Seiten den Wert 1 erhalten, weil jeweils das Territorium des anderen Pakts erreicht werden kann, war das Kräfteverhältnis in etwa ausgeglichen, siehe Formel (2).

(2) In der Phase der nuklearstrategischen Parität ist die Supermachtrelation in etwa ausgeglichen. Das kontinentalstrategische Potential der NATO zum Zeitpunkt t_0 bewirkt kein Übergewicht der USA.
In der Paktrelation hat die Sowjetunion dagegen jetzt ein großes Übergewicht, zum einen weil beim interkontinentalstrategischen Potential Parität herrscht, zum anderen weil das kontinentalstrategische Potential der Sowjetunion zur Zeit t quantitativ und qualitativ noch größer geworden ist. Dies ist das Problem der SS-20 und Backfire.

---

9 Formeldarstellung entnommen: *Adrian Frhr. von Oer,* Problematik der kontinentalstrategischen Waffensysteme, Ms. Bergisch Gladbach 23. 4. 1980, S. 2 ff.

Zeit der nuklearstrategischen Überlegenheit der USA

$$Int_{US} > Int_{SU}$$

Supermachtrelation: Faktoren für das strategische Gewicht

$$v = 1 \\ w_1 \ll 1$$

$$Int_{US} + v \cdot Kont_{NATO} \gg Int_{SU}(t) + w_1 \cdot Kont_{SU} \qquad (1)$$

Paktrelation:

$$v = 1 \\ w_2 = 1$$

$$Int_{US} + v \cdot Kont_{NATO} \simeq Int_{SU}(t) + w_2 \cdot Kont_{SU} \qquad (2)$$

In diesem Zusammenhang ist darauf hinzuweisen, daß der kontinentalstrategische Wert der sogenannten Forward Based Systems (FBS) bei genauer Untersuchung nur einen kleinen Bruchteil dessen beträgt, was uns heute im Übermaß mit arithmetischen Zusammenstellungen vor Augen geführt wird. Zum Beispiel könnte von allen Flugzeugen dieser Kategorie unter Einsatzbedingungen allenfalls die F-111 die Sowjetunion ohne Luftbetankung erreichen – aber nur bis zur Spurwechselzone, wo sie bereits wieder umkehren müßte. Es ist unerheblich, ob die hohen technischen Leistungsdaten, die uns selbst von IISS und SIPRI vorgestellt werden, dem Schönwetter-Übungsflug oder größerer Plausibilität in Budgetfragen zuzuschreiben sind; für den Analytiker wie für den Planer sind sie nicht zu gebrauchen.

(3) *Gesamtstrategische Parität*

Es wird angestrebt, gesamtstrategische Parität durch rüstungskontrollpolitische Maßnahmen und durch eigene Nachrüstung (LRTNF) herzustellen.

Phase der nuklearstrategischen Parität

$$Int_{US} \simeq Int_{SU}$$

Supermachtrelation:
Faktoren für das strategische Gewicht

$$\boxed{\begin{array}{l} v = 1 \\ w_1 \ll 1 \end{array}}$$

$$Int_{US} + v \cdot Kont_{NATO}(t_0) \simeq Int_{SU} + w_1 \cdot Kont_{SU}(t) \quad (1)$$

Paktrelation:

$$\boxed{\begin{array}{l} v = 1 \\ w_2 = 1 \end{array}}$$

$$Int_{US} + v \cdot Kont_{NATO}(t_0) < Int_{SU} + w_2 \cdot Kont_{SU}(t) \quad (2)$$

Aber nur, wenn beide Seiten ihre kontinentalstrategischen Potentiale auf Null abrüsten würden, dann, und nur dann, kämen beide Kräfterelationen ins Gleichgewicht – die Supermachtbalance und die Balance zwischen den Pakten.

Die Sowjetunion wird jedoch wahrscheinlich nicht bereit sein, auf ihr kontinentalstrategisches Potential voll zu verzichten. Dann ist für die NATO zumindest eine partielle Nachrüstung erforderlich.

Durch LRTNF soll das kontinentalstrategische Potential der NATO zum Zeitpunkt (t_1) größer als das heutige, d. h. zum Zeitpunkt (t_0), gemacht werden. Eine Nachrüstung des kontinentalstrategischen Potentials der NATO in dem Maße, daß die Paktrelation wieder ausgeglichen wäre, müßte die Relation zwischen den beiden Supermächten, Gleichung (1), erheblich zu Lasten der Sowjetunion verstimmen. Die beiden Kräfterelationen können aufgrund der geostrategischen Asymmetrie nicht gleichzeitig in ein Gleichgewicht gebracht werden.

Mit anderen Worten: *Gesamtstrategisches Gleichgewicht aus Sicht der NATO und Westeuropas ist nicht verträglich mit Gleichgewicht zwischen den beiden Supermächten,* denn: wenn etwa ausgeglichene kontinentalstrategische Potentiale von NATO und Sowjetunion zu einem ungefähren Gleichgewicht in der Paktrelation führen würden – siehe Gleichung (2) –, dann würde dies aufgrund der geostrategischen Asymmetrie eine Überlegenheit der USA in der Supermachtrelation bewirken – siehe Gleichung (1). Dies gilt unabhängig davon, ob Stufenparität (kontinental und interkontinental) vorliegt oder nicht.

Paktrelation

$$\text{Int}_{US} + v \cdot \text{Kont}_{NATO} (t_1) \simeq \text{Int}_{SU} + w \cdot \text{Kont}_{SU} \qquad (2)$$

führt zu *Supermachtrelation*

$$\text{Int}_{US} + v \cdot \text{Kont}_{NATO} (t_1) \gg \text{Int}_{SU} + w \cdot \text{Kont}_{SU} \qquad (1)$$

Daraus folgt, daß die Sowjetunion mit jeder kontinentalstrategischen Rüstungsmaßnahme, mit jedem System ihren eigenen Sicherheitsinteressen schadet, wenn ihre Führung von vorneherein weiß, daß die NATO unter Inkaufnahme politischer Risiken »nachzieht«. Eine Umsetzung der analytischen Logik in politisches Handeln in West und Ost vorausgesetzt müßte die Sowjetunion ihre Hochrüstung im Mittelstreckenbereich langfristig als strategische Fehlrüstung begreifen, mit der sie ihre Selbsteinkreisung betreibt und ihre geopolitische Lage konsequent verschlechtert. Sicherheitspolitische Handlungsfähigkeit der NATO in Fragen der nuklearen Rüstung im Mittelstreckenbereich in Europa müßte die Sowjetunion daher veranlassen, ihr Mittelstreckenpotential in hohem Maße zur Disposition zu stellen – zumindest für Rüstungsbegrenzungsverhandlungen.

Unter der Annahme, daß die Sowjetunion jedoch weder ihr kontinentalstrategisches Potential voll abrüstet noch eine kontinentalstrategische Aufrüstung der NATO auf ihr eigenes Niveau akzeptieren kann, erscheint politisch nur folgender Weg gangbar: Nachrüstung seitens NATO durch LRTNF soweit, daß in der Relation zwischen den beiden Pakten NATO und WP die kontinentalstrategische nukleare Unterlegenheit der NATO teilweise abgebaut wird, aber nur in dem Maße, daß die hierdurch bewirkte strategische Überlegenheit der USA im Supermachtverhältnis nicht für die Sowjetunion unannehmbar wird.

Wenn also der Gefahr einer regionalen nuklearen Eskalationsdominanz der Sowjetunion entgegengewirkt werden soll, um für die NATO die Reaktionsform der vorbedachten Eskalation in Europa zu erhalten, dann muß der Westen anstreben, mit zwei Ungleichgewichten (ausgedrückt in zwei Ungleichungen) strategisch zu leben.

Erstens: Nukleare strategische Überlegenheit der USA im Verhältnis der beiden Supermächte ausgedrückt durch die Ungleichung

$$\text{Int}_{US} + v \cdot \text{Kont}_{NATO} (t) \quad > \quad \text{Int}_{SU} + w \cdot \text{Kont}_{SU} \qquad (1)$$

Zweitens: Kontinentalstrategische Unterlegenheit der NATO gegenüber der Sowjetunion ausgedrückt durch die gegenläufige Ungleichung

$$\text{Int}_{US} + v \cdot \text{Kont}_{NATO} (t) \quad < \quad \text{Int}_{SU} + w \cdot \text{Kont}_{SU} \qquad (2)$$

In dieser Situation besteht das Problem darin, Art und Umfang des kontinentalstrategischen Nuklearpotentials der NATO so zu bestimmen und zu verhandeln, daß Ausgewogenheit zwischen den beiden gegenläufigen, ungleichen Kräfterelationen erreicht wird. Für die Ausgewogenheit einer Verhandlungsposition werden daher als entscheidende Kriterien betrachtet:
– Verhinderung regionaler Eskalationsdominanz der Sowjetunion;
– Aufrechterhaltung des nuklearen Eskalationsverbundes der NATO einschließlich der Fähigkeit zur horizontalen Eskalation;
– Verhandelbarkeit mit der Sowjetunion.

Dieter S. Lutz

IV. Rüstung und Rüstungssteuerung in der Praxis: Das Beispiel der »Nuklearkräfte in und für Europa« (TNF)

Voraussetzungen einer erfolgreichen Rüstungssteuerungspolitik sind einerseits der Wille und die Bereitschaft der Verhandlungspartner zu kooperativer Politik sowie andererseits eine weitgehende Übereinstimmung in der Beurteilung der Kräfteverhältnisse und der Bilanzierung des Kräftevergleichs. In der Realität der Rüstungssteuerungspolitik zwischen Ost und West sind beide Komponenten allerdings nicht selbstverständlich, und es spielen insbesondere divergierende Einschätzungen der militärischen Kräfteverhältnisse eine die Verhandlungen und Vereinbarungen – innergesellschaftlich wie zwischenstaatlich – hemmende Rolle. Die Verhandlungen über die Begrenzung strategischer Waffensysteme zwischen den Weltmächten USA und UdSSR (SALT) sowie über einen Streitkräfteabbau in Mitteleuropa zwischen Staaten der NATO und der WVO (MBFR) sind Beispiele hierfür. Um so schwerer wiegen die Hoffnungen, die sich mit einer dritten Ebene der Kooperativen Rüstungssteuerung (arms control/KRSt) – dem Bereich der taktischen Nuklearwaffen – verbinden. Verfolgt man allerdings den Weg, den die Diskussion um diesen Bereich eingeschlagen hat, so läßt sich schon jetzt nicht ausschließen, daß auch er in eine Sackgasse einmündet.[1]

1. *Im zeitlichen Vorfeld des NATO-Doppelbeschlusses von 1979*

Anders als im Bereich der nuklear-strategischen Waffensysteme und (partiell) der konventionellen Rüstung existieren für die – in der Terminologie der sog. NATO-Triade als Mittelstück bezeichnete – Ebene der taktischen Nuklearwaffen bislang noch keine Rüstungssteuerungs- und -begrenzungsverhandlungen zwischen Ost und West. Allerdings sind einzelne Elemente des

---

1 Vgl. zu folgendem: *Lutz, Dieter S.*, Weltkrieg wider Willen?, Reinbek bei Hamburg 1981 (i. E.), insbes. Kap. 1, 11 und 12 und dort auch die zahlreichen, im vorliegenden Kurzbeitrag weggelassenen Quellenhinweise; vgl. ferner: *Krell, Gert/Lutz, Dieter S.*, Nuklearrüstung im Ost-West-Konflikt, Baden-Baden 1980.

taktischen Nuklearpotentials (Tactical Nuclear Weapons – TNW/Theater Nuclear Forces – TNF) bereis über MBFR und SALT in die Rüstungssteuerungsdiskussion einbezogen worden. So schränkt etwa das Protokoll zu SALT II die Produktion nuklearfähiger Cruise Missile (bis 1981) ein, ferner begrenzt ein dem Vertrag angeschlossenes Statement die Zuwachsrate des Mittelstreckenbombers BACKFIRE. Auf die sog. Option III, die im Rahmen von MBFR noch 1975 den Abzug von US-Nuklearmitteln im Tausch gegen den Abzug sowjetischer Panzer vorsah, wird noch eingegangen werden.
Historisch ist die hohe Zahl wie überhaupt die grundsätzliche Existenz taktischer Nuklearwaffen in Europa mit dem spezifischen Kräfteverhältnis in den 50er Jahren zu erklären: Die Sowjetunion besaß in den Nachkriegsjahren ein starkes konventionelles Potential, das die USA mit den weitaus weniger kostspieligen Atomwaffen zu kompensieren versuchten. Entsprechend wurde von US-Präsident Eisenhower für den Kriegsfall der massive Einsatz des Nuklearpotentials (massive retaliation) auf dem Territorium des Gegners zur Doktrin erhoben.
Um die Reaktionszeit zu verkürzen – Rückhalt der amerikanischen Nuklearmacht waren damals noch die strategischen Bomber – wurden Waffen und Trägersysteme vor Ort, d. h. vorrangig in Europa disloziert. Mit dem Verlust des Atomwaffenmonopols der USA bzw. mit dem relativen Gleichziehen der UdSSR im Bereich taktischer und strategischer Nuklearwaffen verlor allerdings das amerikanische Potential nicht nur die ihm ursprünglich zugesprochene »Kompensationsfunktion«, sondern darüber hinaus weitete sich die Einsatzmöglichkeit nuklearer Waffen auch auf westeuropäisches Gebiet und vor allem auf das bislang kaum bedrohte amerikanische Territorium aus. Konsequenterweise wurde in der Folgezeit die Doktrin der »flexible response« eingeführt und die konventionelle Komponente der Streitkräfte verstärkt – der hohe Bestand an TNW blieb jedoch als Relikt der »massive retaliation« in Europa erhalten.
Entstehung und Umfang des NATO-Potentials an taktischen Nuklearwaffen kritisiert u. a. General a. D. Johannes Steinhoff wie folgt: »Daß aber, obwohl seit 1967 die Strategie der flexiblen Reaktion von der NATO angenommen worden ist, die nukleare Struktur des Bündnisses beinahe unverändert weiterbesteht und allein in Europa etwa 7000 nukleare Sprengköpfe lagern, gehört zu den Anachronismen der NATO-Verteidigung ... Die über 7000 nuklearen Sprengköpfe sind numerisch mehr, als die NATO zur Durchführung ihrer Strategie benötigt.«[2]

2 *Steinhoff, Johannes*, Wohin treibt die NATO? Probleme der Verteidigung Westeuropas, Hamburg 1976, S. 198.

Zu weitreichenden Schlüssen kommt auch das sog. NSM-92, ein Nationales Sicherheitsmemorandum (National Security Memorandum/NSM), das im Jahre 1970 vom Nationalen Sicherheitsrat (National Security Council/NSC) der USA in Auftrag gegeben und 1971 abgeschlossen worden war. Das NSM-92 führt aus, daß die Zahl der Gefechtsköpfe im TNW-Bestand der NATO um über 1000 reduziert werden könnte, ohne daß die nuklearen Einsatzpläne für Europa erheblich geändert werden müßten. Dem Memorandum folgend, wurde im Frühjahr 1973 der NATO ein KRSt-Vorschlag vorgelegt, der vorsah, im Austausch gegen den Abzug einer sowjetischen Panzerarmee innerhalb des Reduzierungsraumes MBFR 1000 nukleare Gefechtsköpfe sowie 36 PERSHING und 54 Jagdbomber F-4 abzuziehen. Am 16. Dezember 1975 legte die NATO diesen Vorschlag als Zusatzangebot, die sog. Option III, auf den MBFR-Verhandlungstisch in Wien.

Obwohl sich also zumindest in der ersten Hälfte der 70er Jahre in den NATO-Staaten »Zweifel an der praktischen Brauchbarkeit« des TNW/TNF-Potentials regten, wurde die Frage der »Reduzierung« der Zahl der Kernwaffen in Europa unter militärischen Effizienzgesichtspunkten doch nicht unkontrovers bzw. alternativlos diskutiert: Spätestens ab 1974 befaßten sich vielmehr NATO-Institutionen wie die Nukleare Planungsgruppe (NPG) regelmäßig auch mit dem Problem, wie und in welchem Umfang die TNF-Systeme »modernisiert« werden könnten. Ähnlich ambivalent stellt sich das Problem der Rüstungssteuerung auch im Verhältnis von NATO und WVO dar. Obwohl die NATO selbst über die Option III das Nuklearwaffenproblem in MBFR eingebracht hatte, wandte sie sich doch umgekehrt stets gegen eine Behandlung entsprechender Vorschläge der UdSSR im Rahmen von SALT.

Anders als die NATO-Staaten ist die Sowjetunion, die selbst in den frühen 60er Jahren einen Schwerpunkt ihrer Nuklearrüstung auf Mittelstreckenraketen gegen Ziele in Westeuropa richtete, bereits seit Beginn der Rüstungssteuerungsverhandlungen bemüht, auch nicht-strategisches Nuklearwaffenpotential in die KRSt einzubeziehen. Allerdings richtet sich das sowjetische Interesse aufgrund der spezifischen geopolitischen und strategischen Lage der UdSSR auf einen (mehr oder weniger einseitigen) Abzug der sog. vorgeschobenen Nuklearmittel der USA in Europa und der Türkei sowie in den angrenzenden Seegebieten (Forward Based Systems/FBS). Mit diesen FBS – so das Argument der UdSSR – könnten die USA Ziele in der Sowjetunion bedrohen, umgekehrt könnten sowjetische Mittelstreckenraketen zwar westeuropäisches, keinesfalls aber amerikanisches Gebiet erreichen.

Bemerkenswert ist, daß im Zuge der Rüstungssteuerungsverhandlungen Forderungen der Sowjetunion nach Abzug der FBS nicht nur allein vom

SALT-Verhandlungspartner USA zurückgewiesen wurden, sondern entsprechende Vorschläge – öffentlich wie NATO-intern – stets auf den vehementen Widerstand bei den europäischen NATO-Partnern und insbes. bei der Bundesrepublik stießen. Eine ähnlich dezidierte Haltung wie in der FBS-Frage nahm in den 70er Jahren ein Teil gerade der europäischen NATO-Partner – darunter wieder die Bundesrepublik – auch in der Streitfrage »Modernisierung und/oder Reduktion« ein. Dies wurde spätestens 1976 deutlich, als die LRCM-Option diskutiert wurde (Long-Range Cruise Missile/Langstreckenmarschflugkörper). Es ist deshalb auch kein Zufall, daß es mit Georg Leber ein bundesdeutscher Verteidigungsminister war, der sich im Dezember 1977 erstmals öffentlich gegen eine Verschüttung der Marschflugkörper-Technologie und ihrer Optionen durch SALT II aussprach und seine Bedenken überdies mit einer sowjetischen Überlegenheit im Bereich der »kontinentalen« Kernwaffensysteme begründete. Vorausgegangen war allerdings schon am 28. Oktober 1977 die »Alastair Buchan Memorial Lecture« von Bundeskanzler Helmut Schmidt in London, in welcher der Kanzler ebenfalls öffentlich Besorgnis über ein zunehmendes Ungleichgewicht im taktisch-nuklearen Sektor geäußert hatte. Anders als Leber hatte Schmidt jedoch die theoretische Möglichkeit einer Modernisierung des NATO-Potentials zwar erwähnt, sich aber nachdrücklich für die Alternative ausgesprochen: »Meine Präferenz hat die Reduktion.«[3]

Zu diesem Zeitpunkt waren die institutionellen Weichen für eine mögliche Modernisierung gleichwohl schon gestellt: Auf der 22. Ministertagung der Nuklearen Planungsgruppe (NPG) der NATO in Bari am 11. und 12. Oktober – also kurz vor der Schmidt-Rede – war die Einsetzung einer Gruppe auf hoher Ebene (High Level Group / HLG) beschlossen worden, welche die langfristigen Erfordernisse der NATO im Bereich der TNF eingehend prüfen sollten. Die HLG nahm ihre Tätigkeit im Dezember 1977 auf und legte bereits auf der 23. Ministertagung der NPG im April 1978 ein erstes Gutachten vor. Ein umfassender Bericht folgte ein Jahr später auf der 25. Ministertagung im April 1979: In beiden Gutachten brachte die HLG übereinstimmend die Notwendigkeit einer größeren Mittelstreckenkapazität der NATO im TNF-Bereich zum Ausdruck.

Auf der Basis der Vorlagen beschlossen die Minister im April, spezifische Empfehlungen für ein langfristiges TNF-Modernisierungsprogramm durch die HLG ausarbeiten zu lassen. Diese Empfehlungen sollten bis zur Tagung der Nuklearen Planungsgruppe im Herbst 1979 zur Begutachtung vorliegen,

---

3 Bulletin des Presse- und Informationsamtes der Bundesregierung Nr. 112 vom 8. 11. 1979, S. 1014 f.

um schnell entsprechende Entscheidungen treffen zu können. Im abschließenden Kommuniqué zur 25. Tagung der NPG gaben die Minister ihren Beschluß zur Ausarbeitung eines TNF-Modernisierungsprogramms zwar noch nicht bekannt, betonten aber bereits, »daß es notwendig sei, die europabezogenen Nuklearstreitkräfte zu erhalten und zu modernisieren.«
Relativ spät, nämlich ebenfalls erst im April 1979, beschlossen die ständigen Vertreter im Nordatlantikrat auf Anregung von Bundesaußenminister Genscher, eine zweite Studiengruppe parallel zur HLG zu bilden. Diese Spezialgruppe (Special Group on Arms Control and Related Matters – kurz: Special Group/SG) sollte gleichfalls auf der Ebene hoher Beamter ein Gutachten »über Rüstungskontrollmaßnahmen im Bereich nuklearer Mittelstreckenraketen« erarbeiten, um so – wie NATO-Generalsekretär Luns hervorhob – die Doppelstrategie des Bündnisses zu betonen, nämlich einerseits den Abschreckungscharakter aufrechtzuerhalten und andererseits die Entspannung voranzutreiben.
SG und HLG erarbeiteten im Frühjahr und Sommer 1979 zwei getrennte Berichte bzw. Empfehlungen, welche die (amerikanischen) Vorsitzenden beider Gruppen im Herbst 1979 zu einem gemeinsamen Arbeitspapier integrierten. Beide Berichte wurden während der 26. Tagung der NPG am 13. und 14. November 1979 in Vorbereitung auf die NATO-Ratstagung im Dezember behandelt. Im abschließenden Kommuniqué der NPG betonten die Minister nicht nur abermals die wachsenden Disparitäten im taktisch-nuklearen Bereich, sondern gebrauchten erstmals auch in diesem Gremium die Termini »Lücke bei den TNF« und »Nachrüstung«.
Beide Reizworte stammten aus dem Sprachschatz einer zu diesem Zeitpunkt bereits öffentlichen Diskussion, in der sich neben Journalisten eine Großzahl prominenter Regierungs- und Oppositionspolitiker der NATO-Staaten sowie hochrangige Militärs und namhafte Wissenschaftler zu Wort meldeten. Folgt man der Tendenz dieser Diskussion, so ist in den teilweise öffentlichkeitswirksamen Analysen und Prognosen die Annahme einer bereits vorhandenen oder zunehmenden Überlegenheit der Sowjetunion im taktisch-nuklearen Bereich bzw. im euro-nuklearen Bereich ebensowenig zu verkennen wie die Feststellung einer destabilisierenden Rüstungsdynamik, verbunden mit einer wachsenden Bedrohung des Westens, und schließlich – direkt oder implizit – die Forderung nach einem Beschluß der NATO zur nuklearen Aufrüstung Westeuropas, insbes. der Bundesrepublik, mit weit in die Sowjetunion hineinreichenden (landgestützten) Mittelstreckenwaffen. Ohne »Nachrüstung« würde »Europas Raketenlücke« immer gefährlicher, »das Angriffsrisiko für die Sowjetunion immer leichter kalkulierbar«.
Die Diskussion fand ihren vorläufigen Abschluß, als die Außen- und Vertei-

digungsminister der NATO-Staaten auf der Basis der Berichte der HLG und der SG (in Form eines integrierten Entscheidungspapiers) am 12. 12. 1979 ihren Doppelbeschluß fällten. Wie das Kommuniqué der NATO-Ratstagung ausweist, deckt sich der Beschluß sowohl in der Entscheidung als auch in seiner Begründung weitgehend mit der Nachrüstungsforderung: Die NATO wird das LRTNF-Potential der NATO durch die Dislozierung von amerikanischen bodengestützten Systemen in Europa modernisieren. Diese Systeme sollen 108 Abschußvorrichtungen für PERSHING II, welche die derzeitigen amerikanischen PERSHING Ia ersetzen werden, und 464 bodengestützte Marschflugkörper (GLCM) umfassen (LRTNF-Long Range Theater Nucelar Forces/GLCM-Ground-Launched Cruise Missiles).

Ferner kamen die Minister überein, daß als integraler Bestandteil der TNF-Modernisierung so bald als möglich 1000 amerikanische Gefechtsköpfe aus Europa abgezogen werden und darüber hinaus der Sowjetunion von den USA Verhandlungen über die LRTNF-Begrenzung vorgeschlagen werden sollten. Grundlage dieser Verhandlungen sollen innerhalb des Bündnisses erarbeitete Leitlinien sein. Zur Unterstützung der amerikanischen Bemühungen soll ein besonderes, hochrangiges Konsultationsgremium innerhalb der NATO gebildet werden.

Begründet wurden die Beschlüsse der Außen- und Verteidigungsminister mit der Herausforderung, die der fortdauernde, intensive militärische Aufwuchs auf seiten des Warschauer Paktes darstellte: »Im Laufe der Jahre hat der Warschauer Pakt ein großes und ständig weiterwachsendes Potential von Nuklearsystemen entwickelt, das Westeuropa unmittelbar bedroht... Durch diese Entwicklung könnte auch die Glaubwürdigkeit der Abschreckungsstrategie des Bündnisses dadurch in Zweifel gezogen werden, daß die *Lücke* im Spektrum der dem Bündnis zur Verfügung stehenden nuklearen Reaktionen auf eine Aggression akzentuiert würde.«[4]

Die Minister wollen mit der geplanten Nachrüstung jedoch keineswegs nur eine »Lücke« beseitigen. Auch darf nach ihrer Ansicht die Modernisierungsentscheidung nicht als Schritt zu einem neuen Rüstungswettlauf – nunmehr auf der Ebene der euronuklearen Waffensysteme – mißverstanden werden. Im Gegenteil: Laut Kommuniqué der Außen- und Verteidigungsminister ist der Beschluß vielmehr der Versuch, gerade einen möglichen, »durch den sowjetischen TNF-Aufwuchs verursachten Rüstungswettlauf in Europa abzuwenden« und in glaubwürdiger Weise »das Fundament für ernsthafte Verhandlungen über TNF zu schaffen«. Die Vorgehensweise des NATO-Rates kann also mit dem Motto charakterisiert werden »Rüsten, um zu

---

4 EA 2/1980, S. D 35 f. (Hervorheb. – DSL).

verhandeln bzw. »Aufrüsten, um abzurüsten«. Dieses Motto deckt sich insoweit mit Erfahrungen aus den SALT- und MBFR-Verhandlungen, die gezeigt haben, daß Rüstungssteuerung in jenen Teilbereichen die größte Aussicht auf Erfolg besitzt, in denen der Kräftevergleich weitgehende Ausgewogenheit signalisiert.

Einem weiteren Postulat aus den Rüstungssteuerungsgesprächen, nämlich neue Technologien möglichst in einem frühzeitigen Stadium der Erforschung, Entwicklung und Produktion »einzufangen«, folgt der Doppelbeschluß dagegen nur halbherzig. Zwar bietet der NATO-Rat – soweit bekannt, erstmals in der Geschichte der Rüstungssteuerung – Verhandlungen über neue Waffensysteme »vor« ihrer Stationierung, hier: im Jahre 1983, an; Erfahrungen auch wiederum aus den vergangenen Rüstungssteuerungsgesprächen lassen jedoch eine wesentlich längere Verhandlungsperiode als drei Jahre ebenso erwarten wie unmittelbare Aufrüstungsmaßnahmen der Gegenseite, die systemimmanent vom »worst case« glaubt ausgehen zu müssen, d. h. sich in ihren Reaktionen gegen den Mißerfolg der Verhandlungen vorbeugend absichern wird.

Erste Indizien bestätigen diese letztgenannte Vermutung bereits heute: Während zur Zeit die Ablösung der alten sowjetischen SS-4 langsamer und in geringerem Umfang vor sich gehen soll, als es die NATO noch bei Jahresende 1979/Anfang 1980 angenommen hatte, soll sich der Dislozierungsrhythmus der SS-20 1980 gegenüber Dezember 1979 um 100% gesteigert haben. Ob also der Doppelbeschluß des NATO-Rates tatsächlich optimale Voraussetzungen u. eine »günstige Atmosphäre« für die angestrebten Rüstungssteuerungsgespräche geschaffen hat bzw. schaffen konnte, muß bezweifelt werden. Solche und ähnliche Zweifel sind allerdings nicht erst *nach* der Entscheidung vom Dezember 1979 laut geworden. Kritik ist vielmehr bereits im zeitlichen Vorfeld des Nachrüstungsbeschlusses in vielfacher Form angemeldet worden. Insbesondere in der Bundesrepublik, in Belgien, in den Niederlanden und in Dänemark gab es heftige Diskussionen um die Vorgehensweise des NATO-Rates sowie um die vorgetragenen Kräftevergleiche. Diese Auseinandersetzungen, die innerhalb wie außerhalb der Parlamente geführt wurden und in den kleineren NATO-Staaten bis an die Grenze der Regierungs- und Koalitionskrise bzw. des Regierungssturzes gingen, zogen die verschiedensten Reaktionen und Vorschläge nach sich:
- Washington versuchte (mit Hilfe Bonns), durch »Drängen« der NATO-Partner eine Verzögerung des Beschlusses zu verhindern;
- die Bundesrepublik bekräftigte das »Singularitätsprinzip«, das besagt, daß auf deutschem Territorium nur dann neue Mittelstreckenwaffen stationiert werden, wenn auch andere NATO-Staaten mitziehen würden;

- Dänemark schlug vor, den Stationierungsbeschluß um 6 Monate zu verschieben, um in dieser Zeit, also vorab, den Willen der Sowjetunion zu Verhandlungen und ihre Bereitschaft zur Rüstungsbegrenzung im TNF-Bereich zu prüfen, m. a. W., um sofort mit Steuerungsverhandlungen (für 6 Monate) zu beginnen;
- die Niederlande wollten über eine Stationierung der neuen Systeme erst in zwei Jahren und dann im Lichte der Ergebnisse der Rüstungsbegrenzungsverhandlungen mit der Sowjetunion entscheiden;
- Belgien schließlich wollte den Vorbehalt zugestanden wissen, den Beschluß nochmals nach 6 Monaten unter dem Aspekt eventueller Aussichten auf Rüstungssteuerungsverhandlungen zu überprüfen.

Während Dänemark – trotz seines weitgehenden Moratoriumsvorschlags – den Nachrüstungsbeschluß letztlich doch mittrug, hielten Belgien und die Niederlande ihre Vorbehalte auch in der Dezember-Sitzung des NATO-Rates aufrecht. Da eine formale Abstimmung im NATO-Rat nicht üblich ist, konnte die Nachrüstungsentscheidung gleichwohl als »Beschluß der Außen- und Verteidigungsminister der NATO-Staaten« ausgegeben und überdies ohne die betreffenden Vorbehalte veröffentlicht werden – ein Verfahren, das ein Beobachter vor Ort in Brüssel wie folgt kommentierte: »Wie man es auch drehen und wenden mag: zum erstenmal übergehen die Entscheidungsgremien der Allianz den erklärten Willen der Parlamentsmehrheit einiger kleiner Mitgliedstaaten. Und das bei einer Entscheidung, deren Wirkung für das Sicherheitsgefühl des sowjetischen Volkes von keinem verantwortungsbewußten Politiker bestritten wird.«[5]

Neben der Kritik am »demokratischen« Vorgehen des NATO-Rates kommt in diesem Kommentar gerade auch jener Aspekt zum Ausdruck, der dem Nachrüstungsbeschluß seine eigentliche historische Bedeutung verleiht: Sie liegt in der Reichweite der neuen Mittelstreckenraketen einerseits, die erstmals schnell auch Ziele tief auf dem Territorium der UdSSR vernichten können, und in der hieraus resultierenden militärischen, politischen und psychologischen Wirkung auf das Sicherheitsempfinden, besser: Bedrohtheitsgefühl in der Sowjetunion andererseits. Zu Recht stellt deshalb Zbigniew Brzezinski, Sicherheitsberater des US-Präsidenten, den Beschluß auch in eine Reihe mit der Entscheidung zur Schaffung des Strategischen Bomberkommandos (SAC) durch Präsident Truman und der Einführung der Interkontinentalraketen durch Präsident Kennedy. Deutlicher noch als Brzezinski ist z. B. Erhard Eppler: Der Bundesminister a. D. sieht in der Entscheidung für weitreichende Mittelstreckensysteme in Europa eine »Provokation

---

5 *Hauser, Erich,* Folgen für das Bündnis?, in: Frankfurter Rundschau vom 12. 12. 1979, S. 3.

der UdSSR«, die nur wiederum mit dem in den 60er Jahren gescheiterten Versuch der Sowjetunion, Raketen auf Kuba zu stationieren, verglichen werden könne.
Obgleich die Bedeutung, die der NATO-Ratsbeschluß für die Sowjetunion besitzt, also durchaus erkannt wurde, reagierten die NATO und insbes. Bonner Regierungskreise mit deutlicher Ablehnung, als Breschnjew in seiner Rede zum 30. Jahrestag der Gründung der DDR am 6. Oktober 1979 in Berlin sowie in nachfolgenden Schreiben an Bundeskanzler Schmidt und andere Regierungschefs europäischer NATO-Staaten eine Reduzierung sowjetischer Kernwaffenträger mittlerer Reichweite und eine Aufnahme von Verhandlungen zu SALT III anbot.
Umgekehrt zeigten sich insbesondere wieder bundesdeutsche Regierungsvertreter überrascht und betroffen, als der sowjetische Außenminister Gromyko im Rahmen eines Besuches der Bundesrepublik im November 1979 erklärte, es könne keine Verhandlungen über die kontinental-strategischen Waffen geben, wenn die NATO Mitte Dezember 1979 den Ausbau der Mittelstreckensysteme beschließe. Eine Meinungsänderung unter den NATO-Partnern hat diese Warnung Gromykos allerdings ebensowenig bewirkt wie die von der Sowjetunion nachdrücklich zurückgewiesenen Kräftevergleiche der NATO. Selbst eine Gegendarstellung Breschnjews zum TNF-Kräfteverhältnis zwischen Ost und West, die er bereits im Rahmen seiner Rede am 6. Oktober gegeben hatte und die später mehrfach zitiert wurde, verhallte im Westen ungehört.
Faßt man zusammen, so sprechen nicht nur die Vorbehalte einzelner NATO-Partner oder die Diskussionsbedürftigkeit möglicher Alternativen wie des dänischen Moratoriumsvorschlages oder des sowjetischen Verhandlungsangebots gegen die offensichtliche Hektik, mit der noch vor Jahresende 1979 der Produktions- und Stationierungsbeschluß des NATO-Rates durchgezogen wurde. Vielmehr hätte allein schon die skizzierte historische Bedeutung eine – im Sinne der (späteren) Rüstungssteuerungsverhandlungen – kooperationsbereite Prüfung der Folgen und Wirkungen des Beschlusses erwarten lassen. Aber selbst die Zweifel an den Grundlagen der »Nachrüstungs«-These, d. h. an der Beurteilung des Kräfteverhältnisses im TNW/TNF-Bereich, wie sie in innergesellschaftlichen Kritiken, aber auch in den sowjetischen Gegendarstellungen zum Ausdruck kommen, sind keineswegs den Erwartungen entsprechend »vor« Beschlußfassung ausgeräumt worden. Gerade valide Kräftevergleiche und kooperatives Verhalten sind aber – die Verhandlungen und Ergebnisse von SALT und MBFR haben es, wie eingangs bereits erwähnt, gezeigt – grundlegende Bedingungen für erfolgreiche Rüstungssteuerungsgespräche.

2. Ungenutzter Zeitraum nach dem NATO-Beschluß

Zweifel am Erfolg des eingeschlagenen Weges lassen aber nicht nur das Vorgehen der NATO-Partner und die Weigerungsandrohung der Sowjetunion, sondern auch das an den Nachrüstungsbeschluß gekoppelte Rüstungskontrollangebot aufkommen. Die Vorlage vom Dezember 1979 lautet:

»a) Jede künftige Begrenzung amerikanischer Systeme, die in erster Linie für den Einsatz als LRTNF bestimmt sind, soll von einer entsprechenden Begrenzung sowjetischer LRTNF begleitet sein.
b) Über Begrenzungen von amerikanischen und sowjetischen LRTNF soll Schritt für Schritt bilateral im Rahmen von SALT III verhandelt werden.
c) Das unmittelbare Ziel dieser Verhandlungen soll die Vereinbarung von Begrenzungen für amerikanische und sowjetische landgestützte LRTNF-Raketensysteme sein.
d) Jede vereinbarte Begrenzung dieser Systeme muß mit dem Grundsatz der Gleichheit zwischen beiden Seiten vereinbar sein. Die Begrenzungen sollen daher in einer Form vereinbart werden, die de jure Gleichheit sowohl für die Obergrenzen als auch für die daraus resultierenden Rechte festlegt.
e) Jede vereinbarte Begrenzung muß angemessen verifizierbar sein.«

So bestechend das Angebot auch auf den ersten Blick aussehen mag, so gering sind doch seine Erfolgschancen in dieser Form. Problematisch sind u. a.:
– die Anbindung an den »Nachrüstungsbeschluß»;
– die Beschränkung auf »landgestützte« TNF (nicht enthalten sind die den Sowjets wichtigen »Forward Based Systems« und die durch das SALT II-Protokoll nur bis 1981 begrenzten see- und luftgestützten Cruise Missiles);
– der Ausschluß der großen Zahl britischer und französischer Systeme;
– die Institutionalisierung als SALT III (ohne Ratifizierung von SALT II);
– der überaus kurze Zeitraum bis 1983.

Hinzu kommt noch, daß die Verhandlungen, obwohl vorrangig europäische Interessen berührt werden, nach dem Kommuniqué der NATO-Außen- und Verteidigungsminister bilateral zwischen den USA und der Sowjetunion geführt werden sollen. Allerdings sollen die übrigen NATO-Staaten nicht

völlig von der Diskussion ausgeschlossen werden: »Angesichts der besonderen Bedeutung dieser Verhandlungen für die Sicherheit des Bündnisses insgesamt wird zur Unterstützung der amerikanischen Verhandlungsbemühungen ein besonderes, hochrangiges Konsultationsgremium innerhalb des Bündnisses gebildet. Dieses Gremium wird die Verhandlungen kontinuierlich begleiten und den Außen- und Verteidigungsministern berichten.«[6]
Das geplante Beratungsgremium konstituierte sich bereis am 25. Januar 1980 als Sonderkonsultationsgruppe (Special Consultative Group/SCG): Die SCG setzt sich aus hochgestellten offiziellen Vertretern der Länder zusammen, die an der Entscheidung über die nuklearen Mittelstreckensysteme vom 12. Dezember 1979 teilgenommen haben, sowie aus Vertretern des Internationalen Stabes und der Militärdienststellen der NATO. Den Vorsitz übernahm der Direktor für militärische und politische Angelegenheiten im US-Außenministerium, Reginald Bartholomew.
Im zeitlichen Ablauf sogar noch vor der Konstituierung der SCG, nämlich bereits am 18. Dezember 1979, übermittelten die Vereinigten Staaten das LRTNF-Rüstungssteuerungsangebot der NATO an die UdSSR. Die sowjetische Antwort vom 3. Januar 1980 entsprach der Vorankündigung Außenminister Gromykos vom November 1979: Moskau sei erst zu Verhandlungen bereit, wenn die NATO ihren nuklearen Nachrüstungsbeschluß widerrufe. Trotz dieser eindeutigen Absage und trotz des mittlerweile eskalierenden Konflikts in und über Afghanistan wurde das Angebot von den USA ein zweites Mal am 4. April 1980 wiederholt und erneut von der UdSSR abgelehnt – allerdings in bereits abgemilderter Form: Der Beschluß müsse entweder zurückgenommen *oder* seine Verwirklichung wenigstens suspendiert werden.
Eine weitere Abschwächung in der ablehnenden Haltung der Sowjetunion glaubte der Nordatlantikrat auf seiner Tagung am 25./26. Juni 1980 in Ankara festhalten zu können. Im Kommuniqué der Tagung wiesen die Minister auf »Anzeichen dafür« hin, »daß die Sowjetunion anerkenne, daß SALT III das geeignete Forum für LRTNF-Verhandlungen sein könnte«. Die tatsächliche Gesprächsbereitschaft der Sowjetunion erbrachte allerdings erst eine – unter heftiger Kritik der CDU/CSU durchgeführte – Reise von Bundeskanzler Schmidt nach Moskau vom 30. Juni bis 1. Juli 1980. In den Moskauer Gesprächen zwischen Schmidt und Breschnew erklärte sich die Sowjetunion erstmals zu *Vorverhandlungen* über die TNF-Systeme bereit; zugleich gab sie aber zu erkennen, daß bei zukünftigen KRSt-Gesprächen

---

6 EA 2/1980, S. D 37.

drei Aspekte berücksichtigt werden müßten, denen das vorliegende Angebot der NATO nicht genügen würde:
- die Verhandlungen müßten über die von der NATO genannten LRTNF hinaus auch die vorgeschobenen amerikanischen Nuklearmittel (FBS) einschließen;
- die sich aus den Vorgesprächen ergebenden Vereinbarungen könnten erst nach der Ratifizierung von SALT II in Kraft treten;
- die französischen und britischen Nuklearwaffen seien zukünftig ebenfalls, wenngleich auch erst später, in der dritten SALT-Verhandlungsrunde einzubeziehen.

Trotz dieser Vorbehalte der Sowjetunion gegenüber dem NATO-Angebot kann dem deutschen Bundeskanzler durchaus das Verdienst zugesprochen werden, den Durchbruch zu Gesprächen zwischen den beiden Großmächten erzielt zu haben; gleichwohl darf nicht unerwähnt bleiben, daß bereits zuvor eine andere – für Fortgang und Erfolg der KRSt ebenso wichtige – Initiative von Bundeskanzler Schmidt gescheitert war: Noch vor seiner Moskaureise, bereits am 11. April 1980 auf einer Landesdelegiertenkonferenz der SPD in Hamburg hatte er ein Dislozierungsmoratorium vorgeschlagen: »Ein erster Schritt in die richtige Richtung könnte darin liegen, daß beide Seiten gleichzeitig für eine *bestimmte Anzahl von Jahren* auf eine *Dislozierung* von neuen oder zusätzliche Mittelstreckenwaffen verzichten und diese Zeit für Verhandlungen nutzen. Ich räume ein: der gegenwärtig erreichte Vorsprung der Sowjetunion würde für diese Zeit bestehen bleiben. Aber das wäre auch ansonsten mindestens für drei Jahre der Fall, ja der sowjetische Vorsprung würde in der Periode der drei Jahre noch wachsen, die der Westen für seine Produktion braucht«.[7]

Wie das Zitat zeigt, ging Bundeskanzler Schmidt in seiner Rede einerseits von einer »bestimmten Anzahl von Jahren« für das Moratorium aus, und setzte andererseits diesen Zeitraum gegen die drei Jahre bis zum ursprünglich vorgesehenen Beginn einer Dislozierung der ersten PERSHING II und Marschflugkörper ab. In der Öffentlichkeit entstand konsequenterweise der Eindruck, der Vorschlag eines Dislozierungsmoratoriums beziehe sich nicht nur auf die Sowjetunion, sondern solle auch für die NATO gelten und könne (logischerweise) auch über einen Zeitraum von drei Jahren hinausgehen. Nach Interventionen der FDP und insbesondere von Bundesaußenminister Genscher mit dem Tenor, die Vorschläge der NATO seien »unverändert«

---

7 Zit. nach: »Die Geschichte eines Angebotes an die Sowjetunion – Der Bundeskanzler zur Nachrüstungsfrage«, in: Blätter für deutsche und internationale Politik 6/1980, S. 752 (Hervorheb. – DSL).

gültig, ließ Schmidt im Rahmen einer Pressekonferenz allerdings klarstellen, sein Vorschlag habe sich lediglich auf »drei Jahre« bezogen und gelte somit nur für die Sowjetunion. Vorwürfe und Vorhaltungen von der Opposition, aber auch von US-Präsident Carter blieben Bundeskanzler Schmidt wegen seines Vorschlages und gegen seine geplante Moskaureise gleichwohl nicht erspart. Die Unstimmigkeiten und Vorhaltungen, die in einem von Schmidt als »erstaunlich« bezeichneten Brief des US-Präsidenten zum Ausdruck kamen, konnten sogar erst kurz vor der Moskaureise des Bundeskanzlers im Rahmen eines Gipfeltreffens zu Fragen der Weltwirtschaft am 22. Mai 1980 in Venedig ausgeräumt werden.

Ob die Idee eines beiderseitigen Moratoriums tatsächlich auf einer Fehlinterpretation des Schmidtschen Vorschlages beruhte, kann dahingestellt bleiben. Festgehalten werden muß dagegen, daß mit der Distanzierung von einem solchen oder ähnlichen Konzept ein wichtiger, u. U. sogar entscheidender Schritt hin zu erfolgreichen KRSt-Verhandlungen unterblieb: Die Chance, den nach allen bisherigen Erfahrungen viel zu knapp bemessenen Zeitrahmen von lediglich drei Jahren auszuweiten, wurde nicht genutzt. Zweifel am Willen einzelner Beteiligter, zu erfolgreichen Rüstungsbeschränkungen auf TNF-Ebene zu kommen, entbehren deshalb nicht jeglicher Grundlage. Im Gegenteil sind sie um so mehr angebracht, als selbst der nach der Moskaureise von Bundeskanzler Schmidt Mitte 1980 verbliebene zeitliche Spielraum bislang nicht effektiv genutzt wurde und wird. Zwar empfing bereits am 11. Juli 1980 der stellvertretende US-Außenminister Warren Christopher den sowjetischen Botschafter Anatoli Dobrynin zu einem ersten Gespräch über die veränderte Haltung der UdSSR; ferner trafen sich Delegationen der beiden Großmächte zu einer ersten Runde von Vorgesprächen vom 13. Oktober bis 17. November 1980 in Genf. Ergebnisse erbrachten die Gespräche gleichwohl nicht; selbst eine Einigung über den Verhandlungsgegenstand konnte man nicht erzielen.

So wenig erfolgreich diese erste »Fühlungnahme« der beiden Großmächte in Genf war, so wenig ermutigend müssen auch die Veränderungen, Aktivitäten und Reaktionen – soweit es sie zum Thema überhaupt gegeben hat – in der Folgezeit und insbesondere nach der Wahl von Reagan zum Präsidenten stimmen: Noch im September 1980 bezeichnete der amerikanische Verteidigungsminister Harold Brown das Frühjahr 1981 »als äußerste Grenze für die Ratifizierung des zweiten SALT-Vertrages, weil sonst der *Abrüstungsprozeß* einen *dauerhaften Schaden* erleiden könnte«;[8] sein Nachfolger Weinberger

---

8 Zit. nach: *Becker, Kurt*, Ein neuer Anlauf, in: Die Zeit Nr. 40 vom 26. 9. 1980, S. 6 (Hervorheb. – DSL).

sah diese Gefahr im Januar 1981 dagegen nicht: »Ich denke, es braucht gute sechs Monate bevor wir überhaupt eine Politik formuliert haben«. Über die Richtung dieser Politik ließ Weinberger allerdings keinen Zweifel: »Ich denke nicht, daß wir je von einer Position der Schwäche aus verhandeln sollten . . . Manchmal ist es ein *Erfolg, keinen Vertrag* zustande zu bringen«.[9] Die bisherige Personalpolitik entspricht dieser Denkhaltung voll: Im April 1981 wurde mit Eugene Rostow, dem Leiter des »Committee on the Present Danger«, ein dezidierter Gegner des SALT II-Vertrages zum neuen Direktor der Behörde für Rüstungskontrolle und Abrüstung (ACDA) ernannt.
Berücksichtigt man, daß die Opposition zu SALT II einer der wichtigsten Punkte im Wahlkampfprogramm von US-Präsident Reagan bildete, so ist es weniger die Position der neuen Regierungsmannschaft der USA, die erstaunen muß, als vielmehr das wenig souveräne Verhalten und schnelle Einschwenken der europäischen NATO-Partner auf die neue Linie: Noch auf der Ministertagung am 25. und 26. Juni 1980 in Ankara hatte der Nordatlantikrat seine »Unterstützung für den SALT II-Vertrag, der einen bedeutenden Beitrag zur Eindämmung des Rüstungswettlaufes und zur Gewährleistung der Sicherheit des Bündnisses und der Stabilität der Ost-West-Beziehungen leistet«, bekräftigt. Auf der folgenden Tagung des Nordatlantikrates am 11. und 12. Dezember 1980 in Brüssel, also kurz nach der Wahl Reagans zum US-Präsidenten bzw. nur ein halbes Jahr nach der vorangegangenen NATO-Sitzung und ein Jahr nach dem sog. Nachrüstungsbeschluß, befürworteten die Minister dagegen »nicht mehr speziell die Ratifizierung von SALT II, nachdem diese in den Vereinigten Staaten unwahrscheinlich geworden war«; im Kommuniqué der Tagung heißt es nunmehr lediglich: »Das Bündnis befürwortet weitere Verhandlungen und bekennt sich weiterhin nachdrücklich zum *SALT-Prozeß* als einen Weg zur Erlangung bedeutsamer beiderseitiger Begrenzungen der amerikanischen und sowjetischen strategischen Nuklearstreitkräfte«.
Auf westlicher Seite ist also einerseits das Abrücken der USA und der NATO von SALT II zum Jahreswechsel 1980/81 mehr oder weniger deutlich zu erkennen, andererseits sind auch für die erste Hälfte des Jahres 1981 neue Vorschläge kaum noch zu erwarten. Im Gegensatz dazu lehnt die Sowjetunion nicht nur eine Neuverhandlung von SALT II ab, sondern unterbreitete im gleichen Zeitraum sogar weitergehende Gedanken. Insbesondere in sei-

---

9 *Durham, William H.,* Weinberger says SALT Talks could begin in six months, in: Wireless Bulletin from Washington Nr. 4 vom 7. 1. 1981, S. 4 (Hervorheb. – DSL).

nem Rechenschaftsbericht auf dem XXVI. Parteitag der KPdSU im Februar 1981 schlug Generalsekretär Breschnew neben Vertrauensbildenden Maßnahmen u. a. vor: »Die UdSSR ist bereit, über die Begrenzung beliebiger Waffen zu verhandeln ... Wir schlagen vor, uns darüber zu einigen, schon jetzt ein Moratorium über die Sationierung neuer nuklearer Kampfmittel mittlerer Reichweite der NATO-Länder und der UdSSR in Europa zu verhängen, das heißt quantitativ und qualitativ das bestehende Niveau solcher Mittel, darunter selbstverständlich der vorgeschobenen Kernmittel der USA in diesem Raum, einzufrieren. Ein solches Moratorium könnte sofort mit Beginn entsprechender Verhandlungen in Kraft treten und gelten, bis ein endgültiger Vertrag über die Begrenzung oder, besser noch, die Reduzierung solcher Kernmittel in Europa geschlossen sein wird. Hierbei lassen wir uns davon leiten, daß beide Seiten jegliche Vorbereitung auf die Stationierung entsprechender hinzukommender Mittel, darunter der amerikanischen »PERSHING II«-Rakete und der bodengestützten strategischen Flügelrakete, einstellen«.

Während Bundeskanzler Schmidt in einer ersten Stellungnahme zur Moratoriumsinitiative des sowjetischen Generalsekretärs »eine sorgfältige Prüfung des Inhalts und der Bedingungen von Breschnews Vorschlag« ankündigte, lehnte Bundesaußenminister Genscher das Angebot sofort ab: Das »von Breschnew vorgeschlagene Moratorium würde den NATO-Doppelbeschluß in seinem Nachrüstungsteil aufheben, die sowjetische Überlegenheit durch die schon aufgestellten SS-20 Raketen festschreiben und damit den Raketendruck auf Westeuropa legitimieren«. Bundeskanzler Schmidt folgte dieser Meinung seines Außenministers einen Tag später: Am 25. Februar lehnte als erste europäische NATO-Regierung das Bundeskabinett in einer Stellungnahme, die »nicht zuvor mit einem oder mehreren NATO-Partnern abgesprochen worden« war, den Moratoriumsvorschlag ab. Die NATO selbst wies in der Folgezeit u. a. über mehrfache Stellungnahmen ihres Generalsekretärs Luns den Moratoriumsvorschlag als »uninteressant«, »abträglich« und »nicht seriös« zurück.

Ob mit der Ablehnung des sowjetischen Moratoriumsangebots eine letzte Chance, zu einer erfolgreichen und kooperativen Rüstungssteuerung zu kommen, vergeben wurde, werden die verbleibenden Monate bis zur Dislozierung der neuen NATO-LRTNF zeigen müssen. Der vorherrschende Eindruck von Beobachtern eines zweitägigen Besuches von Bundesaußenminister Genscher am 2. und 3. April 1981 in Moskau scheint jedenfalls eindeutig: »Die Chancen für erfolgreiche Rüstungskontrollgespräche zwischen Ost und West in Zusammenhang mit dem NATO-Doppelbeschluß und der sowjetischen Raketenrüstung stehen schlecht ... Ungeachtet der sachlichen Atmosphäre der Gespräche wurde kein bemerkenswerter Ansatz zu einer Überwindung der strittigen Punkte sichtbar«.[10]

3. *Kriegsgefahr und Rüstungssteuerung*

Mit dieser pessimistischen Einschätzung vom April 1981 muß unsere Skizze der Entwicklung der KRSt-Beziehungen auf der Ebene der Nuklearwaffen abschließen. Die Sorgen, die in dieser Einschätzung mitschwingen, können auch nicht dadurch behoben werden, daß US-Außenminister Haig auf der NATO-Ministertagung in Rom vom 4./5. Mai 1981 bekanntgab, die USA wären bereit »noch vor Ende dieses Jahres innerhalb des SALT-Rahmens in Verhandlungen mit der Sowjetunion« einzutreten. Denn selbst unterstellt, es würde – wider Erwarten – tatsächlich noch gelingen, Verhandlungen einzuleiten und sogar eine Annäherung der unterschiedlichen Standpunkte zu erreichen, so muß der friedenssichernde Effekt gleichwohl fraglich bleiben. Wie die bisherige TNF-Diskussion zeigt, streben beide Seiten lediglich ein numerisches Gleichgewicht an, sei es durch »Nachrüstung«, sei es eventuell durch Festlegung von Höchstzahlen in der Tradition der vorangegangenen SALT-Verhandlungen, oder sei es bestenfalls über die Reduzierung der Potentiale in einem festzulegenden Umfang. Solange aber im LRTNF-Bereich keine Schranken gegen *qualitative* Modernisierungsmaßnahmen gezogen werden, kann eine *denkmögliche numerische Parität* allein noch keine stabilisierende Wirkung besitzen.

3.1 *Zehn Strukturmerkmale des nuklearen Kräfteverhältnisses im Europa der 80er Jahre*

Diese Aussage ist deshalb mit Nachdruck zu betonen, weil alle Anzeichen dafür sprechen, daß bei konsequenter Fortführung der derzeitigen Politik der Rüstungsbereich der Nuklearkräfte in und für Europa in den 80er und frühen 90er Jahren stärker als je zuvor geprägt sein wird von voraussichtlich

erstens über den sog. Nachrüstungsbeschluß hinausgehenden Zuwachsraten und ggf. auch der Entwicklung neuer Waffensysteme,

---

10 *Mörbitz, Eghard,* Schlechte Chancen für Rüstungskontrolle, in: Frankfurter Rundschau vom 4. 4. 1981, S. 1.

zweitens einer Tendenz zur »self-fulfilling-prophecy« mit

drittens den Folgen einer numerischen Disparität von Zielen und Mitteln beider Seiten (Parität der Disparität), ferner

viertens einer qualitativ, in ihren Werten (Letalität, Vernichtungswahrscheinlichkeit) sich sprunghaft (exponentiell) entwickelnden Dynamik der Nuklear- und Raketentechnologie,

fünftens einer aufgrund gerade der sprunghaften Eigendynamik der Rüstungstechnologie nicht exakt und im voraus berechenbaren Entwicklung, und

sechstens dem hieraus ständig möglichen – tatsächlichen oder auch nur vermeintlichen – Wechsel der Kräfteverhältnisse, verbunden schließlich mit

siebtens der Realisierung einer Tendenz der Supermächte zur Beschaffung der militärischen Kapazitäten und Fähigkeiten eines entwaffnenden Erstschlages (counterforce/first strike).

Diese Aussagen besitzen – schließt man Waffensysteme wie die geplante MX-Rakete der USA oder modernisierte Systeme wie die SS-18 und SS-19 der UdSSR in die Betrachtung mit ein – durchaus auch Gültigkeit für den nuklearstrategischen Bereich der Rüstungsentwicklung. Spezifisch für den europäischen Kriegsschauplatz und damit auch für die LRTNF ist allerdings ein weiterer, im Krisenfall u. U. entscheidender Destabilisierungsfaktor, nämlich

achtens die drastische Verkürzung der Vorwarnzeit.

Während die Flugzeit einer interkontinental-strategischen Rakete von den USA in die UdSSR oder umgekehrt mit einer Dauer von 25–30 Minuten angegeben wird, soll die Flugdauer eurostrategischer Systeme, etwa der für die Bundesrepublik vorgesehenen und auf Ziele in der UdSSR gerichteten PERSHING II lediglich 4–8 Minuten betragen. Bereits die interkontinentale Vorwarnzeit muß aber als kaum lange genug angesehen werden, um ggf. gesichert festzustellen, ob ein Angriff oder ein Irrtum (Fehlalarm) vorliegt bzw. um in beiden Fällen möglichst rational zu reagieren. Entscheidungen und Handlungen, denen ein noch kürzerer Zeitrahmen gesetzt wird, können deshalb nur dann in einem relativ rationalen Sinne gefällt und durchgeführt werden, wenn sie

neuntens als vorab festgelegte typische Muster, d. h. vorprogrammiert ablaufen.

Zum Programmschema im Abschreckungssystem gehört jedoch nicht nur die Identifikation des potentiellen Feindes und die Vermutung seiner dauerhaften Aggressionsbereitschaft, sondern vor allem die ständige Orientierung und Vorbereitung der eigenen Abwehrbereitschaft am denkbar schlimmsten Fall (worst case), zukünftig also an der technischen Fähigkeit zum entwaffnenden Erstschlag. Für die Sowjetunion spezifisch wird diese Worst-Case-Orientierung in den kommenden Jahren zusätzlich noch geprägt sein (müssen) von der künftigen Fähigkeit nur der USA zu Optionenbegrenzungs- und (Teil-)Entwaffnungsmaßnahmen über den Einsatz von treffgenauen LRTNF-Potentialen gegen militärische Einrichtungen der UdSSR wie ICBM-Silos, Führungsbunker und Kommandozentralen. M. a. W.: Das Abschreckungssystem wird sich ausweisen durch

zehntens ein strategisches Kräfteverhältnis zwischen den Supermächten, das von den USA in Krieg und Frieden einseitig durch (im Sinne von SALT nichtstrategischen) LRTNF zum Nachteil der Sowjetunion unterlaufen wird.

Wie werden, vor allem im Krisenfall, die USA insbesondere diesen letztgenannten strategischen »Strukturvorteil« nutzen (müssen)? Wie wird die Sowjetunion auf dieses strategische »Strukturdefizit« reagieren (müssen)? Bereits bislang schon bildet(e) die Versuchung, in irgendeiner Phase der im Rahmen eskalierender Aufrüstung und Umrüstung möglicherweise wechselnden Kräfteverhältnisse und Kräftevorteile zum Präemptiv- oder Präventivkrieg zu schreiten, sowohl für den stärkeren (und in naher Zukunft vielleicht wieder schwächeren) als auch für den jeweilig schwächeren (und in absehbarer Zeit noch schwächeren) der beiden Kontrahenten ein ernstes Problem. Zukünftig werden beide Gegner die zielstrebigen Bemühungen um Erstschlagskapazitäten des jeweilig anderen feststellen können, nicht aber wissen, ob diese als konkrete Vorbereitungen auf einen Krieg – sei es ein Angriffskrieg oder aus der Sicht des Angreifers u. U. wiederum ein als notwendig erachteter Präventivkrieg – einzuschätzen sind. Wenn aber beide Seiten vom »worst case« ausgehen, werden dann nicht beide zukünftig auch ohne ernsthafte eigene Absichten ständig mit dem Gedanken des Präemptiv- oder Präventivkrieges spielen müssen?

3.2 Gibt es einen Ausweg?

Mit letzter Gewißheit können die aufgeführten Fragen nur im Ernstfall – den es ja gerade zu vermeiden gilt – beantwortet werden. Soll Rüstungssteuerung zum jetzigen Zeitpunkt aber überhaupt noch eine Chance haben – und ist an eine grundsätzliche Abschaffung des LRTNF-Potentials bzw. an eine Errichtung nuklearwaffenfreier Zonen nicht gedacht – so müssen vor dem drängenden Hintergrund der angeführten Strukturmerkmale *der dritte und vierte Rüstungssteuerungsschritt vor dem zweiten getan* werden: Numerische Größenordnungen besitzen nur noch relative Bedeutung. Rüstungskontrollgespräche müssen sofort und vorrangig Themen behandeln, die sich in erster Linie mit der *Bildung von Barrieren gegen die Erlangung von Kriegsführungsfähigkeiten* befassen.

Zwingende Forderungen wären u. a.
- neben der Definition der LRTNF als strategische Systeme,
- die rückwärtige Dislozierung der LRTNF bzw. die Verringerung der Reichweiten der Trägersysteme;
- das Verbot bzw. eine zahlenmäßige Begrenzung nationaler militärischer Aufklärungsraumflugkörper (die zur Ortung mobiler Systeme für den Präemptionsschlag und nicht lediglich zur Frühwarnung dienen);
- das Verbot bzw. eine zahlenmäßige Begrenzung militärischer Navigationsraumflugkörper (die zur Erhöhung der Treffgenauigkeit eingesetzt werden);
- das Verbot militärischer Raketentests und Erprobung neuer Flugtechnologien (die zur Erhöhung von Zuverlässigkeit und Treffgenauigkeit beitragen);
- die Begrenzung der Sprengkraft durch Begrenzung der Tragfähigkeit der Flugsysteme (zur Verringerung von flächendeckenden Wirkungen mit dem Ziel der Zerstörung mobiler Systeme);
- das Verbot der Härtung der Gefechtskopfplattformen (die zur Überwindung oder sogar Nutzung des EMP-Effekts dienen) (EMP-Elektromagnetische Impulse);
- die numerische Begrenzung der Gefechtskopfzahlen pro Trägersystem über die Begrenzung der Tragfähigkeit und die Offenlegung der telemetrischen Schlüssel;
- und erst zuletzt die numerische Begrenzung der Trägersysteme.

Irgendwelche Anzeichen für eine Diskussion dieser oder ähnlicher Aspekte im Rahmen möglicher KRSt-Verhandlungen der kommenden Monate sind nicht erkennbar. Angesichts der eindeutigen Dynamik und Tendenzen in der Nuklear- und Raketentechnologie kann aber bloßen Verhandlungen auf der

Basis des LRTNF-Angebots der NATO – selbst bei einem (im übrigen unwahrscheinlichen) Abschluß der Gespräche unter Berücksichtigung der genannten sowjetischen Forderungen – auch kurzfristig kein kriegsverhütender Erfolg mehr beschieden sein. Parallel laufende, destabilisierende Entwicklungen im Bereich der chemischen Kampfstoffe, der Laserwaffen, der neuen quasi-nuklearen Potentiale im konventionellen Bereich, der Militarisierung des Weltraums und vieles mehr sind in dieser pessimistischen Analyse noch nicht einmal berücksichtigt.

Justus Gräbner

V. Der NATO-Doppelbeschluß: Modernisierungsplan und Rüstungssteuerungsangebot für die »eurostrategischen« Waffen

1. *Vorbemerkungen*

Spätestens seit der Diskussion in den Jahren 1977/78 über die vorgesehene Einführung der »Neutronenwaffe« in Westeuropa war klar, daß jede zukünftige Entscheidung über die Modernisierung des Nuklearwaffenpotentials der NATO Objekt heftiger politischer Einsprüche und Proteste werden würde und unter stärkeren Legitimationsdruck geraten dürfte als ähnliche Entscheidungen vorher. Die zur Zeit in der Bundesrepublik Deutschland stattfindende Diskussion um den NATO-Doppelbeschluß ist sowohl durch eine besorgniserregende Emotionalisierung und Polarisierung als auch durch eine bewußte Verquickung mit anderen Problemfeldern, wie z. B. der friedlichen Nutzung der Kernenergie, gekennzeichnet. Diese Entwicklung belastet eine weitere sachliche Auseinandersetzung um die Problematik und erschwert es, einen eigenen Standpunkt zu gewinnen oder zu überprüfen. Der nachfolgende Problemaufriß soll dazu beitragen, die getroffene Entscheidung in ihrer verteidigungs- und rüstungskontrollpolitischen Dimension zu analysieren, ohne zu verkennen, daß bei diesem Versuch auch die eigene Position aufgearbeitet wird.

2. *Der Modernisierungsplan*

Der Entschluß des Nordatlantischen Bündnisses zur Modernisierung seiner nuklearen Mittelstreckensysteme großer Reichweite[1] und strategischer Qua-

---

[1] Die NATO unterscheidet bei den Theater Nuclear Forces (TNF) nukleare Einsatzmittel kurzer Reichweite (bis 100 km = SRTNF), mittlere Reichweite (bis 1000 km = MRTNF) und großer Reichweite (über 1000 km = LRTNF), vlg. BMVg-Planungsstab: Die nuklearen Mittelstreckenwaffen – Modernisierung und Rüstungskontrolle, Bonn April 1980, S. 29.

lität[2] umfaßt den Plan zum Austausch der 108 »Pershing 1«-Systeme mittlerer Reichweite (bis zu 750 km) durch das neue ballistische Flugkörpersystem »Pershing II-XR« mit einer Reichweite bis zu 1800 km. Diese vorgesehene Modernisierung soll nur für die in der Bundesrepublik Deutschland vorhandenen Pershing-Systeme der US-Army erfolgen. Gleichzeitig ist die Erststationierung von 116 Vierfach-Startrampen für insgesamt 464 Marschflugkörper (GLCM) mit einer Reichweite bis zu 2500 km auf europäischem NATO-Territorium – 160 in Großbritannien, 112 in Italien, 96 in der Bundesrepublik Deutschland und je 48 in den Niederlanden und in Belgien – vorgesehen. Auch diese Systeme werden nur in die US-Streitkräfte eingeführt und unterliegen damit keiner »Zwei-Nationen-Kontrolle«, wie es für nukleare Einsatzmittel anderer NATO-Staaten vereinbart ist. Die neuen Pershing-Raketen und die Marschflugkörper sollen nur jeweils *einen* nuklearen Gefechtskopf tragen. Weitere Flugkörper für ein mögliches Nachladen der Startgeräte sind laut Nachrüstungsbeschluß nicht vorgesehen.[3] Die Zahl der Gefechtsköpfe für andere nukleare Einsatzmittel der NATO in Europa soll entsprechend abnehmen.[4] Der Austausch bzw. die Erststationierung der neuen Systeme soll frühestens beginnend ab 1983 erfolgen. Wie alle nuklearen Einsatzmittel der NATO in Europa wird auch das neue nukleare Mittelstreckenpotential dem Obersten Befehlshaber Alliierter Streitkräfte in Europa (SACEUR) unterstellt, der in Personalunion Oberbefehlshaber der US-Streitkräfte in Europa (USCINCEUR) ist. Damit gelten auch für diese Nuklearwaffen die üblichen Konsultations- und Freigaberichtlinien der NATO.

2.1 *Die Veränderungen im Kräfteverhältnis und ihre Auswirkungen für Westeuropa*

Auf der globalstrategischen Ebene verfügen die Sowjetunion und die USA heute über Nuklearpotentiale, die keiner Seite Optionen bieten, welche das Risiko der Selbstvernichtung mit hoher Wahrscheinlichkeit wegen gleichwertiger Optionen der anderen Seite ausschließen. Vorhandene qualitative

---

2 Die nuklearen Mittelstreckensysteme der NATO (LRTNF) werden auf Grund geographischer Bedingungen (ca. 1000 km Entfernung zwischen NATO-Territorium in Westeuropa und dem Territorium der Sowjetunion) und ihrer vorgesehenen Optionen grundsätzlich als Einsatzmittel von strategischer Qualität bewertet. Gleiches gilt im NATO-Verständnis auch für die entsprechenden sowjetischen Systeme. Vgl. BMVg-Planungsstab: a.a.O., S. 29 f.
3 Vgl. *Rühl, Lothar*: Der Entschluß der NATO zur Einführung nuklearer Mittelstreckenwaffen, in: Europa Archiv (EA) 4/80, S. 99.
4 Vgl. Kommuniqué der Sondersitzung der Außenminister und Verteidigungsminister der NATO v. 12. 12. 1979 in Brüssel, in: BMVg-Planungsstab: a.a.O., S. 9 f.

Disparitäten im Potential beider Seiten könnten jedoch bei fortgesetztem Wettrüsten insbesondere durch technische Verbesserungen hinsichtlich der Treffgenauigkeit und Schadenswirkung der Systeme sowie durch technologische Durchbrüche bei Abwehrsystemen in Zukunft diese global-strategische Stabilität gefährden.[5]
Durch die erreichte Gleichwertigkeit der Fähigkeiten auf der Ebene des zentralen Kräfteverhältnisses gewinnen Ungleichgewichte auf den Ebenen darunter an Bedeutung. Diese Ungleichgewichte haben ihre Ursache sowohl in unterschiedlichen militärstrategischen Zielsetzungen und phasenverschobenen Modernisierungen der vorhandenen Potentiale als auch in unterschiedlich wirksamen Rüstungsanstrengungen im vergangenen Jahrzehnt. Der hohe Investitionsanteil der sowjetischen Rüstung hat einen zügigen quantitativen und qualitativen Ausbau des konventionellen und nuklearen Potentials unterhalb der globalstrategischen Ebene ermöglicht.[6] Die konventionelle Auf- und Umrüstung, vorrangig der sowjetischen Streitkräfte innerhalb der Warschauer Vertragsorganisation (WVO), hat nicht nur zu zahlenmäßigen Vorteilen bei Schlüsselkategorien schweren Geräts geführt, sondern auch gewisse qualitative Überlegenheiten der NATO in der Technologie der konventionellen Waffen weitgehend ausgeglichen.[7] Trotz erheblicher Anstrengungen im konventionellen Bereich, wie sie im Long Term Defense Program (LTDP) geplant sind, ist die NATO bei den vorhandenen Ungleichgewichten im konventionellen Bereich auch in Zukunft auf die Einbeziehung nuklearer Optionen in ihrer Abschreckungskonzeption angewiesen. Dies gilt insbesondere im Falle eines konventionellen Großangriffs der WVO, bei dem die konventionelle Direktverteidigung als Vorneverteidigung mit dem vorhandenen konventionellen Potential nur für eine begrenzte Zeit erfolgreich sein kann. Die Neutralisierung dieser Option in Form einer hohen Risikoeinschätzung durch die WVO ist neben anderen Faktoren sowohl vom Einsatzwert der nuklearen Mittel der NATO als auch von den Fähigkeiten der WVO im nuklearen Bereich abhängig, die die NATO vor einem nuklearen Ersteinsatz auf Grund der zu erwartenden Vergeltung abschrecken können.
Wie im konventionellen Bereich haben sich auch beim Ausbau der nuklearen Fähigkeiten von NATO und WVO, mit Ausnahme der bereits angesprochenen Gleichwertigkeit der Fähigkeiten auf globalstrategischer Ebene, be-

---

5 Vgl. *von Schubert, Klaus*: Bedingungen des Überlebens, in: Aus Politik und Zeitgeschichte, B 10/80 v. 8. 3. 80, S. 26 f.
6 Vgl. *Holst, Johan Jörgen*: Abschreckung und Stabilität zwischen NATO und Warschauer Pakt, in: EA 1/81, S. 11 und BMVg: NATO-Bericht über sowjetische Verteidigungsausgaben (1970–1979), in: Stichworte zur Sicherheitspolitik, 12/80, S. 8 ff.
7 Vgl. *Holst, Johan Jörgen*: a.a.O., S. 15 f.

stimmte Asymetrien unterhalb dieser Ebene entwickelt. Während der Aufbau der TNF der NATO Anfang der siebziger Jahre abgeschlossen wurde, und weitere Modernisierungen sich auf Kurzstreckenwaffensysteme, vor allem die Artillerieausstattung, konzentrierten, begann die Sowjetunion ab Mitte der siebziger Jahre mit einem umfangreichen und zügigen Modernisierungsprogramm zunächst der Systeme großer Reichweite, ohne jedoch die Entwicklung von verbesserten nuklearen Waffensystemen kurzer und mittlerer Reichweite zu vernachlässigen. Die Neueinführung der SS-20 (1977) und des Überschallbombers Tu 22 M »Backfire« (1974) – jeweils mit deutlich verbesserten Leistungsmerkmalen[8] – als Ersatz für veraltete Systeme haben hierbei die größte politische Beachtung gefunden. Militärische Auswirkungen dürfte jedoch auch die Einführung im Zeitraum 1978–1980 von drei neuen nuklearen Kurzstreckenflugkörpern, SS-21 für die »FROG«-Startgeräte, Reichweite ca. 65–120 km, SS-23 für die SCUD«-Startgeräte, Reichweite ca. 190–350 km und die SS-22 für die SCALEBOARD-Startgeräte, Reichweite ca. 540–1000 km, haben. Wenn auch diese neuen Flugkörpersysteme noch in geringer Zahl bisher im Truppenversuch erprobt werden, dürften sie nach dem endgültigen Austausch mit den veralteten Systemen in Zukunft auf Grund von qualitativen Verbesserungen erweiterte Optionen von taktischer bis strategischer Auswirkung bieten.[9]

Wegen der unterschiedlichen Schwerpunktsetzung und der Phasenverschiebung bei der Modernisierung der Potentiale ergeben sich heute für die NATO bei den Systemen kurzer Reichweite (SRTNF) unter Einbeziehung der nuklearfähigen Artilleriegeschütze numerische Vorsprünge, während die WVO bei den Systemen mittlerer Reichweite und großer Reichweite einen quantitativen Vorsprung hat.[10]

---

8 Im Gegensatz zu den als veraltet einzuschätzenden Systemen SS 4 (eingeführt erstmalig 1959) und SS-5 (1961) verfügt die SS-20 über folgende verbesserte Leistungsmerkmale:
  1. Mobilität und damit annähernde Unverwundbarkeit gegen selektive Bekämpfung
  2. größere Reichweite
  3. präzisere Treffgenauigkeit
  4. Ausstattungsmöglichkeit jeder Rakete mit 3 MIRV
  5. Nachladefähigkeit der Startgeräte
  Gegenüber dem veralteten Mittelstreckenbomber TU-16 BADGER sind besonders der größere Einsatzradius des TU 22 M BACKFIRE (bis 4000 km bei einem bestimmten Einsatzprofil ohne Luftbetankung und mit durchschnittlicher Waffenladung) und die generell höhere Waffenzuladung (insbesondere mit Luft-Boden-Marschflugkörpern) von Bedeutung.
  Vgl. *Reich, Friedhelm*: SS-20 – Eine Datenanalyse, in: Wehrtechnik 8/79, S. 14 ff; IISS, Military Balance 1980–81, S. 116 ff; SIPRI Yearbook 1980, S. 179.
9 Vgl. *Brown, Harold*: Jahresbericht vom 29. 1. 80, Abschnitt VII B, Auszüge in: EA 16/80, S. D. 450; IISS, Military Balance 1980–81, S. 89; siehe auch *Hoffmann, Hubertus:* Atomkrieg–Atomfrieden: Technik, Strategie, Abrüstung, München 1980, S. 127.
10 Vgl. *Holst, Johan Jörgen*: a.a.O., S. 12 sowie IISS: Military Balance 1980–1981, The Balance of Theatre Nuclear Forces in Europe, S. 116 ff. u. Tables, S. 88 ff.

Die quantitative Veränderung des Kräfteverhältnisses im Bereich der LRTNF-Waffensysteme zugunsten der Sowjetunion wird durch die qualitativen Merkmale ihres modernisierten Potentials bei wachsenden Schwächen des bisher vorhandenen entsprechenden NATO-Potentials auf Grund seiner Überalterung verstärkt.[11] Auch wenn eine partielle qualitative und quantitative Unterlegenheit der LRTNF-Waffensysteme der NATO der Sowjetunion nicht risikolos die Wahrnehmung bestimmter Optionen erlaubt, reicht es bereits aus, daß der NATO bei ihrer Abhängigkeit von der nuklearen Eskalationsdrohung und der Fähigkeit zur nuklearen Verstärkung des konventionellen Abwehrkampfes die Wahrnehmung bestimmter Optionen durch ein zu hohes Risiko bzw. Selbstabschreckung verwehrt wird. Die NATO hat nicht mehr die Möglichkeit, die Bedingungen regionaler Eskalationskontrolle bei einem Konflikt in Europa zu bestimmen, was erhebliche militärstrategische und sicherheitspolitische Implikationen hat.[12] Es gilt zu prüfen, inwieweit diese Implikationen bei der LRTNF-Modernisierung der NATO Berücksichtigung gefunden haben.

2.2 *Militärstrategische Überlegungen zur LRTNF-Modernisierung*

Das Problem einer Modernisierung der TNF steht bereits seit 1974 im Mittelpunkt der Beratung der NPG (Nuklearen Planungsgruppe) der NATO und geht auf eine Initiative des amerikanischen Kongresses zurück, der per Gesetz die amerikanische Regierung 1974 aufforderte, zum Gesamtkonzept für den Einsatz taktischer Nuklearwaffen in Europa und zu Reduzierungsmöglichkeiten des Potentials Stellung zu nehmen.[13] Neben Lösungen für die Beseitigung von technischen und strukturellen Mängeln der TNF aller Kategorien sollte die von der NATO dafür 1977 eingesetzte Arbeitsgruppe (HLG = high level group) auch die nukleare Doktrin der NATO für den

---

11 Als Schwächen der LRTNF der NATO gelten vor allem:
 – die Empfindlichkeit der Trägerwaffen vor dem Start
 – eine veraltete C^3-Ausstattung (command, control, communication)
 – Einschränkungen der Eindringfähigkeit von Flugzeugen auf Grund gewachsener sowjetischer Fähigkeit im Bereich der Luftverteidigung, insbesondere bei der Anwendung elektronischer Gegenmaßnahmen (ECM) sowie bei der Abwehr dieser Maßnahmen (ECCM). Siehe auch *Rühl, Lothar*, a.a.O., S. 100.
12 Vgl. *Herrmann, René*: Zum Problem der Beschaffung von »long-range Theatre Nuclear Forces« und der Aufgabe des nuklearen Dispositivs der NATO, in: Beiträge zur Konfliktforschung, 4/79, S. 9 ff.
13 Vgl. Vorwort zu *Schlesinger, James R.*: Die taktische nukleare Streitkräfteplanung in Europa, Ein Bericht an den Kongreß der Vereinigten Staaten, Washington, April 1975, (Deutsche Rohübersetzung).

Einsatz von TNF auf notwendige Anpassungen an Veränderungen der nuklearstrategischen Doktrin der USA überprüfen. Diese Zielsetzung wurde jedoch unter dem Eindruck einer wachsenden Bedrohung Westeuropas und der militärischen »posture«[14] der NATO durch die neueingeführten sowjetischen Mittelstreckenwaffen in den Hintergrund gedrängt; die Teilproblematik der LRTNF-Modernisierung verselbständigte sich.[15]

»Die HLG war angetreten, die Logik des gesamten TNF-Potentials zu analysieren. Sie hätte einen Bericht hervorbringen sollen, der eine Umstrukturierung des Potentials empfiehlt, die mit den im Bereich der strategischen Kriegsmittel inzwischen eingeführten Doktrinverfeinerungen in Richtung auf selektive Einsatzoptionen und Eskalationskontrollen in Einklang zu bringen wäre.«[16]

Seit Beginn der 70er Jahre zeichnete sich deutlich bei der Entwicklung der nuklear-strategischen Doktrin der USA und ihrer Nuklearrüstungspolitik ab, daß counterforce-Optionen bei gleichzeitiger Fähigkeit zur »gesicherten Zerstörung« im Rahmen eines zweiten Schlages an Bedeutung gewonnen haben. Die Neufassung der Richtlinien für die nuklear-strategische Zielauswahl und Zielplanung im Rahmen der PD 59 (Presidential Directive 59) ist in diesem Zusammenhang zu sehen.[17]

Selektive begrenzte nukleare Einsatzmöglichkeiten sollen den USA eine verbesserte strategische Flexibilität garantieren, das Risikokalkül der Sowjetunion erhöhen und die Selbstabschreckung der USA bei annähernder Parität auf globalstrategischer Ebene mindern. Dabei wird zum Dilemma, daß jeder Zuwachs an Fähigkeit zu einer vermeintlich kontrollierbaren Kriegsführung im Sinne einer Restabilisierung der Abschreckung im Kriege (intra-war-deterrence) die Absicht zur Kriegsverhinderung im Sinne einer pre-war-deterrence auszuhöhlen droht. Mit ihren zentral-strategischen nuklearen Waffen sind die USA im Konfliktfall zwar grundsätzlich sowohl selektiv zum Einsatz gegen feste militärische und industrielle Ziele (limited nuclear options) als auch gegen feindliche Hauptangriffskräfte (regional nuclear options) auf einem Kriegsschauplatz in Europa in der Lage. Entspre-

---

14 »Der Begriff bezeichnet die Gesamtheit aller für ein militärisches System wichtigen Komponenten und schließt Strategie, Organisation, Ausrüstung und Bewaffnung, Taktik, Führungssystem und Operationsplanung ein.«
Stratmann, Klaus-Peter: Problem der Bewertung der militärischen Optionen von NATO und Warschauer Pakt in Europa, SWP-AP 2173, Ebenhausen Mai 1978, S. 7.
15 Vgl. *Rühl, Lothar*: a.a.O., S. 100.
16 *Holst, Johan Jörgen*: a.a.O., S. 14.
17 Vgl. hierzu *Ball, Desmond*: Counterforce Targeting: How New? How Viable? in: Arms Control Today, Vol. 11, Nr. 2 February 1981 und *Leitenberg, Milton*: Amounced Changes in United States Nuclear Weapon Targeting Policy, Swedish Institute of International Affairs, Stockholm Sept./Okt. 1980.

chende Planungen gelten neben anderen als ein Merkmal der Kopplung zwischen dem nuklear-strategischen Potential der USA und dem nuklearen Dispositiv der NATO.[18] Spätestens jedoch seit der Brüsseler Rede von Henry Kissinger[19] ist deutlich geworden, daß die nukleare Garantie der USA in Form der Drohung eines nuklear-strategischen Einsatzes zwar weiterhin das Rückgrat der NATO-Doktrin der »Flexible Response« bleibt, jedoch nur in Ausnahmefällen oder in der letzten Konsequenz einlösbar sein wird.

Beide Tendenzen – die Entwicklung von militärisch nutzbaren counterforce-Optionen des nuklear-strategischen Potentials bei entsprechender Verminderung der Bedeutung seiner kriegsverhindernden Funktion und eine erkennbare Modifizierung der zentralen Nukleargarantie der USA – haben neben der Bedrohungsperzeption die Entscheidung zur vorrangigen Modernisierung des LRTNF-Potentials im nuklearen Dispositiv der NATO mitbestimmt. Durch eine stärkere Betonung der Rolle der LRTNF im Rahmen der Triade sehen die Westeuropäer die Möglichkeit, daß einerseits einer Abkopplung vom strategischen Potential der USA entgegengewirkt werden kann und daß andererseits so stärkerer Einfluß auf die Anpassung der nuklearen Doktrin der NATO an die neuen Rahmenbedingungen genommen werden kann. Bei der Absicht, durch eine Stationierung von LRTNF die Kopplung im Rahmen der Triade zu verbessern, besteht paradoxerweise das Risiko, daß gerade durch diese Maßnahme die USA noch weniger als vorher bereit sein könnten, ihre nuklear-strategische Garantie einzulösen, und statt dessen eher daran interessiert sein könnten, einen nuklearen Konflikt auf Europa zu begrenzen.[20] Bei der Bewertung dieses Risikos ist jedoch insbesondere zu berücksichtigen, daß eine Regionalisierung eines Nuklearkrieges auf Europa einschließlich des europäischen Teils der Sowjetunion bei Verschonung amerikanischer Städte für die Sowjetunion kaum hinnehmbar wäre und daß damit auch die USA einem »nichtabkoppelbaren« Zerstörungsrisiko ausgesetzt bleiben. Es ist fraglich, ob die Westeuropäer durch die Aufwertung der LRTNF innerhalb der Triade mehr Einfluß auf die Anpassung der nuklearen Doktrin der NATO an die veränderten Rahmenbedin-

---

18 Als weitere Merkmale der Kopplung gelten die NATO-assignierten SIOP-Kräfte (40 Poseidon-Raketen mit 400 Sprengköpfen), die überlagernde Zielabdeckung der sowjetischen Mittelstreckenraketen durch amerikanische ICBM, die koordinierte Einsatzplanung für SIOP- und SACEUR-Kräfte und die Fähigkeit zur simultanen Operationsführung. Vgl. *Nerlich, Uwe*: Nukleare Abschreckung in Europa – Einige Probleme der Verbesserung der NATO-Fähigkeiten, in: *Schwarz, Klaus Dieter* (Hrsg.), Sicherheitspolitik, 3. Aufl., Bad Honnef 1978, Anmerkung 12 S. 432.
19 Vgl. *Kissinger, Henry*: Rede auf einer Konferenz über »Die nächsten 30 Jahre NATO« in Brüssel am 1. 9. 1979, in: EA 22/79, S. D589–D598.
20 Vgl. *von Schubert, Klaus*: a.a.O., S. 33.

gungen gewinnen werden. Bis auf Vorläufige Politische Richtlinien für den defensiven taktischen Ersteinsatz von Nuklearwaffen aus dem Jahr 1970 fehlt eine von den amerikanischen und europäischen NATO-Partnern in gleicher Weise akzeptierte Ausformung und Interpretation der Doktrin. Dies mag verhandlungs- und bündnispolitische Gründe gehabt haben. Spätestens mit dem LRTNF-Modernisierungsbeschluß müssen gemeinsame Antworten auf Fragen wie nach der Funktion der TNF-Waffensysteme und nach ihrem denkbaren Erst- bzw. Folgeeinsatz gefunden werden und unterschiedliche Auffassungen innerhalb des Bündnisses auf einen Nenner gebracht werden. Für den Einsatz von TNF-Waffensystemen haben zwei Optionen eine besondere Bedeutung für die NATO: zum einen die Abschreckung im Fall eines umfassenden präemptiven Kernwaffeneinsatzes der Sowjetunion und zum anderen die Abschreckung im Fall eines konventionellen Angriffs der WVO.[21] Für die Restabilisierung der Abschreckung nach Ausbruch eines Krieges (intra-war-deterrence) ist im Rahmen der westlichen Doktrin die Bereitschaft zur Eskalation von großer Bedeutung, um dadurch die Risikobereitschaft des Angreifers zu mindern und ihn vor einer Weiterführung des Krieges abzuschrecken. Bedingung für diese Eskalationsbereitschaft ist eine ausreichende Fähigkeit zur Kontrolle der Eskalation, um nicht wegen des Risikos eines unkontrollierten Verlaufes einer nuklearen Auseinandersetzung »selbstabgeschreckt« zu werden. Auch wenn die Möglichkeit einer Kontrolle der Eskalation von vielen Kritikern bezweifelt wird und immer wieder in sowjetischen Aussagen ein selektiver und begrenzter nuklearer Schlagabtausch als westliche strategische Wunschvorstellung charakterisiert wurde, sicherte bisher die Eskalationsdominanz des Westens auf der Grundlage der globalstrategischen Überlegenheit der USA die Glaubwürdigkeit der propagierten Doktrin hinlänglich ab. Der Verlust der Eskalationsdominanz und die Fähigkeit der Sowjetunion zur Beeinflussung der Bedingungen von Eskalationskontrolle durch ihre verbesserten regionalen nuklearen Mittel stellen die Glaubwürdigkeit zur Eskalation durch die NATO in bestimmten Konfliktsituationen in Frage.[22]

Welchen Beitrag leistet die vorgesehene LRTNF-Modernisierung zur Restabilisierung der Eskalationskontrolle in einem Konflikt? Die größere Überlebensfähigkeit, die Fähigkeit zu selektiven Einsätzen auch gegen gehärtete Ziele in Verbindung mit einer Reichweitensteigerung und einer verbesserten Schadensbegrenzung bieten grundsätzlich die technische Möglichkeit zu begrenzten Einsätzen gegen militärische Ziele.[23] Die neuen Systeme, Pershing

21 Vgl. *Schlesinger, James R.*: a.a.O., S. 17 ff.
22 Vgl. *Herrmann, Renè*: a.a.O., S. 14 ff.
23 Vgl. *Rühl, Lothar*: a.a.O., S. 108 f.

und GLCM, erhöhen zusätzlich die Zielabdeckungsfähigkeit der NATO von Zielen in der westlichen Sowjetunion. Insgesamt steigt damit einerseits das ohnehin hohe Risiko der Sowjetunion wegen des zu erwartenden Gegenschlages. Andererseits erhöht sich jedoch auch das Risiko, daß die Sowjetunion in einer bestimmten politischen oder militärischen Krisensituation zu einem präemptiven Entwaffnungsschlag bei gewissen Erfolgsaussichten neigen könnte. Obwohl die GLCM sich kaum wegen der Länge ihrer Flugzeit als Entwaffnungsmittel der NATO eignen und den numerischen Hauptanteil des Modernisierungspaketes ausmachen, bietet die Pershing II bei weniger als 20 Minuten Flugzeit – und damit einer sehr geringen Vorwarnzeit für die Sowjetunion – grundsätzlich eine solche Möglichkeit. Die geplante geringe Anzahl der Pershing II und das westliche Risiko wegen der sowjetischen Gegenschlagsoptionen sind berechtigte Einwände gegen diese Argumentation, verhindern jedoch nicht, daß dieses Risiko in bestimmten Lagen durch die Sowjetunion selbst höher bewertet werden könnte, als es vielleicht ist.

Im Falle einer Gefährdung der konventionellen Direktverteidigung als Vorneverteidigung bestände sowohl die Möglichkeit des Einsatzes zur Abriegelung des Gefechtsfeldes durch Zerschlagen der WVO-Streitkräfte in zweiter Welle als auch des Angriffs auf Truppenkonzentrationen in Bereitstellungen noch auf sowjetischem Gebiet. Dabei scheiden die neuen LRTNF-Systeme jedoch im Prinzip als Waffen für einen Ersteinsatz aus.»Der Ersteinsatz muß eindeutig begrenzt und seiner Art nach defensiv sein, damit das Risiko einer Eskalation gering gehalten wird.«[24] Dieses Risiko besteht jedoch, weil die Sowjetunion entsprechende Konter-Optionen besitzt, die schwerwiegende Zerstörungen auf europäischem NATO-Territorium zur Folge hätten und aus deutscher und westeuropäischer Sicht nicht hinnehmbar wären. Damit wird auch das Dilemma deutlich: Die Verringerung der Selbstabschreckung der USA durch verbesserte LRTNF-Optionen erhöht die Selbstabschreckung der Westeuropäer. Eine annähernde Gleichverteilung des Zerstörungsrisikos auf Westeuropa, die USA und die Sowjetunion ist kein Ersatz für die verlorene Eskalationskontrolle.

Zusammenfassend ist festzustellen, daß die geplante LRTNF-Modernisierung

erstens zwar eine wirksamere Verknüpfung der Elemente innerhalb der Triade darstellt, jedoch das Abkopplungsrisiko nicht vollständig auflösen kann,

---

24 Vgl. *Schlesinger, James R.*: a.a.O., S. 21.

zweitens die Wahrscheinlichkeit der Regionalisierung eines Konflikts nicht wesentlich erhöht,

drittens dazu beiträgt, das Risiko der Sowjetunion für einen selektiven Kernwaffenschlag auf militärische NATO-Ziele zwar einerseits zu erhöhen, jedoch andererseits die Tendenz der Präemptionsneigung in bestimmten Situationen möglicherweise zu verstärken,

viertens das Dilemma der verlorengegangenen Eskalationskontrolle bei veränderten militärischen Rahmenbedingungen, aus der Interessenlage der Europäer gesehen, nicht durch eine verbesserte Kriegsführungsfähigkeit mit einer Gleichverteilung des Zerstörungsrisikos löst.

2.3 *Politische Motive für den Modernisierungsbeschluß*

Für den Modernisierungsbeschluß gibt es eine Reihe politischer Motive. Im Zusammenhang mit der Frage der Abkopplung sind sie hauptsächlich politisch-psychologischer Natur. So soll noch Ende 1978 Verteidigungsminister Brown argumentiert haben, daß Umfang und Zielabdeckungsfähigkeit des amerikanischen strategischen Potentials durchaus ausreichen, das sowjetische Potential einschließlich der weitreichenden Mittelstreckenwaffen mit entsprechenden Optionen abzudecken.[25] Die Modernisierung der NATO-LRTNF war damit zunächst vorrangig ein Anliegen der Westeuropäer. Es bestand die Befürchtung, daß infolge der gewachsenen Fähigkeiten im »eurostrategischen« Bereich sich für die Sowjetunion bei einer nicht mehr in jedem Fall einlösbaren amerikanischen Nukleargarantie einseitige Pressionsmöglichkeiten im Falle einer politischen Krise, ähnlich wie bei der Suezkrise 1956, ergeben könnten. Dem westeuropäischen Verlangen, diese politische Option der Sowjetunion entweder durch ein verbessertes nukleares Potential gleicher politischer Qualität oder durch einen Abbau der sowjetischen Fähigkeit mit Hilfe von Rüstungssteuerungsverhandlungen zu neutralisieren, kam die amerikanische Seite nicht ungern entgegen. Eine Veränderung in der Einschätzung der Verwundbarkeit des amerikanischen ICBM-Potentials durch einen sowjetischen Entwaffnungsschlag ab Mitte der achtziger Jahre mag auch ein Motiv, neben Verständnis für die westeuropäischen Bedenken, bei dem amerikanischen Gesinnungswandel gewesen sein. Bei der Wahl von landdislozierten Systemen anstelle von seegestützten Nuklearträgern dürfte

---

25 Vgl. *Rühl, Lothar*: a.a.O., S. 104.

das politisch-psychologische Motiv, einen sichtbaren Beweis der amerikanischen Nukleargarantie zu schaffen, neben anderen militärischen und politischen Beweggründen auch eine Rolle gespielt haben.[26]
Die Gründe für die Entscheidung einer verteilten Dislozierung der vorgesehenen Waffensysteme auf dem Gebiet mehrerer westeuropäischer NATO-Partner sowie für den gewählten Zeitpunkt der Entscheidung im Dezember 1977 waren vor allem bündnispolitischer Natur. Die Stationierung der neuen Waffensysteme auf dem Territorium mehrerer westeuropäischer NATO-Staaten »demonstriert – unter Wahrung der besonderen Verantwortung der Kernwaffenmächte – die Einheit von Verantwortung, Rechten und Risiken für alle Bündnispartner und damit die politische Solidarität des Bündnisses«.[27] Sie entspricht insbesondere der deutschen Interessenlage, die während des politischen Entscheidungsprozesses innerhalb der NATO in Bedingungen wie »bündnisweite Entscheidung, Beteiligung aller an der integrierten Verteidigungsplanung beteiligten Staaten am Programm, keine ›Singularität‹ der Bundesrepublik als Dislozierungsgebiet auf dem Kontinent« artikuliert wurde.[28] Der Zeitpunkt der Entscheidung sollte die politische Fähigkeit des Bündnisses demonstrieren, auch zu kritischen Fragen gemeinsam Beschlüsse zu fassen und sich weder innenpolitischen Widerständen noch außenpolitischem Druck zu beugen. Die sowjetischen Initiativen, insbesondere auf die Entscheidungsbereitschaft der westeuropäischen Staaten Einfluß zu nehmen, haben sicherlich das Gegenteil von dem bewirkt, was damit beabsichtigt war. Die politischen Entscheidungsträger sahen sich in Erinnerung an den Entscheidungsprozeß, der 1978 zur Nichtdislozierung der Neutronenwaffe in Westeuropa führte, unter Zugzwang gesetzt und zur Entschlossenheit verpflichtet.[29]

26 Gründe, die außerdem zum Verzicht einer seegestützten Lösung, z. B. in Form einer Assignierung weiterer SLBM auf U-Booten oder einer europäischen nuklearen Unterseebootflotte, geführt haben, dürften
– die eingeschränkte Möglichkeit für einen selektiven und ausreichend begrenzten Einsatz, da ein nukleares U-Boot seine SLBM (16 SLBM bzw. 24 SLBM × 10 bzw. 8 MIRV) in kurzer Zeit wegen seiner Gefährdung nach dem ersten Abschuß abfeuern muß und Mängel im C^3-Bereich einen ausreichend flexiblen Einsatz vorerst nicht erlauben;
– ein zu hohes Eskalationsrisiko, da die Sowjetunion in diesem Fall auch annehmen könnte, es handele sich um den massiven Einsatz von global-strategischem Potential;
– das Infragestellen der Argumentation, daß dieses Potential nicht noch einmal nach SALT bei einer Rüstungssteuerungsverhandlung mitgezählt werden könne,
gewesen sein.
27 *Corterier, Peter*: Modernisierung der nuklearen Mittelstreckenwaffen und Rüstungskontrolle, in: Die Neue Gesellschaft, Heft 11/80, S. 948.
28 *Rühl, Lothar*: a.a.O., S. 103.
29 Vgl. *Wettig, Gerhard*: Die Auseinandersetzungen um die eurostrategische Nachrüstung der NATO, Sonderveröffentlichung des Bundesinstituts für ostwissenschaftliche und internationale Studien, Köln, Juli 1980, S. 26 f.

Politischer Natur ist auch die Absicht, mit dem Modernisierungsbeschluß ein angemessenes »Potential in spe« als Verhandlungsmasse im Verhältnis zu dem wachsenden und wegen seiner Entwaffnungsfähigkeit besonders bedrohlich bewerteten SS-20-Potential in Rüstungskontrollverhandlungen einbringen zu können.[30]

Für die Entscheidung der NATO, überhaupt einen Beschluß dieser Tragweite und dieser inhaltlichen Ausprägung zu fällen, sind die eher politischen Beweggründe mehr als die rein militärischen ins Gewicht gefallen. Erhalt der Beschlußfähigkeit, Stärkung der transatlantischen Risikogemeinschaft und die Hoffnung auf eine Stärkung der politischen Handlungsfreiheit haben bei der gefundenen Kompromißformel Vorrang gehabt vor dem Ziel, eine zufriedenstellende militärstrategische Lösung zu finden, die den veränderten militärischen Rahmenbedingungen angepaßt ist. Eine angemessene sicherheitspolitische Bewertung des Modernisierungsbeschlusses kann jedoch nur in Zusammenhang mit dem gleichzeitigen Angebot zur kooperativen Steuerung der beiderseitigen »eurostrategischen« Rüstung erfolgen.

3. Das Rüstungssteuerungsangebot

Zeitlich parallel und in engem Kontext zu dem Modernisierungsplan hat die NATO der Sowjetunion ein Rüstungssteuerungsangebot für eine Begrenzung des LRTNF-Potentials gemacht, das von einer 1979 eingesetzten Sonderkommission (SG = special group) erarbeitet worden war. Es umfaßt:
- als Verhandlungsrahmen Verhandlungen zwischen den USA und der Sowjetunion wie bei SALT II;
- als primäres Verhandlungsziel zunächst eine Vereinbarung über die Begrenzung von sowjetischen und amerikanischen landgestützten Systemen;
- als Verhandlungsgrundlage den Grundsatz der Gleichheit beider Seiten mit dem Ziel, eine Form für die angestrebten Begrenzungen zu finden, »die de jure Gleichheit sowohl für die Obergrenzen als auch für die daraus resultierenden Rechte festlegt«;
- als Bedingung die Forderung nach angemessener Verifikation jeder vereinbarten Begrenzung.[31]

---

30 Vgl. *Leitenberg, Milton*: Die taktischen Nuklearwaffen großer Reichweite der NATO und der WVO, in: *Duve, Freimut* (Hrsg.): Studiengruppe Militärpolitik – Aufrüsten, um abzurüsten? – Reinbek 1980, S. 49.
31 Vgl. Kommuniqué der Sondersitzung und der Verteidigungsminister der NATO v. 12. 12. 79 in Brüssel, in: BMVg-Planungsstab: Die nuklearen Mittelstreckenwaffen, a.a.O., S. 10 f.

Das Angebot war, wie der Modernisierungsplan, Element eines Bündels von sicherheitspolitischen Maßnahmen, die am 14. 12. 79 vom NATO-Rat verabschiedet wurden und zu dem ferner der westliche Vorschlag für ein Interimsabkommen bei den MBFR-Verhandlungen vom 20. 12. 79, der einseitige Abzug von 1000 amerikanischen nuklearen Sprengköpfen aus Europa und die Absichtserklärung gehörten, Vorschläge für eine Konferenz über Abrüstung in Europa (KAE) im Zusammenhang mit der Fortführung des KSZE-Prozesses zu prüfen.[32]

Mit dem Verhandlungsangebot revidieren die NATO-Partner ihre bisherige Position, keine Kernwaffen strategischer Qualität, die im europäischen Raum disloziert sind, in Rüstungssteuerungsverhandlungen einzubeziehen. Gleichzeitig ist das Angebot in seiner Art neuartig, indem in bezug auf den Modernisierungsplan *vor* der Stationierung der neuen Systeme (frühestens ab 1983) diese Waffen und damit auch neue verbesserte Optionen als Verhandlungsmasse angeboten werden. So könnte erstmalig der Dreiklang – Entwicklung, Produktion und Stationierung – im Aufrüstungsprozeß durch ein Verhandlungsergebnis aufgelöst werden und quasi eine Art Modellfall entstehen.[33]

3.1 *Der sowjetische Standpunkt*

Aus sowjetischer Sicht ist der Modernisierungsplan des LRTNF-Potentials der NATO ein Glied in einer Kette umfangreicher Aufrüstung, zu der die SU das NATO-Verstärkungsprogramm (LTDP), die verstärkten amerikanischen Rüstungsbemühungen, die Modernisierungspläne für die Streitkräfte westeuropäischer Staaten, die amerikanische Einkreisungspolitik durch Stützpunkte und die Modifizierung der amerikanischen Nuklearstrategie zählt.[34] Sie geht von einem globalen militärischen Gleichgewicht bei bereits vorhandener annähernder Parität im Bereich der eurostrategischen Waffen aus. Damit ist für sie der Modernisierungsplan der NATO, wie Leonid Breschnjew im Rahmen seiner Rede vor den Delegierten des XXVI. Parteitages der KPdSU argumentierte, »keine Antwort« auf eine angebliche sowjetische Herausforderung, keine übliche »Modernisierung« des Arsenals, wie man im Westen behauptet. Hier liegt die offenkundige Absicht vor, das

---

32 Vgl. *Corterier, Peter*: a.a.O., S. 948.
33 Vgl. *ders.*: a.a.O., S. 951 f und *von Baudissin, Wolf Graf*: Interview für die Hamburger Morgenpost v. 26. 2. 81.
34 Vgl. *Proektor, Daniel M.*, IMEMO (Moskau): Das eurostrategische Gleichgewicht, in: Rissener Rundbrief 11/80, S. 90 f.

entstandene militärische Gleichgewicht in Europa zugunsten der NATO zu verändern.«[35] Auch wenn der sowjetische Parteichef hier NATO sagt, sind vorrangig die USA gemeint. In der sowjetischen Sicherheitspolitik dominieren bilaterale Denk- und Verhaltensmuster, und sowjetisches Streben nach Sicherheit ist primär auf die USA als die einzige Macht ausgerichtet, die der Sowjetunion gefährlich werden könnte.[36] Einkreisungsfurcht, eine Art militärischer Inferioritätskomplex, der zum Teil historische Wurzeln hat, und die feste Überzeugung, daß der gewonnene Machtzuwachs auf Dauer nur auf der Basis einer ausreichenden militärischen Handlungsfreiheit gesichert werden kann, beeinflussen maßgeblich das sowjetische Streben nach Sicherheit im globalen Rahmen. Sicherheit wird durch das Attribut »gleiche« erweitert und umfaßt im sowjetischen Verständnis die Forderungen nach Gleichrangigkeit mit den USA auf globaler Ebene und nach einem Bonus in Europa als Ausgleich für Vorteile der USA, die diese auf Grund einer besseren geostrategischen Ausgangslage, einer sie begünstigenden Mächtekonstellation im Konfliktfall, technologischer Vorsprünge und eines größeren Gesamtpotentials haben.[37] So gesehen ist das amerikanische, unmittelbar an ihrer Peripherie disloziterte, weitreichende Nuklearpotential zusammen mit dem Potential interkontinentaler Reichweite für die Sowjetunion eine Art doppelte Bedrohung, da die USA gleich zweimal die Sowjetunion vernichtend treffen können, während umgekehrt die Sowjetunion nur *eine* entsprechende Option besitzt. Daraus leitet die Sowjetunion die Berechtigung ab, ihr »eurostrategisches« Potential so zu modernisieren, daß es die »vorgeschobenen dislozierten (nuklearen) Systeme« (forward based systems = FBS) der USA mindestens neutralisiert. Das bedeutet, daß es das sowjetische Verhandlungsziel bei einer LRTNF-Rüstungssteuerung sein muß, sowohl alle FBS in die Verhandlungen ohne eine entsprechende eigene Gegenleistung miteinzubeziehen als auch auf asymmetrischen Reduktionen amerikanischer Systeme zu bestehen.[38] Der Widerspruch zum westlichen Streben nach Parität ist offenkundig. Die von der Sowjetunion primär bilateral definierte strategische Gleichung läßt allerdings westeuropäische Sicherheitsinteressen völlig außer

---

35 *Breschnjew, Leonid*: Rede vor dem XXVI. Parteitag der KPdSU am 23. 2. 81, Abschnitt 5, in: Neues Deutschland v. 24. 3. 81.
36 Vgl. *Wettig, Gerhard*: Die USA, die UdSSR und das Problem der Rüstungskontrolle, in: Beilage zum Parlament, Nr. B 48/80 v. 29. 11. 80, S. 20.
37 Vgl. *ders.:* a.a.O., S. 17 f.
38 Die UdSSR hat seit SALT I immer wieder gefordert, die FBS in die bilateralen Verhandlungen ohne Gegenleistung miteinzubeziehen, was jedoch von den USA und ihren Verbündeten klar abgelehnt wurde, um weiterhin die sowjetische konventionelle Überlegenheit kompensieren zu können und eine Entkopplung innerhalb der Triade zu vermeiden. Vgl. *Mechtersheimer, Alfred*: Hat SALT III noch eine Chance? in: Beilage zum Parlament, Nr. B 41/80 v. 11. 10. 80, S. 8 f.

acht. In ihrem Verständnis von »gleicher Sicherheit« muß Westeuropa mit der Drohung eines möglichen Entwaffnungsschlages nach der Modernisierung des »eurostrategischen« sowjetischen Potentials leben, das lediglich eine Antwort auf die amerikanischen FBS darstelle. Mit der Argumentation, westliche Sicherheitspolitik verstehe sich als Ganzes und man könne nicht globales und regionales Gleichgewicht voneinander trennen und behaupten, es gäbe zwar ein globales, jedoch kein regionales Gleichgewicht, wird den Westeuropäern der Anspruch auf gleiche Sicherheit durch ein regionales nukleares Gegengewicht zum sowjetischen Potential bestritten. Als Beispiel dafür macht der Vorwurf, die geplanten neuen LRTNF-Waffensysteme bedrohten die Sowjetunion in vorher nicht vorhandenem Ausmaß wegen der nicht mehr ausreichend vorhandenen Vorwarnzeit, deutlich, wie wenig Gewicht die Tatsache hat, daß dieses für Westeuropa im Rahmen der sowjetischen euro-strategischen Bedrohung genauso gilt.[39]

3.2 Die sowjetische Reaktion auf den NATO-Doppelbeschluß

Obwohl man sich bei der NATO des elementaren sowjetischen Standpunktes zur Rolle der FBS und zur Frage »gleicher« Sicherheit bewußt war, hoffte man auf den positiven Anreiz des Doppelbeschlusses in Form des Rüstungssteuerungsangebotes. Die erhoffte Wirkung blieb jedoch aus. Bereits bevor das Angebot offiziell unterbreitet werden konnte, machte die Sowjetunion deutlich, daß sie die westliche Bereitschaft, neue »eurostrategische« Waffen im Gegensatz zum sowjetischen Vorgehen bereits vor ihrer Einführung zum Gegenstand kooperativer Rüstungssteuerung zu machen, ignorieren würde und statt dessen die eigene Verhandlungsbereitschaft von der Bedingung abhängig machen würde, daß die NATO grundsätzlich auf den Modernisierungsplan verzichten müsse.[40]
Der Westen fürchtete, unter dieser Prämisse in eine ungünstige, nicht hinnehmbare Verhandlungssituation zu geraten und bei den Verhandlungen durch das ständige weitere Anwachsen des sowjetischen Potentials unter Druck gesetzt zu werden. Vermutlich hätte bereits das rechtzeitige sowjetische Angebot eines Produktionsmoratoriums, wie es von Helmut Schmidt

---

39 Vgl. die Aussagen von *W. Sagladin* und *W. Falin* in einem Spiegel-Gespräch, in: Der Spiegel, Heft 45/79 v. 5. 11. 79; siehe auch *Wettig, Gerhard*: Die Sowjetunion und die eurostrategische Problematik, in: Politische Vierteljahreszeitschrift, Heft 4, Dez. 1980, S. 352 bzw. Anm. 16, S. 361.
40 Vgl. Text der Breschnjew-Rede v. 6. 10. 79 in Ostberlin, Archiv der Gegenwart, 1979, S. 2278 u. Interview von *A. Gromyko* durch NOWOSTI v. 5. 12. 79 in Archiv der Gegenwart, 1979, S. 23083.

angeregt worden war, ausgereicht, den westlichen Beschluß in Frage zu stellen.[41] Die Sowjetunion hat damit, in der Hoffnung auf andere Weise ihre Zielsetzung zu erreichen, ihren Kritikern bestätigt, daß sie immer dann nicht an der Aufnahme von Verhandlungen bzw. einer Aufrechterhaltung von Verhandlungsbeziehungen mit dem Westen interessiert ist, wenn es auch für sie gilt, spürbare Zugeständnisse zu machen. Obwohl die Kritik an dem zu sehr auf die westlichen Interessen zugeschnittenen Angebot und die Enttäuschung über die sich abzeichnenden Schwierigkeiten bei der Ratifizierung von SALT II verständlich sind, muß der Vorwurf erhoben werden, daß die sowjetische Führung zunächst die Möglichkeit zur Kooperation verweigert hat. Dieses Verhalten und insbesondere die gleichzeitige militärische Intervention in Afghanistan, deren negative Auswirkung auf das Ost-West-Verhältnis durch die Sowjetunion unterschätzt wurde, sind im Westen als Indikatoren für eine wachsende Konfrontationsbereitschaft gedeutet worden. Es traten Zweifel auf, ob die Sowjetunion in ihrem Machtstreben saturiert ist und ihr Handeln kalkulierbar bleibt.

Erst der Versuch von Bundeskanzler Schmidt Mitte 1980, den durch eine scharfe westliche Reaktion auf Afghanistan weiter reduzierten Ost-West-Dialog wieder in Gang zu bringen, machte eine nun modifizierte sowjetische Haltung zum westlichen »eurostrategischen« Rüstungssteuerungsangebot deutlich. Die Sowjetunion zeigte sich bereit – allerdings ohne einen sofortigen SS-20-Dislozierungsstopp zu akzeptieren – schon vor einer Ratifizierung des SALT-II-Abkommens in bilaterale Vorgespräche mit den USA einzutreten. Die sowjetischen Bedingungen – Einbeziehen aller amerikanischen FBS in die Verhandlungen und Ratifizierung des SALT-II-Vertrages vor einem Abkommen – wurden aufrechterhalten, während ein Einbeziehen der Mittelstreckensysteme Frankreichs und Großbritanniens als Verhandlungsgegenstand von SALT-LRTNF-Verhandlungen nicht mehr verlangt wurde.[42] Immerhin bewies die Sowjetunion mit ihrem Einlenken eine flexiblere Einstellung zu der Frage von Verhandlungen, ohne jedoch bei einem ständig wachsenden SS-20-Potential substantielle Änderungen ihrer Grundposition vorzunehmen. Es ist sicherlich zu einfach, die Ursache der modifizierten sowjetischen Einstellung zu Rüstungssteuerungsgesprächen ab Mitte 1980 nur in der geschlossenen westlichen Ablehnung einer Aufhebung des Modernisierungsbeschlusses zu sehen. Gründe wie die Sorge, in einen neuen Rüstungswettlauf mit ungewissen Chancen und schweren Belastungen hineingezogen

---

41 Vgl. *Wettig, Gerhard*: Die Sowjetunion und die eurostrategische Problematik, a.a.O., S. 354.
42 Vgl. Regierungserklärung von Bundeskanzler Schmidt vor dem Deutschen Bundestag v. 3. 7. 80, in: Archiv der Gegenwart, 1980, S. 23685–23687 und Stellungnahme des Politbüros des ZK der KPdSU über TASS v. 4. 7. 80, in: Archiv der Gegenwart, 1980, S. 23687.

zu werden, oder das Bestreben, der wachsenden internationalen politischen Isolierung entgegenzuwirken, dürften eine größere Rolle gespielt haben.
Die nachfolgenden sowjetisch-amerikanischen Sondierungsgespräche in Genf vom 13. 10.–17. 11. 80, die bei einem Treffen von Vance und Gromyko in New York anläßlich der Eröffnungssitzung der UN-Vollversammlung vom 25. 9. 80 vereinbart wurden, haben noch keine Einigung über den Verhandlungsgegenstand späterer Verhandlungsrunden erbracht.[43] Dies war wegen der divergierenden Interessenlage kaum anders zu erwarten.

3.3 Die Aussichten auf LRTNF-Verhandlungen

Die veränderte Einstellung zu der Frage von Verhandlungen hat sich politisch für die Sowjetunion ausgezahlt, indem sie ihren Handlungsspielraum in der politischen Auseinandersetzung mit den NATO-Staaten um die Modernisierung der weitreichenden Waffensysteme wiedergewann.
Im Gegensatz dazu verschlechtert sich zunehmend die Möglichkeit der westeuropäischen Staaten, insbesondere der Bundesrepublik Deutschland, politisch flexibel in der Frage von Verhandlungen reagieren zu können. Hemmend wirken sich dabei zwei Entwicklungen aus: erstens eine unterschiedliche Auffassung zwischen den USA und den westeuropäischen Verbündeten über den zukünftigen Stellenwert von Rüstungssteuerung im Ost-West-Verhältnis und zweitens eine wachsende innenpolitische Legitimationskrise des im Bündnisrahmen gefaßten Doppelbeschlusses innerhalb der meisten westeuropäischen Staaten, auf deren Territorium die Stationierung der neuen LRTNF-Waffensysteme im Falle eines Scheiterns von Verhandlungen vorgesehen ist.
Die Frage der zukünftigen Rolle der Kooperativen Rüstungssteuerung in den USA ist von der mehrheitlichen Auffassung beeinflußt, daß die Rüstungssteuerung den USA mehr Nachteile als Vorteile eingebracht habe und »teilweise das Sinken der Verteidigungsausgaben und den relativen Verfall der amerikanischen Militärmacht während der siebziger Jahre erkläre«.[44]
Auch wenn die Kooperative Rüstungssteuerung insgesamt im amerikanischen Verständnis nie die gleiche Funktion wie für ihre westeuropäischen Alliierten hatte – nämlich eher eine Funktion zur Stabilisierung des Abschreckungssystems als zur Stärkung des Entspannungsprozesses – ist ihr

---

43 Vgl. *Horn, Erwin*: Was unverändert das Ziel der SPD bleibt, in: Vorwärts, v. 16. 12. 80.
44 *Kaiser, Karl/Lord, Winston/de Montbrial, Thiery/Watt, David*: Die Sicherheit des Westens: Neue Dimensionen und Aufgaben, Forschungsinstitut der DGAP, Bonn 1981, S. 20.

Stellenwert mit Scheitern der Ratifizierung des SALT-II-Abkommens deutlich weiter gesunken. Indikatoren für eine zukünftige Nebenrolle sind die noch von Präsident Carter am 14. 8. 80 unterzeichnete PD-50 (Presidential Directive-50), in der festgelegt wurde, daß Rüstungskontrolle nur noch weiter betrieben werden dürfe, wenn sie den erweiterten nationalen Sicherheitsinteressen diene,[45] und der eindeutige Prioritätenkatalog der neuen amerikanischen Regierung, in dem neue Rüstungsanstrengungen sichtbaren Vorrang vor der Planung von Rüstungssteuerung haben. Diese Entwicklung und der neue aggressive politische Umgangston der Reagan-Administration mit der Sowjetunion erschweren trotz wiederholter amerikanischer Erklärungen, man sei weiter an Verhandlungen interessiert, die Position der betroffenen westeuropäischen Regierungen. Die Kritiker des NATO-Doppelbeschlusses in den westeuropäischen Ländern, die aus verschiedenen Motiven von Anfang an dagegen waren, werden laufend durch diejenigen verstärkt, die den Eindruck gewonnen haben, die eigene Regierung folge blindlings den USA und wolle eigentlich nicht mehr verhandeln bzw. nutze nicht alle Möglichkeiten dazu aus. Dabei vergrößert sich der Druck – zumindest im Fall der Bundesrepublik – durch die Tatsache, daß eine erhebliche Zahl von Kritikern am Festhalten des Doppelbeschlusses aus den Reihen der beiden Koalitionsparteien kommt, die die Regierung stellen.

Das Dilemma wird am Beispiel des sowjetischen Vorschlags eines Stationierungsmoratoriums vom 23. 2. 81 deutlich. In diesem Vorschlag wird ein Einfrieren (freeze) aller vorhandenen Mittelstreckensysteme beider Seiten einschließlich der vorhandenen amerikanischen FBS unter der Bedingung angeboten, daß »von beiden Seiten jegliche Vorbereitung auf eine Stationierung entsprechender zusätzlicher Mittel, darunter der amerikanischen Pershing-2-Raketen und bodengestützter strategischer Flügelraketen, eingestellt wird«. Das Moratorium soll bei Beginn von Verhandlungen in Kraft treten und Gültigkeit haben, bis ein Abkommen vereinbart worden ist.[46] Mit diesem Vorschlag demonstriert die Sowjetunion zwar wieder erneutes Interesse an Verhandlungen und Gesprächsbereitschaft, ohne jedoch im Prinzip ihre grundsätzliche Verhandlungsposition und Zielsetzung modifiziert zu haben. Nach einem weiteren Anwachsen ihres SS-20-Potentials bietet sie nun einen Stationierungsstopp für die SS-20 im Tausch für eine zeitliche Verschiebung des westlichen Stationierungszeitpunkts, was die Folge der Einstellung aller Stationierungsvorbereitungen bedeuten würde und einer Aufhebung des

---

45 Vgl. *Ball, Desmond*: Counterforce Targeting: How New? How Viable?, a.a.O., S. 9.
46 Vgl. Text der Breschnjew-Rede v. 23. 2. 81 während des XXVI. Parteitages der KPdSU, a.a.O., K. 5, S. 5.

westlichen Modernisierungsplanes in der jetzigen Fassung gleichkäme, an.[47] Damit handelt es sich im Prinzip nur um eine neue Variante gleichgebliebener Politik, die zeigt, daß die Sowjetunion zwar grundsätzlich zu Verhandlungen bereit ist, diese jedoch zu ihren Konditionen durchgeführt sehen will. Es ist offensichtlich, daß mit diesem Angebot einerseits die Haltung von westlichen Bündnispartnern wie Belgien und die Niederlande, die zwar dem NATO-Doppelbeschluß im NATO-Rat im Dezember 1979 zugestimmt, jedoch die Zustimmung der Stationierung auf ihrem Territorium hinausgeschoben haben, beeinflußt werden soll. Andererseits zielt das sowjetische Vorgehen auch darauf ab, den innenpolitischen Druck auf die deutsche Bundesregierung zu erhöhen, weil man mit hoher Wahrscheinlichkeit damit rechnen kann, daß es von den meisten Kritikern des Beschlusses zunächst als Beweis der sowjetischen Verhandlungsbereitschaft und als Ausweg aus der festgefahrenen Situation bewertet werden wird. In der Sorge, die gemeinsame Front der Befürworter auf Bündnisebene und innerhalb des Regierungslagers könnte aufweichen, hat die deutsche Bundesregierung sehr schnell ablehnend auf den sowjetischen Vorstoß reagiert, was natürlich weitere Verärgerung in den Reihen der Kritiker des Doppelbeschlusses provoziert hat, die den Eindruck gewinnen mußten, man prüfe nicht einmal ausreichend neue sowjetische Vorschläge, sondern lehne alles von vornherein kategorisch ab.

Die aufgezeigten Probleme machen deutlich, daß es für die westeuropäischen Staaten – insbesondere die Bundesrepublik Deutschland – gilt, mit mehr Gelassenheit und Selbstvertrauen gegenüber weiteren Erosionssignalen die Initiative in der Frage von Verhandlungen wiederzugewinnen. Im Bündnisrahmen sollten alternative Gegenvorschläge formuliert und erörtert werden, mit deren Hilfe, auch im Hinblick auf die Kritiker im eigenen Lager, angemessen getestet werden kann, wie ernst die Sowjetunion es wirklich meint und inwieweit es ihr um einen Ausgleich und nicht um einseitige Vorteile geht. Die gemeinsamen Konsultationen Ende März 1981 im Rahmen der dafür besonders geschaffenen NATO-Kommission (SCG = Special Consulting Group) bieten vielleicht bereits Gelegenheit dazu.[48]

---

47 Bei dem Vorschlag handelt es sich nicht um einen gemeinsamen Produktionsstopp. Die NATO soll vor allem auf die technischen Vorbereitungen wie z. B. Erstellen der notwendigen Infra-Struktur und Bereitstellen der notwendigen C^3-Komponenten verzichten, ohne die eine Erststationierung nicht denkbar ist, während diese Vorbereitungen bei der Sowjetunion bereits getroffen sind. Siehe auch: *Bahr, Egon*: Wenn Moskau ernsthaft will..., in: Vorwärts, v. 14. 3. 81.
48 Vgl. *Bahr, Egon*: Wenn Moskau ernsthaft will..., in: Vorwärts, v. 14. 3. 81.

4. Risiken und Probleme

Das größte Risiko in der weiteren Entwicklung liegt in der Gefahr eines »eurostrategischen« Rüstungswettlaufs zwischen Ost und West. Dies gilt insbesondere dann, wenn die Rüstungssteuerungsverhandlungen nicht zustande kommen oder die gefundenen Kompromisse nicht ausreichend sind. Sowohl die Modernisierung der sowjetischen Mittelstreckenraketen als auch der westliche Modernisierungsplan für die LRTNF-Waffensysteme – wenn dieser zur Anwendung kommt – bedeuten, wie die meisten Modernisierungen nuklearer Potentiale vorher, eine weitere Aufrüstung in Ost und West. Behauptungen, es handele sich um eine »übliche« Modernisierung oder um eine »Nachrüstung« auf die Vorrüstung der anderen Seite, dienen lediglich der innen- und außenpolitischen Rechtfertigung des eigenen Handelns und verschleiern das Risiko, die eingeleitete Entwicklung durch Rüstungssteuerung noch kontrollierbar machen zu können.

Selbst wenn sich beide Seiten in der Festlegung des Verhandlungsgegenstandes flexibler verhalten als bisher, stehen die Verhandlungspartner vor dem Dilemma, daß einerseits eine zu begrenzte Fassung des Verhandlungsgegenstandes zu viele Umgehungsmöglichkeiten, ähnlich wie im SALT-Prozeß vorher, offen läßt, daß andererseits ein zu weit gefaßter Ansatz den Verhandlungserfolg eher in Frage stellen dürfte. Erhebliche Verständigungsschwierigkeiten dürften daher auftreten, definitorisch festzulegen, welche weitreichenden Systeme auf Grund beidseitig akzeptierter Merkmale eindeutig der Kategorie »Mittelstreckenwaffen« zugeordnet werden können.[49] Danach ist es fraglich, ob man einen Modus für das Gegeneinanderaufrechnen finden kann.

Die Mobilität der neuen Waffensysteme dürfte eine ausreichende Verifikation erschweren. Falls die GLCM eingeführt werden sollten, treten besondere Verifikationsprobleme auf; diese Marschflugkörper können gleichzeitig für nukleare und konventionelle Einsätze eingeplant und ausgerüstet werden.[50]

Da die neuen Waffensysteme auf beiden Seiten über eine große Zielgenauigkeit verfügen, könnte in Krisensituationen die Präemptionsneigung ihrer Besitzer wachsen. Durch diese Möglichkeit büßt die gegenseitige Abschreckung von vornherein an Stabilität ein und verliert vielleicht im entscheidenden Augenblick ihre kriegsverhindernde Funktion.

49 Vgl. *Rühl, Lothar*: Das Verhandlungsangebot der NATO an die Sowjetunion, a.a.O., S. 221 ff.
50 Vgl. *Leitenberg, Milton*: Die taktischen Nuklearwaffen großer Reichweite der NATO und der WVO, a.a.O., S. 53

Viel wird davon abhängen, ob das ausgehandelte SALT-II-Abkommen trotz der Nichtratifizierung durch die USA weiter eingehalten wird und ob an Stelle neuer Rüstungsanstrengungen auf der global-strategischen Ebene der Versuch eines politischen Ausgleichs zwischen den Supermächten unternommen wird. Es wird darauf ankommen, innerhalb des Bündnisses die USA daran zu erinnern, daß auch ihr Verhalten maßgeblich dazu beitragen wird, das Ost-West-Verhältnis wieder zu stabilisieren, und daß Bündnissolidarität nur so lange wirksam bleibt, wie die Interessen aller Bündnispartner ausreichend berücksichtigt werden.

5. Zusammenfassung

Mit dem NATO-Doppelbeschluß hat sich das westliche Bündnis auf eine politische Kompromißformel geeinigt, mit der der Versuch unternommen wird, sowohl verteidigungspolitischen und rüstungssteuerungspolitischen Erfordernissen ohne weitgehende konzeptionelle Veränderungen gerecht zu werden als auch die Interessenlage der Bündnismitglieder zu berücksichtigen. Für den Modernisierungsplan haben politisch-psychologische Motive eine größere Bedeutung gehabt als militärstrategische Überlegungen. Erhalt der Beschlußfähigkeit des Bündnisses, Stärkung der transatlantischen Risikogemeinschaft und Sicherung der politischen Handlungsfreiheit haben als politische Zielvorstellungen bei der Entscheidung Vorrang gehabt vor dem Ziel, eine zufriedenstellende militärstrategisch angemessene Lösung zu finden, die den veränderten militärischen Rahmenbedingungen angepaßt ist. Die geplante LRTNF-Modernisierung leistet einen Beitrag zur Verknüpfung der Elemente innerhalb der Triade, ohne das Problem einer Abkopplung völlig zu beseitigen. Die neuen eurostrategischen Waffensysteme in Ost und West bieten weder den USA noch der Sowjetunion eine realistische Option, einen nuklearen Krieg auf Europa auf Kosten des anderen und der europäischen Staaten begrenzen zu können. Die geplanten eurostrategischen Waffen der NATO erhöhen zwar noch mehr das Risiko der Sowjetunion, einen selektiven Kernwaffenschlag gegen Westeuropa durchzuführen, tragen jedoch möglicherweise wegen ihrer qualitativen Merkmale dazu bei, in einer Krise die Präemptionsneigung bei der Sowjetunion zu verstärken. Der Modernisierungsplan bietet keine Lösung für das Dilemma der verlorengegangenen Eskalationskontrolle und läßt damit eine Schlüsselfrage der NATO-Strategie unbeantwortet.

Mit dem Rüstungssteuerungsangebot, komplementär zu dem Modernisierungsplan, wird erstmalig durch die NATO der Versuch unternommen, vor einer Stationierung neuer nuklearer Waffen diese zum Gegenstand kooperativer Rüstungssteuerung zu machen. Die Veränderung gegenüber der ursprünglichen sowjetischen Position besteht in der Bereitschaft, an Verhandlungen teilzunehmen, ohne Vorbedingungen zu stellen, die die westliche Handlungsfreiheit einseitig blockieren. Die sicherheitspolitische Grundposition und Zielsetzung der Sowjetunion bleiben jedoch davon unberührt, was der jüngste Vorschlag für ein Moratorium deutlich macht. Für das westliche Bündnis wird es auch wegen des wachsenden innenpolitischen Legitimationsdruckes in Westeuropa darauf ankommen, die Initiative in der Frage von Verhandlungen wiederzugewinnen und die Sowjetunion zu testen, inwieweit sie wirklich an einer ausgewogenen Begrenzung der eurostrategischen Waffen interessiert ist.

Auch wenn die Unzulänglichkeiten und Risiken der Kompromißformel im Rahmen des Doppelbeschlusses der NATO nicht zu verkennen sind, ist es zweifelhaft, ob sie dessen Aufkündigung rechtfertigen. Die weitreichenden Konsequenzen einer solchen Entscheidung, die aufgrund der politischen Begleitumstände über die unmittelbaren sicherheitspolitischen Auswirkungen im Fall der Bundesrepublik Deutschland hinausgehen würden, dürften kaum mit einer Kompromißformel aufzufangen sein. Aus der Diskussion um den Nachrüstungsbeschluß ist längst eine politische Auseinandersetzung um das zukünftige Sicherheitskonzept der Bundesrepublik Deutschland geworden.

Milan Šahović
VI. Die fortdauernde Bedeutung der KSZE-Schlußakte – The Lasting Significance of the Final Act of the Helsinki Conference on Security and Cooperation in Europe

I

The critical state of international relations which has been lasting a number of years, deepening the contradictions among political forces which within the framework of these relations are confronting daily, makes it imperative to raise the question about the possibilities of their reorientation in a more favourable direction. This question is not being raised now for the first time after the second World War. All that has been happening in the past few decades in the field of international relations reflects this aspiration. Throughout this period the struggle was carried on for the establishment of a favourable climate in international relations, for the attainment of solutions which would meet the needs of the greatest number possible of states and peoples and which would contribute to the creation of a new world community. This struggle on it's way met with success and insuccess, it was faced with grave conflicts which posed to the world the threat of a new world war; yet the situation was never as complex as it is today.

It appears, that at present we are in a stage of development where particular observations and corresponding proposals cannot meet with success, unless they have as their starting point the interests of all, and if they do not lead to solutions which will fully reflect the need of mutual coordination and implementation of these proposals. In fact what is involved is the historical necessity of accepting interdependence and tendencies towards integration as an imperative, on which depends the overall constructive development of international relations. And this is nothing new. In fact this is confirmed by the common experience of states and peoples in the second half of the twentieth century.

Thus, it becomes abundantly clear that the policy of super powers oriented towards a division of the world in blocs, combined with a permanent arms race and interference in the internal affairs of other countries, with the full use of military, political, ideological, economic and other instruments of the policy of force and pressure, has been a complete failure. It had to be rejected by the world community. We are close to the final liquidation of colonialism and of the apartheid policy and racial discrimination, and the changes which were brought about by the successful trend in the process of decolonization have definitely altered the structure and character of the world community. Today this is a community of independent political and juridical subjects, states, the majority of which is not composed of european states or developed regions respectively. International life has undergone profound change. This was mainly brought about by the global economic crisis, in particular it was brought about by the crisis of the international market, by the latest achievements of the scientific and technical revolution and the constantly growing differences between the underdeveloped and the developed regions of the world. The manifestation of the energy crisis is the most dramatic aspect of the intolerability of the situation; other aspects of which are evident also in the field of raw materials, industrial production, world trade and monetary relations. Under these conditions, when the majority of new, young and independent states is making great efforts towards a fuller assertion of their political and economic independence, the detrimental consequences of the struggle for prestige between super powers and the constant deterioration of the economic situation brought about a drastic increase of tension in international relations, gave rise to a direct demand for struggle against the unsatisfactory state of these relations. This is why the group of non-aligned and of the developing countries had to emerge; it was fundamentally a result of mobilisation of peace-loving forces in the attempt to regulate global issues in the interest of those whose fate it was in the past to live in the shadow of the big and developed countries.

In this manner a new diversification and polarization of forces took place in the international field, new proposals were presented towards qualitatively different alternatives for solving international problems. In the first place the monopoly of super powers and blocs was challenged and with that the monopoly of the entire developed world, as was their dictation of trends of international development, regardless whether speaking of capitalist or socialist countries. Thus, a group of non-aligned countries developed as an independent political force ready to offer, jointly with a group of developing countries, a programme of long-term action in view of organizing international life on a new basis in the interest of all states and peoples. For this reason the policy of non-alignment has never been limited to the submission of requests for the improvement of situation of developing countries, requests which are based on their own narrow interests. The final goal is a general democratization of international relations and the building of a new international economic order, both of which should meet the needs of the entire world community. The value of the action carried on over two decades for the advancement of the global situation by the non-aligned countries in the United Nations, as well as outside the world organization, it's increased authority and the magnetic force of the non-aligned policy are based primarily on this universal element of its character. And it created significant complications in the struggle of forces through which the development of international relations takes place. Forced to find a way out of the crisis in which they plunged the world, super powers and blocs, and other developed countries, couldn't bypass the needs and requirements of the majority of states and peoples. Super powers, blocs and other developed countries, who were used to solving international problems among themselves, now, not only had to face different views and proposals for solving global problems, but also a new organized international force determined to lead an active struggle for their acceptance and implementation. In other words, with the emergence of the non-alignment policy and the establishment of the group of non-aligned countries, the general context for solving conflicting issues and regulating international relations underwent radical change. Although they were already prepared to seek common solutions because of the impasse caused by the bloc policy of force and pressures, the super powers and their followers were faced with dilemmas and alternatives resulting from the determined action of the non-aligned countries as well as from the very existence of non-alignment.

At the end of the Sixties and the beginning of the Seventies it was already clear to one and all that there is only one way out of the prolonged crisis of international relations. The policy of détente or reduction of tension between the two strongest big powers, the USA and the Soviet Union and the blocs which they lead, which would gradually spread to all fields of international relations, was accepted as a basis for the consolidation of international relations. Détente was also accepted as a basis for the practical attainment of the policy of peaceful coexistence and cooperation between states with different social systems. The solutions of conflicting issues left over from the second World War and the reduced danger of war in Europe, where conflicts and arrangements between blocs are dominant, orient action to diminish the tension of regional problems with the direct participation of super powers, which are primarily interested in securing their positions in this part of the world. First and foremost the developed countries aspire to consolidate their own ranks. However, détente between blocs opposes the idea of détente of global proportions, on which the Heads of States or Governments of non-aligned countries have been insisting at their conferences. They welcome the aspirations of the big powers to establish détente among them, however they also consider them responsible for the general negative state of affairs in the world and demand that the super powers and blocs renounce to their struggle for gaining positions in other regions of the world. The non-aligned emphasized that true détente cannot be achieved in Europe if it is not accompanied by reduced tension in all parts of the globe and if international issues are solved without taking into account the interests of non-aligned and developing countries. The principal task of the world community is becoming the struggle for the global and universal character of détente.

Further development of international events took place within the framework of confrontation of these two concepts with regard to diminished tension in the world – détente between blocs and universal détente. They reflect the different interests of their protagonists as well as the impossibility of their mutual disregard. The indivisibility of peace and the interdependence of the world community must be respected, if the wish is to contribute to constructive solutions of international issues, to the strengthening of peace and security and expansion of co-operation between states and peoples. From this it stems, on the one hand that rapprochement must be pursued, and on the other hand, that the policy of strengthening one's own positions in the world, to the extent this is possible, must be continued. This is the fundamental line followed by super powers and blocs in their endeavours for mutual understanding; however, without sufficient respect for the interests of other countries, especially for countries who strive to solve world problems from positions of the non-alignment policy. *De facto* the trend is towards a relative reduction of tension, towards détente in the more narrow sense with the diminished pressure of power politics but without gratifying the fundamental needs of the world community.

The results of the policy lines described above confirm this assessment. The constant and ever greater deterioration of the international situation which we have been witnessing since the mid Seventies, the uncertainties which accompany their day to day development points to this conclusion. Namely, there is no doubt that détente in the relations between the super powers and blocs, the culmination of which was in 1975 with the acceptance of the Final Act of the Helsinki Conference on Security and Co-operation, could not by itself bring about the improvement of relations neither globally nor in Europe. The balance of forces on which détente in Europe was construed was not sufficiently stable to represent a solid basis for permanent action in this direction. It proved that super powers and blocs were not ready to devote themselves to the constructive implementation of the policy which they proclaimed in Helsinki. Quite the opposite occurred. As if they became frightened of their own statements, so that immediately after the closure of this representative gathering they oriented their activity towards the one-sided insistance on their own demands, thus compromising the agreements which were achieved through difficult negotiations. The efforts, made with the aim of extricating the European area from direct bloc confrontation, in which the European neutral and non-aligned countries played a particular role, were all challenged. Although later a semblance of continuity had to be maintained by convening the Belgrade and Madrid conferences, the continuity had not been achieved. With Helsinki, the policy of détente in Europe reached the upper limit and immediately after the Conference the policy assumed a downward trend.

II

A detailed analysis of the deteriorated international relations in Europe and in the world after the Helsinki Conference, its direct and indirect causes or the attempts to answer the key question which can be raised today concerning the character of this deterioration would take us too far. Similarly it would take us too far to inquire whether this means returning to the state of affairs which are contained in the traditional term of »cold war« or is it an original phenomenon which requires qualitatively new solutions for the difficulties with which international relations and the entire world community have been facing recently. Our wish, in fact is to point out the significance of the Final Act of the Helsinki Conference on Security and Co-operation in Europe and to emphasize the role this document should have in the future development of international relations.
The value of this document should be pointed out precisely because the state of international affairs started deteriorating immediately after its adoption. The question arises whether this is not one of those numerous international instruments, which remain in the history of international relations and international law, as an expression of good wishes of those who had solemnly accepted them, because from the very begining of their existence they could not be implemented? Is not the reason, on the other hand of non implementation of the Final Act to be found in its content and manner in which it had been accepted by the Heads of States or Governments from 35 states participants at the Helsinki Conference?
In answering these two fundamental questions with regard to the assessment

of the value of the Final Act today one may be quite definite. Sufficient time has elapsed since its proclamation so that it is possible to take certain stands in connection with these questions without too much danger. In any case, it is not possible to deny the need, in the desire to contribute to the implementation of the Final Act and to the improvement of international relations respectively, of a more extensive debate concerning this document and about factors which could conceivably act in this direction. However, before any attempt is made at answering the question raised, it is essential to point out the characteristics of the Final Act.

As a result of very lengthy negotiations the Final Act represents an exceptionally complex international instrument. Primarily, it is important by the degree it reflects the general development tendencies of international relations in Europe and in the world. It regulates the fundamental issues on which the consolidation of relations among the big powers and blocs depends, but at the same time it underlines the specific character of the European area. It lays down the lines of future co-operation in all fields – political, military, economic, social, cultural, technical, etc., – of international life. In connection with the above, consensus was sought between the blocs, although the point of departure was the recognition of equal rights of all European countries, independently of the bloc division of East and West; at the same time the importance of the action of the neutral and non-aligned countries of this region has been recognized. The thesis concerning the link between European security and security in the Mediterranean area was accepted and the role of European developed countries concerning the improvement of the economic position of developing countries was emphasized. Understandably, the emphases are not identical; they depend on the possibility of reaching consensus for each of the individual issues raised during the negotiations. However, regardless of this, it is clear that in the Final Act a general framework is set for the future development of relations in Europe on the basis of peaceful coexistence and active cooperation and achievement of détente, with a certain degree of consideration of broader interests and not only those existing between blocs. The latter ones certainly had to be in the forefront of preoccupations of those who were drafting the Final Act. Finally, blocs were formed and exist primarily because of Europe and the entire action was conducted in order to improve the relations between them. Nonetheless, it may be concluded that through the Final Act this region could not have been separated from the other parts of the world. This is specifically confirmed in the Declaration on Principles Guiding Relations between Participating States. The Declaration represents the foundation of the Final Act. Everything elaborated in the Final Act is to be implemented on the basis of the principles contained in the Declaration. This should suffice to underline the value of the text. If we add that the participating countries emphasized in the last paragraph of the Declaration »their intention to conduct their relations with all other states in the spirit of the principles contained in the present Declaration«, it becomes more than obvious that there is no place for alluding to some possible »isolationist« character of the Final Act. Independently of the motives which could have inspired the attitudes of individual negotiators and independently of the objective need to solve certain European matters, the principles underlying the relations between European countries had to reflect the rules which, according to the universal international law, should be the basis of relations between all countries today. When formulating the content of these principles specific aspects of the European situation were emphasized, this however should be viewed as a contribution to the general further development of their political and legal content.

The principles involved are the ten principles of contemporary international law, adopted within the framework of the UN Charter and their binding force is indisputable. A certain number of these principles has been elaborated and codified by the General Assembly within the framework of the Declaration on Principles of International Law Concerning Friendly Relations between States. These are fundamental rules (ius cogens) which govern relations between states. Within the Declaration of the Final Act they have been elaborated and systematized anew, having as point of departure political requirements of the European states. This is how rules were finalized concerning sovereign equality and respect of sovereignty, territorial integrity of states, inviolability of frontiers which can be changed exclusively in accordance with international law, by peaceful means and by agreement. This holds also true for the renunciation of assault at frontiers of all states of Europe and for refraining from all claims or acts of occupation or usurpation of parts or entire state territories in this part of the world. The principle of non-intervention in internal affairs of individual states includes refraining »from any intervention, direct or indirect, individual or collective, in the internal or external affairs falling within the domestic jurisdiction of another participating state, regardless of their mutual relations«. With this, the practice of intervention is condemned, although from the view point of bloc policy it represents normal conduct, the evaluation of which is subject to the discretionary judgement primarily of the super powers. Pointing out the rights of national minorities and the duty to protect their legitimate interests represents another important achievement of the Final Act as an expression of specific aspects of the European situation in this field.

We shall dwell on this when speaking of the Declaration on Principles of the Final Act. We quoted some examples which show the direction in which also on the global level paths will have to be sought for the further improvement of the essence of principles of international law under discussion. By pointing out the general political and legal value of the Declaration we desire to emphasize that its adoption represents the greatest achievement of the Conference on Security and Co-operation in Europe. Not only because this part of the Declaration proclaimes and recognizes the existence of certain objective international obligations of absolute character which are binding for all, but also because bloc limitations have been overcome with regard to the need of preserving the integrity and the independent position of individual states. It is true that in the ending part of the Declaration it is stated explicitly »that the present Declaration does not affect their rights and obligations, nor the corresponding treaties« and other agreements and arrangements«, which also implies bloc agreements; however, this is a clause which cannot deny the value of evolution accomplished by the principles jointly proclaimed in the Final Act. More than that could not be achieved. It is left to the future, and to the practice to find the means for a coherent application of the proclaimed principles.

This approach is particularly characteristic for the Final Act. This is shown also by the other parts of the Final Act. From them it is apparent that the Final Act is oriented to the greatest possible extent towards the elaboration of comprehensive development of co-operation among European countries. The consistent implementation of principles confirmed in the Declaration should enable this co-operation to evolve in a spirit of confidence. However, the limitations imposed by bloc politics could not be lifted to the same degree in all sectors of international life. Least was achieved in the field of security and disarmament, where the interests of the big powers and blocs were directly involved. Despite the persistent efforts of the neutral and non-aligned European countries, the Conference had the most narrow competences in this field. Achievements were the greatest in the field of economic, scientific and technical co-operation. The greatest difficulties were encountered in the field of human rights and in the humanitarian field which are the most sensitive ones from the ideological point of view. Though divided in the so-called baskets, negotiators could not neglect the mutual ties between the political, military and other fields. This was an approach which had inherent risks for blocs and those who lead them. For this reason we should appreciate even more the fact that the Final Act was adopted as a single document and that the content of its provisions has been accepted by consensus.

Returning now to the question posed earlier in connection with the worthiness and possibility of implementing the Final Act, it seems that the difficulties encountered from the very beginning of its implementation should be sought primarily in the nature of mutual relations among those who have adopted the Act. Consensus achieved on the basis of compromise, speaking in principle, did not per se have to cause too great difficulties. Although consensus as a procedure for the adoption of texts allows different interpretations, disagreements which accompany their implementation, do not have to be insuperable if an atmosphere of confidence prevails among the signatories. Unfortunately this was not the case with the Final Act. That is also why this document could not be adopted as a legally binding instrument. The participants of the Conference on Security and Co-operation in Europe were not prepared to adopt it as such.

In the light of later negative developments in international relations in Europe and in the world, it became clear quite soon that the insufficient balance of power between super powers and blocs impedes the implementation of the détente policy within the framework and on the lines set down in the Final Act. It is even more important to note the absence of political will to act in that sense. Instead, the trend of increasing tension prevailed in the relations between blocs in all parts of the world. The arms race gained new momentum, while armed interventions, occupation and intervention in internal affairs of other countries, in the first place of non-aligned, put in doubt all the favourable achievements of détente.

However, regardless of the bitter experience of those who were endeavouring for the adoption of the Final Act and who worked on its drafting, the historical significance of the fact that it was adopted cannot be belittled. Not only because of the positive effect it had at that moment – relief which accompanied its adoption at the given moment should not be disregarded in critical international situations – but primarily because of its lasting value and contribution that the Final Act made towards the elaboration of the conception of reduced tension in Europe and with that also in the world. That conclusion is based on the fact that up to now the quality of the content of the Final Act could not be disputed, regardless of its weaknesses or gaps.

Notwithstanding the fate it had in the past and the one it will have in the near future, the Final Act of the Helsinki Conference on Security and Co-operation in Europe, will still have to serve for a long time as a basis and incentive for initiatives for the renewal and achievement of détente in Europe. Because once again, after the adoption of the Final Act the old saying was confirmed according to which real progress and improvement in international relations may be achieved only gradually, through the persistent struggle of peace loving forces. Thus, only by consistently respecting the principles of the Declaration and by elaborating and adapting to new conditions the programme of co-operation contained in the Final Act may we expect success in the action which should be continued for the attainment of this goal.

Kalevi Ruhala

VII. Vertrauensbildende Maßnahmen – Confidence-Building Measures. Some regional and functional options

The Conference on Security and Co-operation in Europe which culminated in the signing of the Final Act in 1975, represented a logical result of a political process that had started more than a decade earlier. Although it is still too early to pass a categorical judgement on the significance of the CSCE for the security of Europe it is evident that the most significant achievement of the Conference was not advancement of détente on a broad front, but rather coming to terms on some specific questions relating to security in Europe, co-operation in economics, science, technology, and in the area of humanitarian activities and other fields.

From the point of view of political security the establishment of the CSCE as a negotiating forum on European security was, of course, a first-rate achievement by itself. »The Declaration on Principles Guiding Relations between Participating States« reaffirmed the commitment of all participants to the basic obligations of international law. A completely new element in the military-political setting of Europe was added by the document on confidence building measures and certain aspects of security and disarmament. Consequently, there are well-founded reasons to consider the confidence-building measures as the most significant practical achievement in the field of security policy.

In the Final Act a rather narrow CBM-concept, consisting of military-political measures, was agreed upon. A broader CBM-concept embodying cooperation in military, political, economic and even cultural fields, cannot be appropriately applied within the CSCE framework. This is a direct consequence of the structure of the Final Act where the CBMs have been placed in the first basket and the questions of economic and other cooperation into the second and third baskets. In other forums, too, the security-political concept of the CBMs is gaining considerable foothold.

In its narrower sense as referred to above, confidence-building measures may be defined as political actions to increase confidence in the defensive missions of the armed forces. In contrast to arms control measures the CBMs do not affect the *capabilities*, but focus on the parties' *perceptions* of each others intentions. The CBMs aim at diminishing distrust and enhancing confidence in each others' non-aggressive intentions by providing information on military matters and increasing predictability of military activities.[1]

In comparison to the objectives of arms control the immediate objectives of confidence-building measures are relatively modest: instead of controlling arms, they are an attempt to create rules of military behaviour that the parties can adhere to. Their ultimate goals may appear to coincide with those of arms control, but their initial goal is set somewhat lower and their objective, in terms of time and substance, is considerably closer. CBMs, in fact, provide a very practically oriented method to alleviate tensions and distrust arising from military preparedness.

The nature of confidence-building measures, with their concern for immediate and real needs, seems to indicate that a *regional* approach is well adapted to the implementation of the CBMs. As the European example shows CBMs are particularly well-suited to a region where states fear each others' military capabilities and do not exclude the possibility of armed conflict between each other, but have a common desire to avoid unintended tension among themselves arising out of misapprehension about their military postures, activities, planning etc.[2]

Europe is, hence, a typical example of a region where the CBMs have proved their feasibility. In Europe, the implementation of the measures has received extensive publicity and ideas for their development in the Belgrade and Madrid follow-up conferences are fairly well-known. On the other hand, their development is in the state of fluctuation and uncertainty prevails over their future course. For these reasons the CBMs within the CSCE framework will not be examined in the following pages. Instead, two other regional applications will be considered: first, options within European subregions and secondly, attempts by the United Nations to promote regional CBMs in general.

In addition to the regional context, confidence-building measures may be promoted on a *functional* basis, by examining what role these measures might serve, not only in verifying regional maneuvers and troop movements, but also by extending the concept to other spheres of military and political activity. A promising option might be to implement confidence-building measures on specific categories of weapons regardless of their regional deployment. As an example confidence-building measures appropriate for nuclear weapons will be discussed.

1 Confidence-building measures: Report of the Secretary-General. United Nations, A/34/416, 5 October 1979, p. 11, Reply of Denmark.
2 *ibid.*, p. 31, Norway.

1. *Sub-Regional Confidence-Building Measures*

From the regional point of view the implementation of CBMs within the CSCE-process comprises the whole of Europe. The records of CBMs so far, however, gives us justification to question whether it is completely relevant to link CBMs mainly with the CSCE. Arguments favoring this association are based primarily on adopted practice and the relative success in implementing the provisions agreed to in the CSCE. On the other hand, it is obvious that the concept of CBMs also offers some sub-regional perspectives. If applied to a limited area the CBMs could possibly be made more mandatory and offer more promising results in other respects, too.
Sub-regional CBMs may conceivably be formulated according to the CSCE pattern and consist of similar elements (prior notifications of military maneuvers and movements, exchange of observers etc.) as the CBMs within the CSCE framework. In addition, it is possible to link CBMs to other partial arms control measures like the disengagement of armed forces and various zone arrangements. Obviously, the needs of sub-regional confidence-building activities differ from each other in so many ways that they should be assessed individually when planning the contents of the CBMs in each particular region.

1.1 *Northern Europe*

Sub-regional arms control and confidence-building measures are conceivable in a clearly definable geographical region or they may be applied within the framework of relations between two or more states in order to eliminate potential threats in a particular region. As an example one might take the easing of military tension in the most northern part of Europe through the establishment of a series of arrangements with the explicit purpose of building confidence between Norway and the Soviet Union.
In fact, there already exists a precedent for such arrangements. Norway has unilaterally adopted certain restraints on the deployment of military force within its territory. These include no foreign military bases on Norwegian territory in times of peace, no stockpiling of nuclear weapons in Norway and geographic limits on allied maneuvers in Norway. For example, NATO aircrafts are not allowed to fly over territory in Norwegian possession on missions involving the crossing of the 24° E meridian.[3]

---

3 See *Johan J. Holst* (ed.) in »Norwegian Security Policy: Options and Constraints«, *Five Roads to Nordic Security*. Oslo, 1973, p. 81.

These mesures are publicly announced, but as they are unilateral, Norway feels free to interpret them or to discontinue them at her own discretion if circumstances change.[4] This position reflects the very vulnerability of unilaterally practiced confidence-building measures. Hence, arguments could be advanced to the fact that the restrictions Norway imposed could serve as a model for bilateral restrictions on the deployment of military force between the Soviet Union and Norway. In order to demonstrate their peaceful intentions and to foster mutual confidence, these two countries might agree, as a point of departure, to the following measures:

1. Constraints on the deployment of armed forces:
   a) A demilitarized zone in the immediate vicinity of the Soviet-Norwegian border in which only lightly-armed border troops would be allowed.
   b) Adjacent zones on both sides of the demilitarized zone in which a limited number troops would be allowed. The number of troops would depend on an agreement between the parties.

2. Confidence-building measures to be applied e. g. in areas under jurisdiction of the parties north of the Arctic Cricle:
   a) Prohibition of military maneuvers above an agreed number of troops.
   b) Preannouncement of all military maneuvers (on land, at sea, and in the air) and troop movements.
   c) Exchange of observers during military maneuvers.

It could be maintained, of course, that the narrow zone to be established between the Soviet Union and Norway would, by no means be militarily impermeable. For today's highly mobile troops a demilitarized or thinned-out zone would indeed be a minor obstacle. But, at the same time it must be recognized that the most crucial function of the zone would be political, not military. The same can also be said about the confidence-building measures. A bilateral agreement containing constraints as to the deployment of armed forces and some confidence-building measures, would in itself be a clear political signal to indicate that the participants take a responsible view of the security problems in the Nordic area.[5]

---

4 A/34/416, p. 32, Norway.
5 For a more comprehensive treatment of these questions see Kalevi Ruhala and Pauli Järvenpää, »A Nordic nuclear-free zone: prospects for arms control in Northern Europe«. *Yearbook of Finnish Foreign Policy 1978*, pp. 20–25.

The meaning of the example above is neither to create an impression of uncoupling either Norway or the Soviet Union from their respective security arrangements, not to maintain that the countries belonging to military alliances deserve special treatment in planning arms control measures. A sub-regional CBM arrangement may, of course, comprise neutral countries and as in the case of Northern Europe, CBM settings that would be acceptable to Norway and the Soviet Union undoubtedly could also be acceptable to Sweden and Finland.

1.2 The Baltic Sea

The benefit of the sub-regional approach to confidence-building is undoubtedly that in a limited geographical area CBMs might consist of relative detailed provisions. In addition to maneuvers of land forces, this applies to naval exercises as well.

The Baltic Sea as a maritime region, relatively free from outside operations, might well serve as a test site for naval CBMs. The area of application would comprise all of the Baltic Sea and the measures to be agreed upon would concern all the coastal states: Denmark, Sweden, Finland, the Soviet Union, Poland, The German Democratic Republic and the Federal Republic of Germany. The object of the CBMs would be naval exercises and movements of the coastal states and multinational maneuvers. In this case, the confidence-building measures might take the following forms:[6]

(1) The coastal states notify each other in advance of naval and amphibious exercises and multinational maneuvers. The size of the exercise to be announced would depend on an agreement between the parties concerned and could be defined so as to include all exercises of military-political significance. Notification should be given at least 30 days, preferably earlier in advance of the beginning of the maneuver. The notification should contain (in accordance with the Final Act of the CSCE) at least the designation, the general purpose and numerical strength of the naval forces engaged, the exercise area and approximate time-frame. In addition, other relevant information particularly that related to the components of the naval units could be notified of by agreement or provided voluntarily.

---

6 The presentation is based on a paper by the author, »Naval CBMs in the Baltic«, prepared for the Pugwash Symposium on »Impact of Current Political Developments and Arms Control Efforts on European Security«, Helsinki, Finland, 19–21 April 1979.

(2) The exchange of observers among the coastal states should also be possible, especially during major naval maneuvers. This may be arranged by inviting observers from other coastal states to observe the exercise from their own vessels.

(3) Important movements of naval forces should be included within the CBMs. In this case, notable movements are (a) tranfers of naval units to the Baltic Sea or withdrawal of such units from the Baltic and (b) permanent stationing of new types of vessels, preferably, also of new weapon systems along with the navies in the Baltic Sea. Exchange of information among Coastal States on these matters could substantially alleviate the anxiety occasionally evoked by major movements and appearance of new types of vessels.

(4) A long-range objective could consist of attempts to limit (a) the size and (b) the area of naval exercises, for instance by agreeing that exercises shall not be carried out in the vicinity of the borders of other states (particularly amphibious exercises). Limiting the size of exercises would, however, not seem possible until sufficient experience has been gained from the notifications of unlimited exercises.

The views above on naval CBMs in the Baltic Sea should be understood as procedural proposals which are not based on information concerning the extent of maneuver practice. It may be advisable to prepare for difficulties where the measures affect one party more than another. In the Baltic region the Soviet Union may be this kind of party and it is uncertain, what attitude she would take in respect to sub-regional CBMs that would require greater commitments of her than of the smaller coastal states. Balancing the relevant measures is a question that the parties will always have to consider while planning sub-regional CBMs.
Another problem that concerns CBM-plans affecting naval forces even more generally is a certain disparity between the arms control and »freedom-of-the-seas« viewpoints. From the arms control point of view it might be conceivable that in the not too distant future (especially if the notification procedure to be agreed upon proves successful) the concept of limiting naval exercises might gain support as a means of strengthening confidence and security. This, however, runs counter to the »freedom of the seas« arguments which are so strong that substantial political will is required to agree on measures aimed at limiting maritime activities. This problem area, however, already belongs to the sphere of naval arms control and by no means prevents

development of general or sub-regional CBM-provisions based primarily on notification procedures.

1.3 *The Balkans*

From the geographical point of view the Balkans seem to meet the conditions of the European sub-region and are, in fact, often regarded as one. Hence, it seems worthwhile to examine whether the Balkans may be regarded as a potential area for implementation of sub-regional confidence-building measures.

In a way, many factors speak against the Balkans. This state of affairs is partly the product of onerous legacies of the past and partly a direct reflection of the present political map of the Balkans. Playing its part, too, is the fact that the Balkans are one of the most variegated regions of Europe, because every foreign policy orientation existing in Europe today is operative in this relatively limited region.[7] Additionally, reference can be made to the complex inter-Balkan problems of political and ethnic origin that cause friction in the relations within the region.

Therefore, the points of departure for regional co-operation were not particularly favorable ones. The political détente of the 1970's, however, also reflected positively on the Balkans co-operation. Most intra-Balkan relations, with exception of the feud between Greece and Turkey, improved during the 1970's. This generally favorable development may be at least partially attributed to the CSCE-process. The series of meetings of the Balkan countries, initiated since 1976 by Greece, are said to be a direct outcome of the Final Act.[8]

The intra-Balkan co-operation has mainly concentrated on the economic and social policies having no immediate sub-regional impact on the security-political field. The provisions of the CSCE have, however, received considerable response from the Balkan states. Security-political aspects receive consideration also in the arms control context. Romania has emerged as the arms control activist of the region and in various contexts expresses her opinions of dismantling the military alliances, creating nuclear-free zones and furthering disarmament in general.

The CBMs, in particular the notification procedure, both with regard to maneuvers and troop movements, offer possibilities for application in the

---

7 Miro Draškić, »The Balkans after Helsinki«. *Review of International Affairs,* 620, 1976, p. 30.
8 V. N. Magginas, »Cooperation in the Balkans«. *Review of International Affairs,* 614, 1975, p. 12.

Balkan region. As the CSCE Final Act leaves the notification of smaller-scale maneuvers to the discretion of the states, they may consider it practical to notify only the neighboring countries. The notification procedure therefore acquires a sub-regional character although it is based on provisions concerning the CSCE-community as a whole. Steps towards this direction have, in fact, already been taken in the Balkans. The Yugoslav reply to the UN Secretary-General reads:

In implementing the Helsinki document, consistently, Yugoslavia also sends notification of its larger military maneuvers and invites foreign military observers to them. But it has gone one step further regarding the provisions of the document and sends notifications of even her smaller maneuvers. With some of its neighbours, Yugoslavia has developed *a practice of mutual notification of military manoeuvres and other activities, particularly in border regions.*[9]

The emerging confidence-building procedure may naturally be developed further within the Balkan area, but it might well serve as a model to other regions, too. It might be practical that the sub-regional notifications to neighboring states be more extensive than those applicable to all CSCE-states. Initially, the procedure need not necessarily be formally agreed on. It may as well be voluntary and based on silent understanding of the usefulness of this kind of confidence-building activity.

1.4 *The Mediterranean*

Including the »Mediterranean dimension« in the proceedings of the Security Conference and its subsequent incorporation into the Final Act originated from the efforts of certain Mediterranean countries to convince others that security and co-operation in the Mediterranean area are an integral part of security and co-operation in Europe.

As the text of the Final Act indicates, the Mediterranean area cannot be considered as a European sub-region but as a political entity without clearly definable geographical dimensions where the outer-European influence is very strong, too. Finding solutions to pave the way for constructive progress in the Mediterranean in the same manner as in Europe, is a task of gigantic proportions. Accomplishing this is only a remote probability due to the strategic interests of the great powers in the region, to intra-regional con-

---

9 A/34/416, p. 61, Yugoslavia.

flicts, political instabilities, and political and economic problems involved in the exploitation of the natural resources of the region.

For reasons mentioned above, amongst others, attempts to create regulatory arrangements in the field of security policies necessarily tend to remain abstract proclamations without concrete substance. Thus, it can be said that it is necessary to search for ways of promoting trust, which would benefit not only Mediterranean states but also those great powers present on the shores and in the waters of the Mediterranean Sea. Certain European measures could hereby be extended to the Mediterranean region, thus contributing towards the gradual strengthening of both Mediterranean and European security.[10]

How realistic then, are the prospects of extending »certain European measures« like CBMs to the Mediterranean area? This proposal belongs for the moment to the initiatives of the Warsaw Pact. In the West, it has been seen to have mainly two aims: to strengthen the Soviet influence in the Middle East and, to set the U.S. Sixth Fleet in the Mediterranean to participate in the notification procedure.

Both aims seem to be inconsistent with the Western interests for the moment. Western powers have grounds to think that their influence in the region will exceed that of the Soviet Union which will remain weaker at least as long as it is not able to acquire militarily strong and politically reliable bases in the region.[11] For political as well as strategic reasons involving the Mediterranean fleets within CBMs is presently of no interest to NATO. One of the reasons is that the United States regards her Sixth Fleet as a part of her strategic power and excluded from the CSCE-framework.

Confidence-building in the Mediterranean area and the adjacent Middle East must obviously be given a wider interpretation than the one focusing narrowly in military-political matters that has developed in Europe as a result of the CSCE. CBMs might then succeed better as a process which secures mutual understanding of the political and strategic intentions of the opponents and reduces mutual concerns about strategic and military behavior.

---

10 Radovan Vukadinović, »The Mediterranean and the CSCE«. *Review of International Affairs*, 662, 1977, pp. 15–16.
11 G. Manousakis, »Der Islam und NATO«. Die Welt, 24. 1. 1980.

2. The United Nations and Confidence-Building Measures

The introduction of confidence-building measures by the CSCE into international awareness considerably contributed to taking up the subject in the United Nations as well. The 33rd General Assembly of 1978 adopted its first resolution on confidence-building measures, thus launching the consideration of the CBM item in the United Nations. With the resolution 33/91 B, the General Assembly, *inter alia*:

(1) recommends that all states should consider, on a regional basis, arrangements for specific confidence-building measures, taking into account the specific conditions and requirements of each region;

(2) invites all states to inform the Secretary-General of their views and experiences regarding those confidence-building measures they consider appropriate and feasible.

Pursuant to the resolution, the Secretary-General transmitted the views received from member states on October 1, 1979 to the 34th session of the General Assembly. A typical reply starts from the assumption that the CBMs implemented within the CSCE may offer an example to other regions as well. For instance, the Soviet Union believes that Europe, which initiated the process of political détente, can promote further progress in military détente and set an example to other regions in that regard. Accordingly, the experience acquired in Europe in implementing CBMs, could be used in regional consideration of the question of reaching agreements on such measures.[12]

The government of Sweden paid attention to the fact that the application of CBMs presupposes the existence of a regionally limited area where the component states are genuinely willing to show restraint and co-operate in order to reduce tension. Sweden brought the idea of regional security conferences forward hoping that the countries in the other regions of the world will initiate conferences on security and co-operation »similar to the CSCE« within the framework of which it may prove possible to agree on CBMs for this particular region.[13]

The central presumption of the resolution 33/91 B was that regional arrangements of the CBMs would have to take into account the specific conditions

---

12 A/34/416, p. 55, USSR.
13 *ibid.,* p. 44, Sweden.

and requirements of each region. Various replies like that of the Netherlands, emphasizes that regional differences have to be taken into account in adopting CBMs, so that measures will have to be tailored for that specific region »in view of the existing political, military, and geographical circumstances«.[14] Which of the modalities of the CBMs are most appropriate for a certain region, depends, indeed, on the conditions prevailing in that particular region. And as the Danish government points out, specific confidence-building framework, could normally *not be transferred* immediately to other regions.[15]

The gradual development of regional CBMs is favored in many replies. The United States for instance, emphasizes that it should be left to the governments of the countries concerned in each case to decide which measures and which parameters they should agree to. »As a start, it would be sufficient if the countries of a region commit themselves to take only a few measures selected by them which are appropriate to the prevailing political and military situation. As soon as positive experience has been gained the arrangements could be developed further step by step.«[16] Turkey, also recommended a selective and gradual approach in increasing regional stability and security and defined that the term *region* may apply to two or more states.[17]

A proposal worth mentioning is contained in the reply of the United Kingdom. She suggests that the Secretary-General of the UN would keep a *voluntary register* of the types of CBMs applied throughout the world, as an aid for the further development of this important concept.[18]

The voluntary nature, in addition to the need of taking into account the specific conditions of a regional CBM framework, is emphasized by some states. For instance, Israel states that a regional agreement can be arrived at only by direct negotiations between states of a region. Moreover, adherence to it can be brought about only by way of voluntary association and on the basis of a non-discriminatory participation.[19] On the other hand, the governments seem to fully support the idea of taking initiatives within the UN and even of intensifying them.

In view of the replies of the member states the prospects of extending CBMs to regions outside Europe do not seem very encouraging. Views were received primarily from the CSCE-states and their substantial emphasis, although

---

14 *ibid.*, p. 29, the Netherlands.
15 *ibid.*, p. 11, Denmark.
16 *ibid.*, p. 20, U.S.A.
17 *ibid.*, p. 49, Turkey.
18 *ibid.*, p. 57, The United Kingdom.
19 *ibid.*, p. 27, Israel.

aiming at a general implementation, is still in Europe. Concerning other regions, the replies have relative little to offer that was not contained in the resolution 33/91 B.

Only few replies were received from outside the CSCE states, mostly from the Middle East countries. In these replies, CBMs are not on the whole, conceived in the same manner as in Europe, as a procedure aiming at dispelling fears of military activities. They stress, among other things, requirements of equal security and national sovereignty, need for legal arrangements, necessity of political reorientation as a precondition of CBMs etc. No enthusiasm towards CBMs and very few practical proposals can be gleaned from the replies of the governments outside the CSCE region.

In short, it is evident that the creation of CBM-settings for various geographical regions is quite possible in principle. In reality, however, one cannot expect that decisive steps towards confidence-building arrangements will be taken in any region outside of Europe for the forseeable future.

On the other hand, the deliberations in the United Nations have just started and in view of earlier experiences the adoption of a new idea within the world organization takes time. It is conceivable that the comprehensive study on confidence-building measures which the UN decided to carry out in its 34th session, with the assistance of a group of government experts, will bring the CBM problem area into a wider international consciousness and create conditions for implementation of these measures in a regional context in general.[20]

Regional implementation of confidence-building measures remains dependant on several additional requirements. One of these would seem to be the political readiness of a region to emerge into negotiations and dispelling mutual distrusts. It is evident that a potential CBM region must be relatively free from serious security-political difficulties, in other words, the security needs of the countries are basically satisfied. As the example of Europe proves, zones of relative stability are most appropriate for such undertakings.[21]

Another fundamental problem having a more general impact on regional arms control, too, concerns the role of those great powers having security interests in the region concerned. At least the European example demonstrates that the only realistic starting point for regional arms control is to bring together the great powers maintaining security interests and armed forces in the region to the negotiation process from the very beginning. To what extent

20 Resolution 34/87 B.
21 *Klaus J. Citron/Reinhard Ehmi*, »Das Konzept vertrauensbildender Maßnahmen: Ursprung – Erste Verwirklichung – Perspektiven«. *Vereinte Nationen*, 1/1979, p. 10.

this is necessary with CBMs virtually involving no security risks at all, is a question worth pondering. Is the contribution of the great powers necessary for creating a regional CBM-setting, or not? The example of Europe, again, counsels for a view that this is, in fact, the case where the physical presence of outside armed forces form an integral part of the political reality of the region.

3. *CBMs for Nuclear-Weapons*

Until now, confidence-building measures have been implemented primarily in the context of conventional armed forces. This has been particularly well-founded since the measures have been agreed upon within the CSCE, the participants of which have found a common denominator in procedures concerning conventional forces. Except SALT, and the nuclear-accident agreements which bear some resemblance to CBMs, the destructive power of nuclear weapons has, so far, remained outside the confidence-building procedure. CBMs presuppose certain willingness to openness, but not surprisingly, this is hardly discernible with the nuclear weapons forming the strategic backbone of the superpowers' military capability. Another reason is that nuclear systems are components of the global strategic balance and it has come almost axiomatic to maintain that very threat of their use has created the strategic stability and contributes to the maintenance of peace and security. SALT treaties may be further said to have contributed to the control of nuclear build-up and to formal regulatory, even confidence-building machinery between the two superpowers.

Recent trends in military build-up, however, argue strongly on behalf of creating further confidence-building procedures and mechanisms. Steps concerning nuclear build-up in Europe, such as the deployment of the SS-20 missile in the Soviet Union, and the decision of NATO to deploy Pershing II and ground-launched cruise missiles in Europe, have been taken outside the regulatory mechanisms and have also contributed to increased mistrust in Europe. One may further refer to the fact that the middle-range nuclear systems have, so far, remained outside the arms control negotiations; and it is highly unlikely that all parties maintaining nuclear systems are interested in negotiations aiming at placing limitations or restraints on these systems. Nuclear weapons pose, therefore, an interesting and demanding challenge to confidence-building activity with the task of extending and finding appropriate forms of CBMs for this important and neglected field.

The points of departure in nuclear CBMs might fundamentally coincide with the CBMs already adopted, adapted to the specific requirements of eliminating the nuclear threat. Development of these measures might, for instance, take place within the following procedural framework:
- notification of selected activities,
- disclosure of information, and
- agreed restraints of selected activities.

3.1 *Notifications*

In the nuclear sphere the notification procedure could be based on mutual agreements between the parties concerned involving as a point of departure, and agreed data base on existing nuclear systems:
–delivery vehicles according to strategic and theater missions and armed services (a kind of precedent was set in the SALT II treaty statement of data on the numbers of strategic arms of the USA and the USSR as of June 18, 1979);
- nuclear warheads according to the same breakdown as delivery vehicles.

After initial agreement on the data base the notification might proceed along the following lines:

Deployment of new systems of either side leads every time to speculation on the purpose of these systems and the extent of their deployment. Sooner or later knowledge of new systems is bound to reach the opposite side. Much concern could be avoided if a formal prior notification was given concerning deployment of new nuclear weapons systems.[22] The opposite side may not be delighted about the news of new weapon systems but one could imagine that it would, to some extent, appreciate a formal notification as to the intended deployment (number of systems to be manufactured).

Rate of deployment of the nuclear systems is one of the main concerns of the opposite side as soon as the news of a new system has been received. In this case, too, a notification on the rate of deployment, increases the calculability

---

22 A step into this direction is the information on the decision taken in December 1979 by the NATO Foreign and Defense Ministers: »...ministers have decided to modernize NATO's Long Range Theatre Nuclear Forces by the deployment in Europe of U.S. ground-launched systems comprising 108 Pershing II Launchers which would replace existing Pershing 1-A, and 464 Ground-Launched Cruise Missiles (GLCM), all with single warheads«. *NATO Review*, No. 1/1980, p. 25.

of the parties and contributes to a realistic assessment of the situation and reaction to it. (An example is perhaps to be found in the rate of production statement of the »Backfire«-bomber in the context of SALT II.)

Information concerning removing, phasing out or abolishing obsolete nuclear systems would be appreciated as a confidence-building gesture of no minor significance to the calculus of the strategic balance.

3.2 Disclosure of Information

Voluntary disclosure of information concerning nuclear armaments presents itself as a CBM worth thinking about as an addendum to the notification procedure. It should be remembered that the CSCE Final Act already contains elements of this two-step procedure. Listing the information contents of the notification concerning major military maneuvers the document adds: »The participating states will also, if possible, provide additional relevant information . . .«

Potential objects of voluntary information disclosure include:
– *Characteristics of weapon systems* including information as to the range of the delivery vehicle, number of warheads it carries and yield of the warhead.
– *Area of deployment* and redeployment is a more sensitive question, but could make sense in cases where this will be found out anyway sooner or later.
– *Modernization programs:* which weapon systems will be replaced by others, which weapon systems are subject to modernization without replacement and how their performance capabilities will be affected.

Other issues connected with nuclear systems could perhaps be singled out, the knowledge of which would lessen concern towards these weapons. On the other hand, information on nuclear weapons – quantities as well as qualities – is traditionally surrounded with extreme secrecy in the military. The premises of secrecy which are well founded in circumstances of military scarcity do, however, seem superfluous in times of nuclear plenteousness. Traditional arguments on military secrecy as a vital necessity for national security seem to lose much of their weight when reassessing them under mutual assured destruction capabilities.

3.3 Restrictions of Stationing and Use

Questions concerning regional limitations of nuclear weapons present greater problems than those of conventional forces. The number of nuclear systems in a certain region does not as such correlate with their military capability (offensive or defensive) to the same extent as that of general purpose forces. Limitations of nuclear forces in border regions, therefore, do not seem to have a comparable confidence-building effect as the limitations on maneuvers and movements of conventional forces. In limiting nuclear weapons the reduction area has to be large enough to have significance. If talking of a concise area, the limitations have to approach zero to have political effect. The previous concept is applied in the MBFR framework and the latter belongs to the problem area of nuclear free zones. Although the latter concept in particular, exceeds the scope of CBMs, it may be worthwhile to remind of the thoughts concerning a narrow non-nuclear weapons zone, say 80–100 kilometers broad on both sides of the border of the military alliances as an initial confidence-building measure of nuclear arms control in Europe.[23]

As the prohibition or even a substantive limitation of nuclear weapons seem to lack necessary conditions for the foreseeable future, the concept of *prohibiting the use of nuclear weapons* has been offered as an alternative form of nuclear arms control. The complete prohibition of use is, however, not a realistic option as long as nuclear weapons form the backbone of the great powers' military capability. Instead, *limitations of use* have been discussed and mainly two kinds of solutions have been offered.

First, there are the undertakings by nuclear weapon states not to use or threaten with nuclear weapons, those non-nuclear states that have committed themselves not to produce or acquire these weapons. United Nations disarmament agencies are presently working on arrangements for negative security guarantees on the basis of unilateral declarations of the nuclear powers during the UNSSOD and the subsequent resolutions of the General Assembly.

A second approach is to seek limitations on the use between nuclear powers themselves. In principle, this would seem more significant from the point of view of international security than arrangements with non-nuclear states. These arrangements have been particularly in the interest of the Soviet Union and the Warsaw Pact which, in 1976, proposed a conclusion of an internatio-

---

23 The concept has been put forward especially by the Pugwash-movement in the 1960's and 1970's. See Jorma K. Miettinen, »The question of theatre nuclear weapons in Europe«. Pugwash workshop on European Security, Geneva, Switzerland, 19–20 January, 1980.

nal treaty on non-first-use of nuclear weapons. As NATO because of its flexible response doctrine, showed no interest in a non-first-use agreement the Warsaw Pact modified its proposal to include both nuclear and conventional weapons so as, in effect, to constitute a kind of non-agression treaty. Evidently, only disassociating from the strategy of a first-use option might increase NATO's interest in the non-first-use agreement. The prospects are, however, not completely hopeless because of the fact that strategic doctrines are based on defensive motives. Both superpowers, in fact, emphasize the non-use of nuclear weapons except in self-defense. These conditional declarations remain, of course, far from an unconditional prohibition of use under all circumstances. In any case, even a joint declaration of the superpowers on the basis of non-use except in self-defense might possess confidence-building significance, the political effect of which should not be underestimated.

Only part of the possible CBM-provisions for nuclear weapons could provide a framework for obligatory commitments. Most of the potential measures like disclosure of information necessarily would have to remain voluntary. The example of the CSCE would, however, seem to support an attempt to establish a two-step formula. (1) Agreed upon activities would be subject to notification while (2) the voluntary category of information disclosure could be provided with a catalogue of examples. In the case of nuclear weapons the security interests of the states have to be reckoned with to a far greater extent than with conventional forces. This fact advises to careful, selective and step-by-step proceeding. If the experiences are warranted, the procedure could always be expanded. Nuclear weapons as such, should, however, not be regarded as tabus for confidence-building measures.

Where should the nuclear CBMs be agreed upon? Most obviously in a conference to be convened for that particular purpose. May the following be added to the bargaining list of proposals on arms control measures and forums: The states possessing military nuclear capability, i. e. the United States, the Soviet Union, the United Kingdom, France, and China should consider arranging a conference with the aim of discussing confidence-building measures appropriate for nuclear weapons.

4. Conclusions

The future development of confidence-building measures is entwined with various problem areas. There is, first of all, the serious challenge – not only to CBMs but arms control in general – of the continuous qualitative arms race. It would be escape from reality to imagine that the qualitative improvement of arms could be prevented. Technological innovation including military modernization, cannot be brought to a standstill, but it is obvious that a good many of the negative consequences of new weapon systems could be avoided if the arms control implication of the new systems would be thought through more clearly before, rather than after their deployment.[24] CBMs cannot provide a remedy for the qualitative arms race, but their procedures, if properly and timely applied, might, to a certain extent, lessen the anxiety and need for overreaction so common with the appearance of new weapon systems.

A second problem area relevant of the future of CBMs concerns the formulation of the measures in a way which guarantees that the security-political interests of the parties concerned are taken into account in a relatively balanced manner. It is not too difficult to make procedural proposals concerning the extension of CBMs from the adopted basis (more of the same approach), but in doing this, the fact may pass unseen that sooner or later one is bound to meet difficulties connected with strategic asymmetries. In some cases these difficulties may be overcome by balancing certain measures in one category against other measures in other categories, but the main rule of not violating the security-political interests of the parties or limiting their strategic options still has to be reckoned with. In principle, it may seem obvious that all parties benefit from implementing new confidence-building measures. That, however, is only true in theory. In practice, the parties always ask, who »wins« and who »loses« with a particular measure or proposal.

A third problem area concerns the obligatory effect of the CBMs. On a level which does not have a decisive security-political significance it has been possible to solve the question on their binding character in a flexible manner as was done at the CSCE. The closer, however, to arms control and arms limitation one moves, in developing confidence-building measures, the stronger the demands become for binding obligations.

A formal weakness of the CBMs within the CSCE setting is that they are not binding according to international law. This is perhaps one of the reasons for the increasing interest in proposals outside the CSCE. The French proposal that discussions should be initiated in a new forum with a view towards the adoption of tangible and legally binding measures, in part, reflects the concern of the binding character of the CBMs.

24 See *Robin Ranger,* »An Alternative Future for MBFR: A European Arms Control Conference«. *Survival,* July/August 1979, p. 170.

The limited scope of the CBMs adopted until now signifies that there is a potential for strengthening and expanding the CBMs. At least in Europe, where most experiences have been gained, the possibilities they offer for developing the security of the continent are obvious. At this stage the implementation of the CBMs in other regions is more difficult to foresee in practice but the principle of applying these measures on a wider geographical basis is clearly gaining ground. With this in mind a few principles might be offered in conclusion which might serve the discussion on the future development of confidence-building measures.

1. Although the benefit of cooperation extending over many functions of societies is obvious from the point of view of building confidence, the need to maintain operationality of the CBM concept suggests that for the present it would be expedient to limit the scope of the concept to security-political issues.

2. A further development of CBMs should be able to incorporate the essential elements of the Eastern and Western CBM-approaches.

3. The requirement of »undiminished security« to all parties concerned following security-political negotiations, is the more important, the more vital are the interests concerned. The security risks of CBMs are minimal, however, which should encourage flexibility in negotiating positions. Hence, it should be acceptable to the parties that the performances and counter-performances need not be completely commensurable in all CBM-catagories and geographical sub-regions.

4. Confidence-building measures ought to be applicable in all regions of the world, taking into account, of course, the specific conditions and requirements of each region. Utilization of the UN mechanism to provide an institutional framework for the development of CBMs might be helpful. This would inevitably diminish the role played by the CSCE in the development of the concept, however.

5. The universality of the CBMs should also be »vertical«, these measures should apply to all types of weapons: conventional, nuclear and other mass destruction weapons, existing as well as forthcoming.

6. The implementation and development of CBMs should be seen as an on-going process – rather than a series of individual performances – that will

assure unbroken communication and consultation and require certain degree of institutionalization to keep the process alive.

Evgeny Chossudovsky

VIII. Für ein umfassendes politisches Konzept Vertrauensbildender Maßnahmen in den Ost-West-Beziehungen – Towards the Elaboration of a Comprehensive Policy Concept of Confidence-Building Measures (CBMs) in East-West Interactions. Some tentative considerations

1. Phenomena of trust or confidence on the one hand and distrust or suspicion on the other have, for diverse reasons, always existed in society. They can be observed at the inter-personal, intra-national, and international or inter-State levels. These phenomena represent the two poles of partly rational and partly emotional responses to outside events. Society cannot function without a measure of mutual confidence.

2. International manifestations of confidence and distrust acquired a new dimension when the world became divided into essentially two heterogeneous and partially antagonistic political, social and economic systems.

3. Early relations between the two systems have been characterized by considerable distrust. As a result of a series of political events which led to the CSCE and its Final Act, a noticeable improvement occurred in this regard, though the confidence-level remained low and inadequate if set against the potentialities of East-West co-operation and the major objective of the CSCE Final Act to achieve a significant measure of political and military détente.

4. The Final Act acknowledged the central importance of confidence for a stabilization of East-West relations and for enhancing co-operative transactions between Eastern and Western countries.[1] More specifically the Final Act provided for a set of confidence-building measures (CBMs) in the military sphere.

Note: The views expressed in this paper, prepared for the 37th Pugwash Symposium (9–11 April 1981 in Hamburg), are not necessarily those of the United Nations Institute for Training and Research (UNITAR).
    Please see the Footnote at the end of the paper too.
1 See official text of the Final Act, e. g., pp. 77, 81, 82, 83, 84–87, 91, 113, 117, 120.

5. Despite a number of positive developments and trends which could be noted since the adoption of the Final Act, the recent deterioration in East-West relations has seriously inhibited the process of détente and has been accompanied, if not caused by, a sharp lowering of the confidence level, with mounting distrust setting in train a downward spiral, distrust feeding on distrust.[2]

6. It would seem to be beyond doubt that current developments clearly show that without a measure of confidence détente, however defined, cannot be preserved, let alone strengthened. In view of the solemnly proclaimed determination of all signatory states »to give full effect to the results of the Conference and to assure . . . the benefits deriving from those results and thus to broaden, deepen and make continuing and lasting the process of détente«,[3] there is urgent need to examine how the present downward trend in mutual confidence can be arrested and to examine how the present downward trend in mutual confidence can be arrested and to examine what kind of further CBMs could be devised to reverse this trend.

7. The papers presented on the theme of confidence-building measures indicate the considerable complexity of the subject and the plausibility of using different approaches in tackling it. This author has been greatly stimulated by some of the ideas adumbrated in the presentations which were available to him when preparing this paper and was also gratified to see certain of his own reflections on the matter reflected or confirmed. He hopes that his own attempt to argue for the elaboration of a *comprehensive policy concept of confidence-building measures in East-West inter-actions* may constitute a suitable contribution to the discussion.

8. Confidence and distrust belong to what might be termed the subjective sphere of international relations. It is assumed that, whatever one's philosophical outlook, social developments and events constitute objective reality. However, different individuals, different peoples, different States can and do have varying perceptions of that reality. Furthermore, the advent of the system of sovereign nation States has led to heightened security conscious-

---

2 If confidence falls below a certain level proposals for launching reasonable and mutually advantageous co-operative schemes, even in the »extra-political« domain, find no response or are at best greatly delayed.
3 *Op. cit.,* p. 75.

ness of peoples and their decision-makers. The existence of countries and groups of countries with heterogeneous systems endowed with divergent ideology-based value judgements has brought about sharply differing perceptions of the causality, nature and motivations of international events, frequently leading to diametrically opposed assesssments and resultant distrust and hostility. Without going into the question of the origins, causality and dynamics of the armaments race, the »military reality« has increased the sensitiveness of the security factor. This, in its turn, has led to a situation where despite the positive developments (including important, if partial, accords in the armaments field) in East-West relations referred to above, which had somewhat improved the climate of mutual confidence, recent responses to events in, or in some way connected with, the security sphere have adversely affected that climate.

9. Confidence, being a subjective phenomenon, is partly influenced by factors pertaining to individual and social psychology. There is growing recognition that the precise way in which such factors affect confidence (and by the same token distrust) in inter-State, and especially East-West relations, deserves careful study with a view to ascertaining whether and, if so, how psychological factors should be treated in efforts at East-West confidence-building. At the same time it is believed that an exclusively psychological approach to confidence-building and tension-reduction cannot remove the very real and tangible obstacles, both old and new, to mutual confidence, which existed or have arisen. Nevertheless, a better understanding of the workings of psychological factors in the context of international relations may help reduce unnecessary aggravations by regulating and attenuating emotional impulses, *a priori* distrust, »instinctive« fear, etc., as well as purely intuitive judgements. Can anything be done to improve the quality of perception defined as the process of acquiring knowledge through the senses of the external world? Perceptions are likely to continue to be affected by one's scale of values. Because of the ideological differences which characterize East-West relations, the significance of the same event may continue to be differently judged by the two sides, particularly if that event is seen to affect the national interests, including, more particularly, national security. In such a case empathy has to be used by both sides to comprehend the other party's point of view even if attitudes continue to differ. In relations between heterogeneous partners even growing confidence is likely in the foreseeable future to remain tempered by caution and vigilance. What is suggested therefore is that East-West confidence be optimised by appropriate CBMs and freed from irrational admixtures to the maximum extent possible.

10. The author craves the indulgence of the specialists for addressing himself to matters which require considerable technical knowledge. What he was trying to find out was whether it is possible so to steer the decision-making process and the political responses in East-West relations as to isolate unfounded and irrational causes of distrust, make due allowance for the difference in ideological value-judgements, and thereby identify its more tangible and rational reasons in the context of legitimate national interests. If both sides were to proceed along these lines, a process might be initiated whereby, by a deliberate adjustment of mutual perceptions, a better and clearer understanding of the issues dividing the two sides could be achieved. An attempt should then be made to see to what extent such divisive issues may be negotiable. Obviously not all issues could be resolved in this manner and some would remain intractable either for substantive reasons and/or because confidence has not yet attained, or cannot be raised beyond a certain level. But there is anyway no such thing as absolute confidence in the political domain.

11. If the above considerations are not altogether without foundation, it would follow that the process of confidence-building, especially between countries which have been divided not only by ideologies and different socio-economic systems, but by deeply ingrained suspicion caused by historical reality, different traditions, isolation, lack of information, paucity of personal contacts, etc., requires a considerable mental and psychopolitical effort on both sides, especially in periods of a confidence crisis.

12. Yet the acknowledgement of the need for a measure of confidence and a better comprehension of its nature are not sufficient in themselves to ensure the continuance of confidence. The precarious character of the state of East-West confidence, especially at the present juncture, calls for an agreed long-term political strategy to try to strengthen or, at least, to maintain and to protect confidence from untoward developments. Hence this author believes that a carefully considered and *commonly agreed policy concept of confidence-building*[4] is urgently required. The term »policy concept« rather than »theory« is used deliberately. Without in any way underestimating the importance of theorizing on the subject, what seems to be called for, especially under present circumstances, is a guide to effective deeds rather than words (though certain words can do much harm to confidence!).

---

4 A common »confidence-building language« seeking to convey an approximate equivalence between Eastern and Western approaches might indeed prove useful.

13. The reason for insisting on the necessity of a comprehensive approach to confidence-building is the author's belief that diverse, co-ordinated, complementary and mutually reinforcing CBMs based on co-operation, which is tangible and mutually advantageous in terms of »pay-offs« and ranges over all areas of such inter-action, can be expected ipso facto to generate confidence and thereby to set in train an upward spiral of cumulative causation whereby confidence engenders co-operation and co-operation engenders confidence.

14. Attention has already been drawn (see para. 4 above) to the reference to confidence and confidence-building contained in the Final Act. The Document proclaims the desire of the participating States »to search ... for possibilities of *joining their efforts* with a view to *overcoming distrust and increasing confidence,* solving the problems that separate them and co-operating in the interest of mankind«.[5] Although this pronouncement is made in the context of the first »basket« (i. e. »Questions relating to Security in Europe«), and the provisions for CBMs relate to the military field only, a convincing case can be made that though the Document does not contain a fully developed and structured concept of comprehensive confidence-building, it does recognize that confidence-building goes beyond the area of questions of security:
– The signatory States acknowledge the close link between purposeful co-operation and confidence-building.[6]
– The provisions to promote »by all means which each of them consider appropriate, a climate of confidence«[7] indicates their awareness of the »psychopolitical« aspects of confidence building.
– In the same vein, in the context of security, the dangers of »misunderstanding«, »miscalculation«, due to lack of »clear and timely information« are recognized.[8]
– The signatory States realize that the CBMs contained in the Final Act derive from »political decision«.[9] This would seem to imply the central role

---

5 *Op. cit.,* p. 77. Author's italics.
6 »They will endeavour, in developing their co-operation as equals, to promote mutual understanding and confidence« (*Op. cit.,* p. 81).
7 *Op. cit.,* p. 83. Author's italics. The full text of this provision is as follows: »To promote by all means which each of them considers appropriate, a climate of confidence and respect among peoples consonant with their duty to refrain from propaganda for wars of aggression or for any threat or use of force inconsistent with the purposes of the United Nations and with the Declaration on Principles Guiding Relations between Participating States, against another participating State.«
8 *Op. cit.,* p. 84.
9 *Op. cit.,* p. 85.

of the political will in *all* aspects of confidence-building and all types of CBMs.
- The recognition by the participating States that the experience gained by the implementation of the provisions on CBMs in the military field, together with further effort, would lead to developing and enlarging measures aimed at strengthening confidence«[10] does seem to point to the readiness to consider a widening of the scope of CBMs.
- Careful scrutiny of the considerations and provisions set forth in the Final Act's second and third »baskets« covering what might be termed »extra-political« co-operation indicates awareness of the desirability of developing mutual confidence as a pre-condition, concomitant and end-result particularly of certain types of East-West contacts (as one of the methods of co-operation) in the economic and human rights fields as well as from »wider knowledge and understanding« of the various aspects of life in other participating States.[11]

15. While the need for confidence-building and, presumably, also for CBMs in all areas of East-West inter-action covered by the Final Act thus appears to be recognized in that Document, it is understandable that since the very notion of confidence-building was still in its nascent phase at the time of the CSCE negotiations, it was felt that in the first instance in confidence-building should be focussed on security and on related military activities. We have already observed that the level of confidence (or lack thereof) depends in the first place on the extent to which a country considers itself secure from sudden attack.

16. On the basis of the preceding considerations, the contours of the comprehensive policy concept of CBMs in East-West inter-actions begin to emerge:
- While paying priority attention to confidence-building in the security context, the process should be extended to all sectors of East-West inter-action covered by the Final Act and, in the first instance, to those which appear to have evident confidence-building propensities.

---

10 *Op. cit.,* p. 87.
11 See *op. cit.,* Especially pp. 91, 113, 117, 120.

- Accordingly, it is legitimate to distinguish between the following CBMs – political, including psychopolitical
- security-oriented[12]
- »extra-political« (second and third »baskets«)[13]

17. Areas of emphasis in each sector should be identified in the light of experience. Co-operative schemes which can be seen to produce tangible advantages (»pay-offs«) to all participants based on shared interests can be regarded as CBMs inasmuch as implementation of specific agreements, particularly of a long-term nature, leads to co-operative habits and thus gradually builds up confidence, especially if all the actors involved are conscious of the importance of the confidence factor in East-West relations and are anxious to nurture confidence by the use of appropriate procedure, etc. Examples are major projects of common interest in fields which are enumerated in the Final Act.[14] If efforts in confidence-building in the political and security fields were to go hand in hand with those in, say, the economic sectors, there is greater likelihood of the two sides not being deterred by the risk of so-called »over-dependence«.[15]

18. The role of co-operation in the confidence-building process is crucial. Co-operation, by its very nature, is or can be rendered confidence-building, particularly when it is purposeful, functional and institutionalized. In fact, effective co-operation requires a whole host of procedure like consultations, exchange of information, negotiations, elaboration and conclusion of appropriate agreements and joint supervision of their implementation. This pro-

---

12 The author ventures to express his doubt whether secondary CBMs in the military sphere, however desirable, would be adequate to reverse the present downward trend in East-West confidence, even if they were enlarged. What is urgently required would seem to be a new initiative to resume arms control talks after agreeing on a suitable starting point for a downward movement. The notion of broad overall parity has been criticized by some as having but little meaning because of the enormous over-kill capacity of the nuclear component. But for political reasons it is not likely whether any other starting point could be agreed upon. Assuming that an agreement on the matter could be reached, it is essential to work towards co-operative approaches to arms control. A number of detailed suggestions for such an approach have been made by both sides. In this connexion it is also pertinent to recall the concluding sentence of the Statement on the Third Pugwash Workshop on »The Current Crisis of Nuclear Forces in Europe« (6–7 December 1980): »Finally, there was a broadly based consensus that the sense of security and mutual confidence which is the essence of a peaceful world would require going beyond the present balancing of the numbers of warheads and other military capabilities«.
13 The agenda for the Pugwash Symposium describes these CBMs as »non-military«.
14 *Op.cit.,* p.96. See, especially, the references to energy resources.
15 Would it not be true to say that every effort to trust each other contains an element of »calculated risk« for *both* sides?

cess involves a considerable number of persons who, as a result of a multi-faceted co-operative process, are led to re-assess the validity of their distrust and to realize that a measure of confidence must and can be attained between the two sides of the co-operative project is to succeed. Even the smallest »confidence-building block« counts if it can be fitted into an overall sound structure, that is pivotally secured.

19. A comprehensive (i. e. multi-sectoral) confidence building pre-supposes that the necessary political decisions are taken and carried out by the governments.

20. Viewed conceptually, the various phases of the confidence-building process are visualized schematically as follows:
- It is assumed that the basic *policy decision* of the Government concerning East-West relations within the framework of the Final Act (unilateral, bilateral and multilateral) will include a careful assessment of the state of mutual confidence and the possibilities of strengthening it, preferably through an inter-related series of CBMs (covering the various sectors).
- It is also assumed that the basic policy decision relating to confidence-building will be backed up by an adequate *political will*. It stands to reason that it will be easier to maintain the basic policy-decision and sustain the political will if the CBMs are, and can be seen to be, fruitful.
- East-West co-operation intended, at least *inter alia*, to strengthen confidence between the two sides must be politically steered, managed and co-ordinated at the unilateral, bilateral and multilateral levels.
- Confidence-building will have to be embodied in both specific co-operative transactions which have primary and explicit confidence-building objectives (such as the CBMs set out in the Final Act), as well as in confidence-building spin-offs« resulting from various types of co-operation. What is important is that co-operative transactions are purposefully and deliberately directed towards confidence-building.
- To ensure complementarity and maximum effectiveness of the various CBMs or co-operative schemes with confidence-building potential at all levels, full use should be made of existing working practices, procedures, mechanisms and institutions, both national and international.
- Suitable arrangements for additional mechanisms for consultation, exchanges of views and information should be made, as necessary.
- As is known, the growing common interest in individual co-operation between Eastern and Western countries has resulted in a new type of bilateral agreements (usually of long-term duration). These accords have

led to the establishment of intergovernmental joint or mixed commissions which, as a rule, meet regularly. High Government officials, frequently of cabinet rank act as heads of the two delegations and as rotating chairmen of the commission sessions. The author has the impression that the activities of these commissions have had an undoubted and appreciable confidence-building effect, thanks to the continuity of personal contacts, the private (confidential) nature of the meetings coupled with opportunities to exchange information, to pass under review both positive and negative developments, and to clear up misunderstandings.
- No continuing East-West machinery of this type exists at the political level. Governments may therefore wish to give consideration to the establishment of analogous Political Commissions. The possibility of a regular review of both achievements and difficulties and the opportunity to ask for and receive relevant information is indispensable if confidence is to be restored and strengthened. Another type of arrangement is an agreement on periodic political consultations on all major issues, both of bilateral and global concern (see. e.g., the relevant provisions contained in the Franco-Soviet-Protocol dated 13 October 1970).

21. In this context attention needs to be drawn to the key role which regular direct personal contacts between very senior decision-makers can play in the East-West confidence-building process. Procedures for such contacts at the summit level have become firmly established within the two alliances and the two major economic groupings. Summit meetings between the Heads of States or Government from Eastern and Western countries have taken place from time to time, have led to important accords, especially between the major powers, and had a direct impact on the course of international events. Such carefully prepared and »pre-negotiated« meetings should, of course, take place in the future, as required. In particular, a summit meeting at a time of a severe crisis of confidence could do much to break the log-jam, open the way to fresh initiative and help reverse present trends. But it does seem to the author that there is also scope for regular and more informal consultations between the leaders of Eastern and Western countries, held both in a bilateral and an appropriate multilateral setting (including, possibly, that of the two alliances). Regular meetings between decision-making personalities could have a significant long-term influence on confidence-building since they would establish much closer and systematic personal relationships which, by themselves, may pave the way to better understanding, but also provide an invaluable opportunity to test motivations, to dissipate doubts, to prevent miscalculations, to defuse »situations«, and to initiate a mutual learning

process. Regular encounters of the Heads of State or Government (which, in addition to the formal talks) would have an informal part where any problem of common concern could be frankly thrashed out without any pre-conditions,[16] would also have a positive and reassuring effect on public opinion.

22. At the multilateral level, existing international institutions, including, more particularly, those belonging to the United Nations system, could be used more actively for East-West confidence-building in the global setting.[17] ECE in particular, but also UNESCO, WHO and other intergovernmental bodies, provide excellent facilities for the launching and execution of confidence-building co-operative projects. Indeed, the activities of these bodies has engendered a vast network of collegiate contacts between thousands of officials and experts who have become used to working together on matters of common interest in a spirit of mutual trust, goodwill and empathy.

23. The so-called »framework of the Follow-up to the CSCE« could and should be used as a vehicle for confidence-building to a much greater extent than hitherto. To this end it should be rendered more continuous and coherent.[18]

24. The implementation stage of CBMs and of co-operative projects with confidence building effects is crucial. Tangible and mutual pay-offs resulting from such activities are likely to encourage decision-makers, having achieved, and benefited from, a better »climate of confidence« in as many domains of East-West inter-action as possible, to persevere in their efforts to strengthen confidence. This may give an added impetus to the continuation of this process, possibly at a somewhat higher level.

25. Summarizing, the confidence-building process can sequentially be visualized as follows: A measure of confidence (brought about by the necessary

---

16 See also the Report on the Twenty-Ninth Pugwash Symposium on Security and Co-operation in Europe: Problems and Prospects After Belgrade, In *Pugwash Newsletter*, May 1978, p.119.
17 Global confidence-building measures are now on the agenda of the sessions of the United Nations General Assembly. (See General Assembly resolutions 33/91, 34/87 B, 35/156 B.) The General Assembly decided to undertake a comprehensive study on confidence-building measures and requested the Secretary-General to carry out the study with the assistance of a Group of Governmental Experts. The Group held two sessions in 1980. Its progress report containing an Outline of the study on confidence-building measures is contained in a Report by the Secretary-General to the thirty-fifth session of the General Assembly (A/35/422).
18 See author's Essay on *The Helsinki Final Act Viewed in the UN Perspective*, UNITAR Research Report No. 24, New York, 1980, 102pp.

efforts engendering positive political events of a propitious nature) becomes a pre-condition and a concomitant of East-West co-operation. Stable, comprehensive and concerted co-operation proceeding as part of the process of détente, with its mutual pay-offs and involving a network of contacts, generates confidence; the inter-action between confidence and co-operation creates a climate of confidence, even if confidence cannot be absolute. CBMs in the security field retain their key role.

26. Such are some of the considerations which passed through the author's mind when reflecting on the subject of this somewhat hurriedly written presentation. He hopes that, if there be some merit in his approach, further *multi-disciplinary* work (preferably carried out *in common* by scholars from Eastern and Western countries) on the detailed elaboration and »fleshing in« of the proposed concept should begin forthwith drawing upon the contributions to the Pugwash Symposium and other pertinent work, including the study of the United Nations Group on CBMs. Its results should be made available to the Governments in an appropriate manner. Time is of the essence.*

---

* The author is grateful to the publishers for including the above paper in the volume, despite the contribution's highly tentative character. Indeed, it represents the author's first attempt to come to grips with a subject of considerable difficulty. Since the completion of his paper the author, having meanwhile had the benefit of perusing a number of other studies on the question of confidence-building in East-West relations and discussing that question further with colleagues holding different views thereon, has come to the conclusion that his own exposition required revision. He is now engaged on this task.

In the revised version the author intends to elaborate on the inter-connexion between objective and subjective factors in East-West relations, so as to place the phenomenon of confidence into its proper perspective. Conficence-building, to be effective, must take into account the objective realities which determine the nature of the inter-actions between the two sides, such as the configuration and institutional structure of their productive force, their accumulated and thereby »objectivised« historic experience and traditions and their major State interests, expecially in matters of security. To put it differently, the confidence-building process must be geared to, and become part of, the formulation and application of basic East-West policies at the unilateral, bilateral and multilateral levels.

The fundamental question which arises in the further exploration of the subject seems to be the following: what kind of confidence can there be between countries that appear to be deeply divided by divergent socio-economic systems, political institutions and ideological valuejudgements? Some writers on the problem of East-West-conficende postulate that because of the underlying and continuing hostility which, in their opinion, characterize the entire East-West relationship, confidence-building should be limited to, and focussed on, inhibiting and reducing the risks of such hostility. From this standpoint particular confidence-building measures should aim at attenuating and diminishing threats by various kinds of verifiable constraints.

But if East-West relations were indeed uniquely based on hostility it may be doubted whether even a measure of what one might call »positive« confidence, i.e. faith and trust in reciprocally assumed commitments, can be achieved between the two sides.

There is, however, another view on the nature of the East-West relationship which postulates the presence, despite of, and alongside, antagonistic elements of a wide and objectively expanding range of, common material, intellectual and spiritual interests as well shared global concerns which stem from growing interdependence and call for concerted efforts. In particular, the ever stronger realisation of the common destiny of mankind impels peoples and governments to seek together solutions to the problem of security. The enormity of the danger of nuclear war leads to the need for *cooperative approaches* to safeguarding national and collective security in an equitable manner. Such efforts can succeed only if they are »lubricated« by confidence, even if genuine confidence is hardest to achieve in relation to the military sector which ultimately, of course, ows its origin precisely to a lack of confidence. The elucidation of new approaches to confidence-building in East-West relations requires an examination of the inter-action between security and co-operation, both in the military and non-military sectors of East-West dealings.

In the present situation one wonders whether peripheral of partial confidence-building measures can by themselves produce the necessary upturn in mutual trust. What is required is a fresh and concentric political initiative by the decision-makers to re-assess the totality of the East-West relationship in a global setting which would focus on co-operative control and thereafter on a co-operative reduction of armaments under mutually acceptable way, and on tackling together the major problem of social and economic betterment. To be successful, such an initiative must include long-term strategies for building and for maintaining East-West confidence through an appropriate combination of »preventive« and »positive« CBM's.

Herbert Wulf

IX. Rüstungssteuerung durch Umstellung der Rüstungsindustrie auf zivile Produktion

Nicht erst seit die Sowjetunion Ende 1979 Truppen in Afghanistan einsetzte, werden die Rüstungsanstrengungen in den NATO-Ländern erhöht. Die seit Anfang des Jahres 1980 beobachtbare krisenhafte Entwicklung des Ost-West-Verhältnisses hat lediglich bereits bestehende Tendenzen zur Erhöhung der Militärausgaben und Beschaffung neuer Waffensysteme enorm verstärkt. Vorher lautete die sicherheitspolitische Formel: Verhandeln, aber gleichzeitig rüsten, um dem Gegner auf keinem Gebiet einen Vorsprung zu erlauben. Dieses Konzept, das in den sozialisten Ländern Osteuropas seine Entsprechung findet, hat zur Konsequenz, daß einerseits das Rüsten auf beiden Seiten mit ständig größerem Aufwand an Ressourcen weiter fortgeführt wird, andererseits aber durch Gesprächsbereitschaft bislang der Rückfall in eine Phase des Kalten Krieges verhindert werden konnte. Anders ausgedrückt: trotz Salt-Abkommen, trotz MBFR-Verhandlungen und KSZE wird in unverminderter Schärfe in Europa und Nordamerika gerüstet.

Diese Entwicklung ist insofern in eine neue Phase getreten, als mit dem Antritt der Regierung Reagan in den USA nicht mehr die Erhaltung eines (wie auch immer gemessenen) Gleichgewichtes vorrangiges Ziel der Sicherheitspolitik ist, sondern erklärtermaßen die militärische Überlegenheit über die Sowjetunion angestrebt wird. Die Realisierung dieses Ziels erfordert – sieht man von den negativen Konsequenzen für den Rüstungssteuerungsprozeß ab – erhöhte finanzielle Mittel. In sämtlichen westeuropäischen NATO-Ländern führte jedoch schon die bisherige Belastung der Staatshaushalte durch Militärausgaben zu Problemen. Die 1978 im NATO-Langzeitprogramm vereinbarte reale Steigerung der Militärausgaben um drei Prozent wurde in fast keinem NATO-Land erreicht.[1] Es bleibt abzuwarten, ob sich die neue amerikanische Rüstungspolitik in Westeuropa in einer Steigerung der Rüstungsproduktion auswirkt. In der Bundesrepublik wird durch die Finanzkrise beim Kampfflugzeugprogramm MRCA-Tornado augenfällig, daß die staatliche Finanzkraft und die Produktionskapazitäten der Rü-

---

1 Vgl. hierzu die Angaben in den jeweiligen Januarausgaben des NATO-Briefes; ferner Stockholm International Peace Research Institute, Yearbook 1980, London 1980.

stungsindustrie nicht in Übereinstimmung sind. Es fehlen für die Jahre 1980 bis 1982 bislang rund 2 Milliarden DM, allein beim MRCA-Tornado. Die Produktionskapazitäten in Westeuropa gehen weit über die Nachfrage in den jeweils nationalen Beschaffungshaushalten hinaus.[2] Aufgrund dieses Sachverhaltes entsteht ein ökonomischer Druck, die Aufwendungen für Rüstungsbeschaffungen weiter auszudehnen. Dabei werden nicht nur sicherheitspolitische oder militärische Argumente für erhöhte Rüstungsaufwendung vorgebracht, sondern es hat schon fast Tradition bei den Befürwortern hoher Militärausgaben, auf die angeblich positiven Effekte von Militärausgaben und Rüstungsproduktion hinzuweisen. Neuerdings wird die konstant hohe Arbeitslosigkeit in den NATO-Ländern (insgesamt mindestens 25 Mio.) paradoxerweise zu einer scharfen Waffe gegen jede Art von Reform und Entspannungspolitik, da Arbeitsplätze behauptetermaßen durch Reduzierung der Rüstungsproduktion gefährdet würden.

Vermutlich waren es diese abrüstungsfeindlichen Argumente, die in verschiedenen Ländern bei Wissenschaftlern und Gewerkschaften zu einer intensiven Beschäftigung mit Umstellungsmöglichkeiten und -hindernissen der Rüstungsindustrie geführt haben.[3]

Überlegungen zur Umstellung der Rüstungsindustrie auf zivile Produktion (in der Fachliteratur als Konversion bezeichnet) sind keine rein »akademischen« von der politischen Realität weit entfernte Diskussionen. Studien zur Konversion der Rüstungsindustrie können vielmehr aufzeigen, daß es zur ständigen Erhöhung der Rüstungsproduktion und der Militärausgaben ökonomisch und technisch sinnvolle Alternativen gibt, daß aus ökonomischen Gründen auf eine Reduzierung der Rüstungspotentiale nicht verzichtet werden muß, sondern daß die teilweise oder vollständige Umstellung der Rüstungsindustrie auch wirtschaftlich positive Effekte hat.

---

2 Berechnungen hierzu für Westeuropa in *M. Brzoska, P. Lock, H. Wulf*, Rüstungsproduktion in Westeuropa, in: IFSH-Forschungsbericht 15/1979.
3 Einen Überblick über die Literatur vermittelt *U. Albrecht*, Rüstungskonversionsforschung. Eine Literaturstudie mit Forschungsempfehlungen, Baden-Baden 1979. Siehe auch *L. J. Dumas*, Economic Conversion, Productive Efficiency and Social Welfare, in: Journal of Sociology and Social Welfare, Vol. 4, März 1977, S. 567–596; ferner *E. Elliot, M. Kaldor, D. Smith, R. Smith*, Alternative Work for Military Industries, London 1977. Für die Bundesrepublik siehe *U. Albrecht* u. a., Vorschläge zur Abrüstung in der Bundesrepublik, Düsseldorf, 1980. Außerdem *J. Huffschmid* und *B. Burhop* (Hrg.), Von der Kriegs- zur Friedensproduktion, Köln 1980.

1. *Das Konversionskonzept*

In der Konversionsliteratur stehen vorrangig nicht die notwendigen politischen Voraussetzungen für erfolgreiche Steuerung der Rüstungspotentiale zur Debatte, vielmehr geht es darum zu zeigen, daß die technischen, wirtschaftlichen und sozialen Probleme, die bei einer Umstellung der Rüstungsindustrie entstehen, gelöst werden können. Mit Konversion sind aber nicht immer einheitliche Vorstellungen verknüpft. In den USA, von woher die Umstellungsdiskussion entscheidende Impulse erhielt, bedeutete Konversion in den Jahren 1963/64 unter dem damaligen Verteidigungsminister McNamara vor allem eine *Effektivierung des Militärapparates*. In dieser Zeit wurden – um finanzielle Mittel für militärische Projekte anderweitig nutzen zu können – eine bedeutende Anzahl militärischer Basen geschlossen; für einige Regionen und Kommunen hatten diese Maßnahmen schwerwiegende wirtschaftliche Folgen. Der damals gegründeten Bundesbehörde, dem Office of Economic Adjustment,[4] ging es vor allem darum, die Einkommensverluste, die auf lokaler Ebene entstanden, durch Ansiedlung von Industrieunternehmen zu kompensieren. Konversion war also in den USA, neben der Rationalisierung des Militärapparates, gleichzeitig auch ein *regionalwirtschaftliches Konzept*. Es galt der weitgehend auf die militärischen Basen ausgerichteten regionalen Wirtschaftsstruktur ein neues ökonomisches Fundament zu geben, was im wesentlichen durch eine Aufwertung des Standortes (Subventionierung von Industrieansiedlung, Steuererleichterung usw.) geschah.

Bei dem in den letzten Jahren am intensivsten diskutierten praktischen Vorschlag zur Umstellung der Rüstungsproduktion der Shopstewards des Rüstungsunternehmens Lucas Aerospace in Großbritannien standen zunächst *Beschäftigungsfragen* im Vordergrund. Den Arbeitern und Angestellten dieses Unternehmens drohten vor einigen Jahren Entlassungen, denen man zunächst mit Streiks und Fabrikbesetzungen und später mit einem detaillierten Plan mit Alternativprodukten begegnete.[5] Die Beschäftigten des Unternehmens zeigten in diesem Plan sehr eindrucksvoll, daß sie durchaus in der Lage waren, ihre technischen Fähigkeiten für andere als militärische Zwecke, nämlich zur Produktion von gesellschaftlich nützlichen Produkten einzusetzen. Die Umstellung der Rüstungsindustrie auf zivile Produktion kann nicht zuletzt aber auch als *Abrüstungs- oder Rüstungssteuerungsmaß-*

---

4 Zur Arbeit dieser Behörde *U. Albrecht*, Rüstungskonversionsforschung. Eine Literaturstudie mit Forschungsempfehlungen, Baden-Baden 1979.
5 Vgl. die Darstellung des Lucas-Alternativplanes in einer Rede von *Mike Cooley*, abgedruckt in: Antimilitarismus Information, Nr. 3/1978, S. III 24–III 32.

nahme verstanden werden. Durch eine Reduzierung der Rüstungsproduktion – so erwarten die Befürworter von Umstellungsplänen – könnte der Trend des permanenten Weiterrüstens umgekehrt werden.

2. *Konversion – ein politisch schwer zu realisierendes Konzept*

Der politische Alltag gibt zu optimistischer Erwartung hinsichtlich einer Konversion in großem Stile wenig Anlaß. Es gilt zwar als empirisch gesicherte Feststellung, daß in der Rüstungsindustrie der NATO-Länder Überkapazitäten existieren – Überkapazitäten sowohl gemessen an der derzeitigen Nachfrage der Streitkräfte der NATO als auch gemessen an den produktionstechnischen Möglichkeiten der Industrie. Konversion wäre also eine sinnvolle Alternative. Da die Rüstungsindustrie in den NATO-Ländern aber nach wie vor weitgehend privatwirtschaftlich organisiert ist, wird Druck auf die verschiedenen Regierungen ausgeübt, die Problematik der Überkapazitäten auch mit anderen Mitteln als einer Umstellung zu lösen.

Es existieren fünf prinzipielle Möglichkeiten, um die Probleme der Unterauslastung von Rüstungsproduktionskapazitäten zu lösen:

a)   *Schließung von Rüstungsbetrieben/Entlassung der Belegschaft*

Dieser Weg wurde Ende der sechziger Jahre im Luft- und Raumfahrtbereich in den Vereinigten Staaten beschritten; von 1969 bis 1971 wurden von 1,4 Mio. Arbeitsplätzen 450 000 vernichtet. Beschäftigungsschwankungen dieses Ausmaßes sind in den westeuropäischen Ländern schon deshalb nicht zu erwarten, weil die Gesamtbeschäftigtenzahl in den größten westeuropäischen Rüstungsproduktionsländern Frankreich, Großbritannien, Bundesrepublik und Italien mit ungefähr 1,5 Mio. Beschäftigten kaum größer ist, als die der US-Luft- und Raumfahrt mit ehemals 1,4 Mio. Beschäftigten. Durch die Verteilung der Beschäftigten auf mehrere Länder und mehrere Branchen gleichen sich Schwankungen eher aus. Den kurzfristigen Entlassungen und je nach Bedarf kurzfristigen Neueinstellungen im Stile der US-Industrie sind durch arbeitsrechtliche Vorschriften in Westeuropa Grenzen gesetzt. Doch Beschäftigungsschwankungen in einzelnen Rüstungsbetrieben (z. B. bei Kraus Maffei, dem größten Panzerproduzenten in der Bundesrepublik mit 6000 Beschäftigten im Jahr 1970, 5000 im Jahr 1975, 4500 im Jahr 1976 und 4600 im Jahr 1979) zeigen, daß Schwankungen des Rüstungsproduktionsvolumens häufig auf Kosten der Belegschaft überbrückt werden.

Auch das Auf und Ab in der Beschäftigungskurve im Rüstungsexport der Bundesrepublik verdeutlicht den beschäftigungspolitischen Unsicherheitsfaktor der Rüstungsindustrie. *(Schaubild 1)*

SCHAUBILD 1

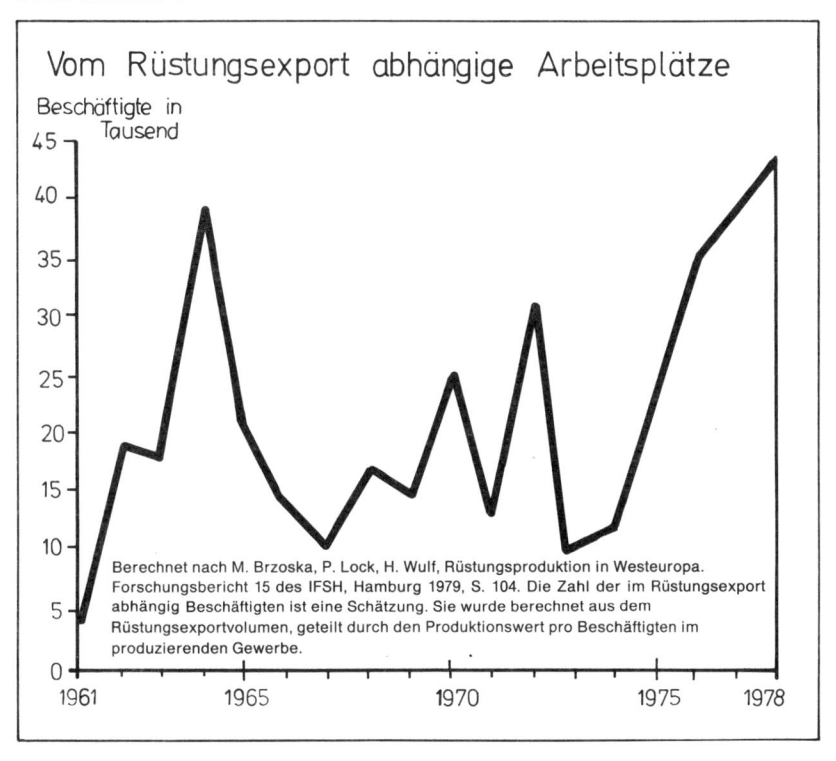

Vom Rüstungsexport abhängige Arbeitsplätze

Beschäftigte in Tausend

Berechnet nach M. Brzoska, P. Lock, H. Wulf, Rüstungsproduktion in Westeuropa. Forschungsbericht 15 des IFSH, Hamburg 1979, S. 104. Die Zahl der im Rüstungsexport abhängig Beschäftigten ist eine Schätzung. Sie wurde berechnet aus dem Rüstungsexportvolumen, geteilt durch den Produktionswert pro Beschäftigten im produzierenden Gewerbe.

aus: Der Gewerkschafter 12/1980, S. 11.

b) *Steigerung der Rüstungsexporte.* In sämtlichen NATO-Ländern mit großen Rüstungskapazitäten (USA, Frankreich, Großbritannien, Italien und Bundesrepublik Deutschland) wurde in den siebziger Jahren der Rüstungsexport als Mittel zur Lösung ökonomischer Probleme (besonders Arbeitslosigkeit und Zahlungsbilanzprobleme) angesehen. Entsprechend große Anstrengungen zur Förderung des Rüstungsexportes besonders in Entwicklungsländer wurden von den Regierungen unternommen (Kredit- und Bürgschaftsgewährung, Diplomaten als Verkaufsförderer). In der Sowjetunion, die rund ein Drittel aller Rüstungstransfers in Entwicklungsländer ausführt, sind vermutlich weniger wirtschaftliche Überlegungen als vielmehr politische Kriterien für den Export von Waffen und anderem militärischen Gerät ausschlaggebend.

In *Schaubild 2*, das nach Angaben der amerikanischen Rüstungskontrollbehörde, ACDA, zusammengestellt wurde, stehen die Vereinigten Staaten für den Zeitraum von 1974–1978 mit über 28 Mrd. Dollar Rüstungstransfer an der Spitze, dicht gefolgt von der Sowjetunion. Frankreich liegt mit großem Abstand auf Platz drei, Großbritannien auf Platz vier, und die Bundesrepublik nimmt den fünften Rang der Rüstungsexporteure in der Welt ein.[6] Die höchsten Wachstumsraten im Rüstungsexport verzeichnete die Bundesrepublik mit 552 Prozent von 1974–1978, während die Rüstungsexporte weltweit um 56 Prozent in diesen fünf Jahren stiegen.

Doch auch der Rüstungsexport ist ein denkbar ungünstiger Bereich um sichere Arbeitsplätze zu schaffen. Die Entwicklung im Iran, der in der Zeit von 1974 bis 1978 der größte Waffenimporteur der Welt war, verdeutlicht in welche Schwierigkeiten Betriebe geraten können, selbst wenn sie Waffengeschäfte mit als besonders stabil angesehenen Regimen tätigen.[7]

c) *Erhöhte Beschaffung der Streitkräfte.* Studien über das Funktionieren des militärisch-industriellen Komplexes haben gezeigt, daß in Schwierigkeiten geratene Firmen sehr häufig Hilfe erhalten, indem ihnen neue Aufträge erteilt werden. James Kurth, ein US-amerikanischer Autor, spricht deshalb vom »follow-on and bail-out imperative«.[8] Rüstungsaufträgen müssen danach neue Rüstungsaufträge folgen, um Forschungs- und Entwicklungskapazitäten[9] weiter beschäftigen zu können und Firmen vor dem Konkurs zu retten. Die in der Bundesrepublik Deutschland in den siebziger Jahren vergebenen Aufträge verdeutlichen, wie entscheidend die Nachfrage der Streitkräfte für die Rüstungsindustrie ist. Die Liste der Beschaffungen für Heer, Luftwaffe und Marine wies einen Finanzbedarf von über 60 Milliarden DM für den Zeitraum Mitte der siebziger bis Anfang der achtziger Jahre aus.[10] Diese Summen bedeuten zwar einerseits beträchtliche Profitmöglich-

---

6 In einer Untersuchung über die Zuverlässigkeit der Rüstungstransferdaten wurde festgestellt, daß die ACDA bzw. die CIA, die diese Daten zusammenstellt, aufgrund der gewählten Methode sowjetische Rüstungsexporte vermutlich überschätzt und Rüstungsexporte aus West-Europa nicht vollständig erfaßt. Vgl. *Michael Brzoska*, Arms Transfer Data Sources, Hamburg 1980, vervielfältigt.
7 Beispiele für diese kurzsichtige Geschäftspraxis, die von der Regierung gut geheißen wurde, sind die beiden bundesrepublikanischen Firmen Howaldswerke Deutsche Werft AG *und* DIAG, die sich beide im Besitz der öffentlichen Hand befinden.
8 *J. Kurth*, The Political Economy of Weapons Procurement: The Follow-on Imperative, in: American Economic Review, Bd. 62, 2/1979, S. 304–311.
9 Zur Tendenz der permanenten Ausweitung von Forschungs- und Entwicklungskapazitäten siehe *M. Kaldor*, European Defence Industries. National and International Implications, Institute for the Study of International Organisations – Monograph, 1972.
10 Eine Zusammenstellung der größten Beschaffungsprojekte in *U. Albrecht, P. Lock, H. Wulf*.

SCHAUBILD 2:
VOLUMEN UND WACHSTUMSRATEN DES
RÜSTUNGSEXPORTES (1974–1978)

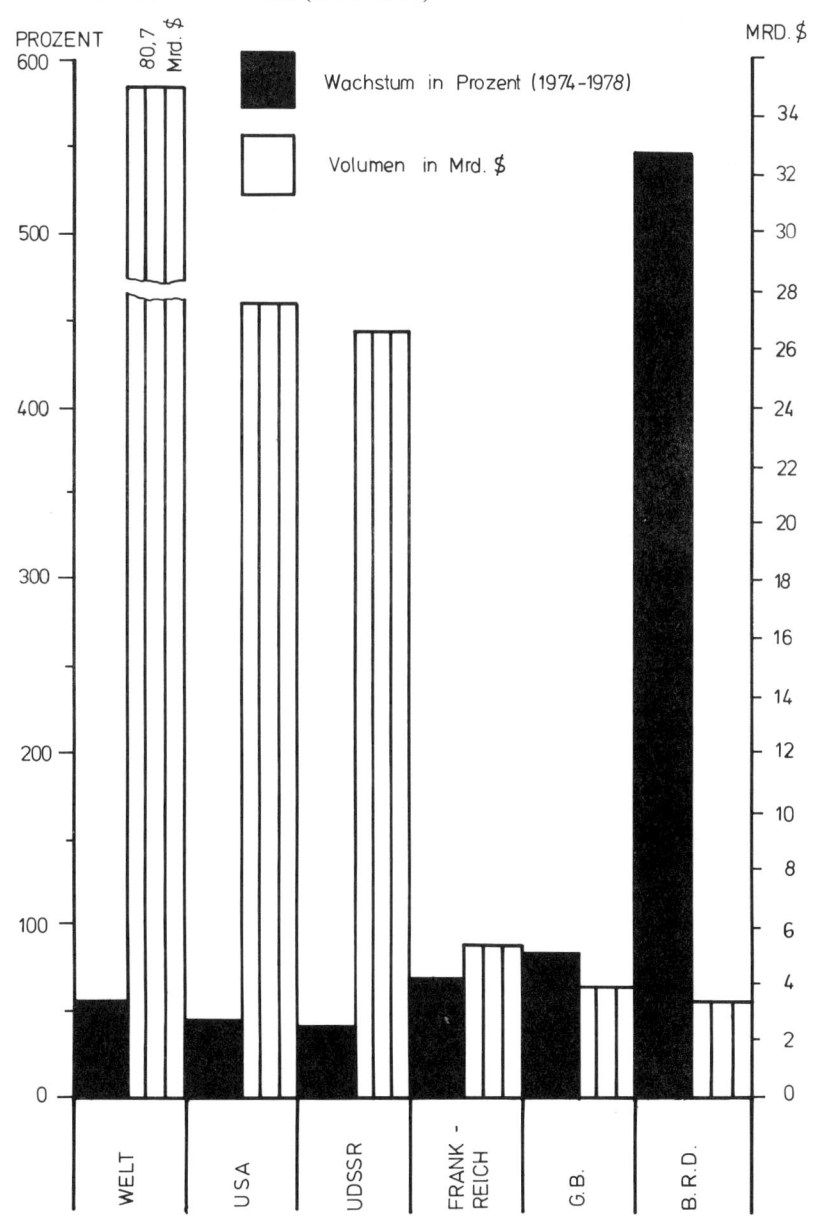

■ Wachstum in Prozent (1974–1978)

□ Volumen in Mrd. $

WELT: 80,7 Mrd. $

Quelle: Berechnet nach U.S. Arms Control and Disarmament Agency, World Military Expenditures and Arms Transfer 1969–1978, Washington, o. J. (1981), Tabellen III und IV.

keiten für die Rüstungsindustrie;[11] sie führen andererseits aber zu kaum lösbaren Finanzproblemen selbst in der vergleichsweise ökonomisch starken Bundesrepublik Deutschland. Kürzungen im Rüstungsbereich oder in anderen Sektoren (Bildung, Soziale Sicherung oder ähnlichem) sind die Alternative. 1980 wurde erstmals in verschiedenen Einzelplänen des Bundeshaushaltes (Verkehr, Bildung, Gesundheit, Arbeit und Soziales) zugunsten der sogenannten Türkeihilfe, die zu einem wesentlichen Teil aus Militärhilfe bestand, im Rahmen des Nachtragshaushaltes gekürzt. Erhöhungen des Beschaffungsetats der Bundeswehr und Kürzungen bei anderen Haushaltsposten mußten auch Ende 1980 vorgenommen werden, als dem Parlament durch die Leitung des Verteidigungsministeriums eingestanden werden mußte, daß bei der Beschaffung der MRCA-Tornado eine Finanzlücke entstanden war.

Wenn auch der Umsatz der Rüstungsindustrie in der Bundesrepublik rund 25 Mrd. DM pro Jahr beträgt, so sind dies dennoch nur knapp 2,5 Prozent des gesamten verarbeitenden Gewerbes, also eine makro-ökonomisch wenig bedeutsame Größe. Für andere Länder wie Frankreich und Großbritannien, ist die Rüstungsproduktion inzwischen eine bedeutsame volkswirtschaftliche Größe geworden. Ein Rüstungsexportverbot oder eine Einschränkung der Produktion für die eigenen Streitkräfte ohne kompensierende Maßnahmen hätte in diesen Ländern gravierende wirtschaftliche Schwierigkeiten zur Folge.

d) *Staatliche Unterstützung oder Übernahme der in Schwierigkeiten geratenen Betriebe.* In Frankreich und Großbritannien übernimmt in der Regel der Staat die in Schwierigkeiten geratenen Rüstungsbetriebe und führt die Produktion (auch mit Verlust) fort. (Beispiele dafür sind Rolls Royce, und einige Werften, siehe auch die Entwicklung bei Dassault). In der Bundesrepublik ist dieses Lösungsmuster eher die Ausnahme als die Regel, obwohl auch hier Stützungsaktionen nicht ungewöhnlich sind (siehe VFW-Fokker und die Werftindustrie im Jahre 1978). Die staatlichen Maßnahmen reichen von der Erteilung zusätzlicher Rüstungsaufträge, der Umschichtung von Aufträgen von einem zum anderen Unternehmen, der Subventionierung von Forschungs- und Produktionskapazitäten, der Exportförderung bis hin zur Verstaatlichung.

Arbeitsplätze durch Rüstung? Warnung vor falschen Hoffnungen, Reinbek 1978, Tabelle 6, S. 58.

11 Eine neuere Untersuchung für die Bundesrepublik zeigt, daß die Gewinne in der Rüstungsindustrie im Durchschnitt über den Gewinnen der gesamten Industrie bzw. der Aktiengesellschaften liegen. Vgl. *Werner Voß*, Gewinnermittlung in Rüstungsunternehmen in: Militärpolitik-Dokumentation 21/1981, Kapitel 3.

e) *Konversion: Von der Produktdiversifizierung bis zur vollständigen Umstellung.* Dieser Lösungsweg ist anscheinend in kapitalistischen Ländern am schwierigsten zu realisieren, da starke Kräfte an der Aufrechterhaltung von Rüstungsproduktionskapazitäten interessiert sind; dies sind nicht nur die Anteilseigner in der Rüstungsindustrie, sondern Soldaten, Parlamentarier und Regierungsmitglieder plädieren häufig für die Aufrechterhaltung einer leistungsfähigen Rüstungsindustrie. In den meisten Ländern haben sich die Gewerkschaften eindeutig für Abrüstungsmaßnahmen und gegen die Beibehaltung von Rüstungskapazitäten aus beschäftigungspolitischen Gründen ausgesprochen.[12] Gelegentlich jedoch haben sich Gewerkschafter aus Rüstungsbetrieben als Lobbyisten bei ihren Regierungen betätigt und den Export von Rüstung gefordert.[13]
Sicherheitspolitik tritt bei der Legitimation von Rüstungsentscheidungen oft in den Hintergrund; immer häufiger werden beschäftigungspolitische Argumente vorgebracht. Als Folge dieser Politik erhält die west-östliche Rüstungsdynamik eine zusätzliche Beschleunigung. Für die Länder der WVO haben angeblich »arbeitsplatzsichernde« Fregatten oder Panzer ausschließlich die Qualität einer militärischen Bedrohung. Rüstungsproduktionskapazitäten, die mit dem Arbeitsplatzargument aufgebaut oder aufrechterhalten werden, können zu einem Hindernis für Rüstungskontrollbemühungen werden und mögliche Ergebnisse von Verhandlungen politisch unannehmbar machen. Die Konversion der Rüstungsindustrie muß daher als Alternative zur derzeit praktizierten Politik diskutiert und realisiert werden.

3. *Der Abbau des Rüstungspotentials und die Umstellung der Rüstungsindustrie schafft mehr Arbeitsplätze*

Makro-ökonomisch scheint die Umstellung der Rüstungsindustrie sowohl kurzfristig als auch langfristig unproblematisch zu sein. Entscheidende Voraussetzung hierfür ist, daß bei einer geplanten Umstellung die Nachfrage des Staates nach Rüstungsgütern nicht ersatzlos entfällt, sondern entweder die Senkung der Militärausgaben durch Steuersenkungen zur Anhebung des privaten Verbrauchs und zur Stimulierung von Investitionen führt, oder daß

---

12 Vgl. für die Bundesrepublik, z. B., Beschlüsse auf dem 13. Gewerkschaftstag der IG Metall, Entschließung 3.
13 Jüngstes Beispiel in der Bundesrepublik ist der Streik eines Teils der Belegschaft bei der Howaldswerke Deutsche Werft AG; rund 800 Beschäftigte forderten die Bundesregierung auf, den vorgesehenen Export von 2 U-Booten nach Chile nicht rückgängig zu machen. Die Reaktion hierauf u. a. in der Zeitschrift der IG Metall in: Metall, 1/1981, S. 17.

die Höhe der öffentlichen Ausgaben durch alternative Nachfrage des Staates beibehalten wird. Nach herrschenden keynsianischer Wirtschaftstheorie kann also überhaupt kein Problem entstehen: die Aufrechterhaltung des staatlichen Ausgabenniveaus müßte hinreichen, die wirtschaftliche Aktivität in vollem Umfang aufrechtzuerhalten.[14]

Eine Studie des Deutschen Institutes für Wirtschaftsforschung zeigt, (vergl. Tabelle 1), daß die Zahl der Arbeitsplätze, die bei Sachausgaben des Staates von einer Milliarde DM geschaffen werden, in der Rüstungsindustrie nur bei 18 000 lag. Alle übrigen Bereiche weisen eine höhere Zahl der entstehenden Arbeitsplätze auf: im Verkehr und Bauwesen rund 3500, bei sozialen Maßnahmen sogar über 5000 Arbeitsplätze mehr.[15]

Tabelle 1
Zahl der Arbeitsplätze, die bei Sachausgaben des Staates von 1 Mrd. DM in der Bundesrepublik entstehen könnten

Sachkäufe der Funktionsbereiche	Arbeitsplätze
Verteidigung	18 000
Kommunale Einrichtungen	18 810
Landwirtschaft und Ernährung	19 620
Wissenschaft und Bildung	20 220
Justiz und Polizei	20 410
Öffentliches Gesundheitswesen	20 520
Allgemeine Verwaltung	21 140
Verkehr und Bauwesen	21 500
soziale Maßnahmen	23 280
Sozialversicherung	26 850
Durchschnitt	20 080

Quelle: Zusammengestellt nach Jochen Schmidt, Deutsches Institut für Wirtschaftsforschung, Zur Bedeutung der Staatsausgaben für die Beschäftigung, in: Beiträge zur Strukturforschung, Heft 46, Berlin 1977.

Was aber würden die volkswirtschaftlichen Auswirkungen einer Einschränkung oder eines vollständigen Verbotes des Rüstungsexportes sein? Kurzfristig wären – ohne kompensierende Maßnahmen – einige Betriebe (in der Bundesrepublik mit rund 44 000 Arbeitsplätzen) betroffen. Die langfristigen Folgen eines Rüstungsexportverzichtes wären jedoch eindeutig positiv.

14 Vgl. hierzu *J. Huffschmid*, Ökonomie der Abrüstung, in: Blätter für deutsche und internationale Politik, 5/1977, S. 532–552.
15 Studien für die Vereinigten Staaten, die wesentlich differenzierter sind, kommen in der Tendenz zu ähnlichen Schlußfolgerungen. Vgl. z. B., *M. Andersen*, The Empty Pork Barrel. Unemployment and the Pentagon Budget. PIGRIM-Report, Michigan 1975. Eine Zusammenfassung und Bewertung derartiger Untersuchungen in *G. Grünewald*, Abrüstung und Arbeitsplatzsicherung, in: Blätter für Deutsche und internationale Politik, /1978, S. 657–679.

Gerade in stark vom Export abhängigen Ländern werden überdurchschnittlich qualifizierte Belegschaften in der gewerblichen Wirtschaft benötigt, um die Wettbewerbsfähigkeit auf den internationalen Märkten und damit Arbeitsplätze zu erhalten. Die Bindung von ingenieurswissenschaftlichem Personal und qualifizierten Facharbeitern in der Rüstungsindustrie vermindert auf längere Zeit die volkswirtschaftliche Konkurrenzfähigkeit und damit das Wachstum. Ein Vergleich der Wachstumsraten nach dem Zweiten Weltkrieg zwischen Großbritannien und Frankreich einerseits und Japan und der Bundesrepublik andererseits ergibt zumindest eine statistische Bestätigung dieses Zusammenhanges. Die Bundesrepublik und Japan haben Rüstungsproduktion erst mit einiger Verzögerung wieder aufgenommen und konnten ihr industrielles Potential ausschließlich auf die Entwicklung des zivilen Exportes konzentrieren. Das zeitweilige Fehlen einer Rüstungsindustrie wirkte sich positiv auf eine schnellere außenhandelsbedingte wirtschaftliche Entwicklung in Japan und der Bundesrepublik aus. In den USA, Frankreich und Großbritannien dagegen wurde ein technologisch anspruchsvoller Bereich der Industrie für die Herstellung und Wartung von militärischem Gerät bereitgestellt, während in Japan und der Bundesrepublik überdurchschnittliche Exportsteigerungen und höhere Wachstumsraten des Bruttosozialproduktes durch eine Konzentration der industriellen Fertigung auf die Investitionsgüterindustrie und den Fahrzeugbau erzielt wurden.[16] Für die USA stellte Melman[17] fest, daß seit dem Zweiten Weltkrieg permanent erhebliche finanzielle Mittel dem Kapitalstock und qualifiziertes technisches Personal wegen militärischer Verwendung der zivilen Industrie vorenthalten wurden. Diese Situation, die Melman als »permanente Kriegswirtschaft« bezeichnet, wirkte sich nachteilig auf die Produktivität der Industrie in den USA aus. Besonders am Beispiel der amerikanischen Werften zeigt Melman, daß die Konzentration auf den Kriegsschiffbau diesen Industriezweig für den Handelsschiffbau auf dem Weltmarkt weitgehend angebotsunfähig machte.

Es existiert ein weiterer struktureller Zusammenhang zwischen Rüstungsproduktion und Arbeitslosigkeit. Durch die Aufrüstung wird der Ost-West-Entspannungsprozeß ernsthaft gefährdet. Gerade die Entspannungspolitik hat jedoch erst die Ausweitung des Ost-West-Handels und die Schaffung neuer Arbeitsplätze in der Exportindustrie ermöglicht. Seit Mitte der siebzi-

---

16 Hierzu *K. Rothschild*, Military Expenditure, Exports and Growth, in: Kyklos 4/1973, S. 804–814.
 Weiterentwickelt wurde das Argument von *U. Albrecht, P. Lock, H. Wulf*, Arbeitsplätze durch Rüstung? a.a.O., S. 84 ff.
17 *S. Melman*, Twelve Propositions on Productivity and the War Economy, in: Challenge, Vol. 18, 1/1975, S. 7–11.

ger Jahre exportierte die Bundesrepublik mehr Waren in die osteuropäischen Länder (einschließlich DDR), als in die USA.[18]

Abrüstungsvereinbarungen würden also nicht nur die Zahl der Arbeitsplätze durch alternative Verwendung der Militärausgaben in der Bundesrepublik erhöhen, sondern außerdem die Importpotenz der osteuropäischen Länder, was zu einem Anstieg der bundesrepublikanischen Exporte führen könnte. Mögliche Beschäftigungseffekte in der Rüstungsindustrie müssen mithin mit Einbußen in anderen Branchen erkauft werden. Ähnliches gilt im übrigen auch hinsichtlich der Rüstungsexporte in Entwicklungsländer. Arbeitsplätze, die in der Rüstungsindustrie möglicherweise durch Rüstungsexporte erhalten werden, gehen anderen Branchen verloren, denn die Importkapazität der Entwicklungsländer ist begrenzt.

Der amerikanische Gewerkschaftsführer Walter Reuther hat vor mehr als einem Jahrzehnt gesagt, daß es für einen Menschen eine schreckliche Sache ist, wenn die soziale Sicherheit und das Wohlbefinden der Familie von der Fortsetzung unsinnigen Wettrüstens abhängen. Andere Möglichkeiten der sozialen und wirtschaftlichen Sicherung müssen den Beschäftigten in Rüstungsbetrieben geboten werden.[19] Facharbeitern und Ingenieuren in Rüstungsbetrieben nützt der Hinweis auf Arbeitsplätze in anderen Bereichen häufig wenig. Maschinenschlosser oder Dreher aus der Rüstungsindustrie haben in der Regel nicht die Qualifikation, als Kindergärtner oder Sozialarbeiter tätig zu werden. Den in der Rüstungsindustrie Beschäftigten müssen realistische Alternativen zu ihrer Tätigkeit geboten werden.

Alternative Arbeit zu schaffen ist kein unüberwindliches Problem, denn wie in der erwähnten Studie zur Abrüstung in der Bundesrepublik im Detail nachgewiesen wurde, existieren einige Voraussetzungen im Rüstungsbereich, die eine Umstellung der Rüstungsindustrie erleichtern.

Erstens muß man realistischerweise davon ausgehen, daß Abrüstung nicht abrupt, sondern schrittweise stattfindet; es ist also möglich, langfristig zu planen, beispielsweise jährlich fünf Prozent der Beschäftigten der Rüstungsindustrie in anderen Bereichen unterzubringen.

Zweitens ist eine günstige Voraussetzung, daß die weitaus größte Zahl der in der Rüstungsindustrie Beschäftigten über fachliche Qualifikationen verfügt, die auch bei alternativer Produktion eingesetzt werden können. Der typische »Rüstungsarbeiter« oder »Panzerbauer« existiert überhaupt nicht; vielmehr sind in der Rüstungsindustrie Facharbeiter wie Dreher, Schlosser, Elektriker tätig.

---

18 Siehe Statistisches Jahrbuch der Bundesrepublik Deutschland.
19 Zitiert in *W. V. Winpisinger*, Die Verpflichtung zum Frieden, in *J. Huffschmid* und *E. Burhop*, a.a.O., S. 22.

Drittens existiert in allen Ländern mit hoher Rüstungsproduktion in vielen Bereichen erhebliche Unterversorgung. Viele der in diesen Bereichen anfallenden Arbeiten können von den derzeit beim Militär und in der Rüstungsindustrie Beschäftigten unmittelbar übernommen werden, andere Aufgaben zweifellos erst nach einer Umschulung; Werften können mit neuen Meerestechnologien beschäftigt werden, statt Militärelektronik können medizinische Geräte gebaut werden. Viele Rüstungsbetriebe haben schon heute Arbeiten im Umweltschutzbereich übernommen. Es bleibt dann jedoch noch ein Teil der Beschäftigten, für die aufgrund ihrer Qualifikation alternative Arbeitsplätze in anderen Bereichen gefunden werden müssen.[20]
Schließlich kommt erleichternd hinzu, daß nur wenige große Unternehmen in der Bundesrepublik hauptsächlich von Rüstungsaufträgen abhängen. Die Rüstungsproduzenten gehören in ihrer Mehrheit zur Gruppe der größten Industrieunternehmen; das heißt, es sind große diversifizierte Konzerne, die bereits außerhalb des Rüstungsbereichs tätig sind. Da es sich also um mächtige Kapitalgruppen handelt, stößt eine politisch und volkswirtschaftlich als richtig erkannte Umstellung der Rüstungsproduktion natürlich auf erheblichen Widerstand. Andererseits aber ist die Diversifizierung der Unternehmen eine technisch günstige Voraussetzung für Konversion, denn die Unternehmen müßten bei einer Umstellung nicht eine völlig neue Produktionsstruktur aufbauen.

4. *Betriebliche und regionale Probleme*

Durch Rüstungsminderung müssen zwar makro-ökonomisch betrachtet keine zusätzlichen Beschäftigungsprobleme entstehen, das heißt jedoch nicht, daß auf betrieblicher und regionaler Ebene Umstellungen auf zivile Produktion immer ohne Schwierigkeiten möglich sind. Besonders in einigen strukturschwachen Gebieten und Branchen ist die Umstellung wegen des hohen Rüstungsanteils mangels klarer Alternativen problematisch. Dies wird verstärkt durch die allgemeine Tendenz des wachsenden Auseinanderklaffens ziviler und militärischer Produktion. Obwohl die Rüstungsnachfrage heute sektoriell wesentlich breiter streut, gibt es Branchen (wie die Luftfahrtindustrie) und Betriebe (Generalunternehmer), die überwiegend auf die Herstellung und Montage von Rüstung ausgerichtet sind. Die aufgrund technologischer Entwicklungen zustande gekommenen Spezialisierungen erschweren die Umstellungen auf zivile Produktion. Andererseits

---

20 Eine Vielzahl von Alternativen wurde diskutiert in *U. Albrecht* u. a., a.a.O., S. 50 ff.

sind auf Rüstungsproduktion spezialisierte Branchen und Unternehmen (gemessen an der Zahl der Beschäftigten) makro-ökonomisch so marginal, daß die erforderlichen Ressourcen bei einer sorgfältig geplanten und langfristig angelegten Umstellung durchaus mobilisierbar sind.
Setzt man allerdings die Rüstungsumsätze einzelner Firmen in Beziehung zum gesamten Rüstungsgeschäft, so zeigt sich in den NATO-Ländern USA, Frankreich, Großbritannien, Bundesrepublik Deutschland aber auch in den neutralen europäischen Ländern Schweden und Schweiz ein hoher Konzentrationsgrad. Nur wenige große Unternehmen führen den Hauptteil der Rüstungsumsätze aus. In der Bundesrepublik Deutschland werden fast 50 Prozent des Rüstungsumsatzes von nur 25 Firmen ausgeführt. Für Frankreich und Großbritannien gelten ähnliche Größenordnungen.[21] In den USA führen die zehn größten Rüstungsfirmen ein Drittel der Aufträge der US-Streitkräfte aus.[22]
Die starke Konzentration auf wenige Unternehmen ist eine ungünstige Voraussetzung für Konversionsmaßnahmen, d. h., nicht die Vielzahl der von der Rüstung profitierenden Betriebe stellt ein Problem für Umstellungsmaßnahmen dar, sondern der eigentliche Kern der Hauptrüstungsproduzenten könnte ein Hindernis sein, wenn es sich um Betriebe handelt, die einen hohen Anteil von Rüstung an ihrem Gesamtumsatz aufweisen.
Hinderlich für eine Umstellung der Rüstungsindustrie auf alternative Produktionen sind auch regionale Konzentrationen. In den Ländern mit großen Rüstungsindustrien sind einzelne Regionen oder Städte in großem Umfang von der Rüstungsproduktion abhängig. Länder wie Kalifornien in den USA, oder Bayern in der Bundesrepublik Deutschland, die Gegend um Toulouse in Frankreich, Seattle in den USA; die Weybridge-Region und die Barrow-Region in Großbritannien, Linköping in Schweden und die Küstenstädte Bremen und Kiel in der Bundesrepublik, weisen eine hohe Konzentration an Rüstungsproduktion auf; ein hoher Prozentsatz der Industrie-Beschäftigten in diesen Gegenden und Städten ist in Rüstungsbetrieben tätig. Erschwerend kommt hinzu, daß einige der aufgezählten Regionen und Städte strukturschwache Gebiete sind, also hohe Arbeitslosigkeit aufweisen und alternative Beschäftigungsmöglichkeiten nur begrenzt vorhanden sind. Konversionspläne müssen daher besondere Maßnahmen für solche Gebiete vorsehen.

21 Genaue Angaben in *M. Brzoska, P. Lock, H. Wulf*, a.a.O., S. 43–51.
22 Ch. Marfels, The Structure of the Military-Industrial Complex in the United States and its Impact on Industrial Concentration, in: Kyklos 3/1978, S. 409–423.

5. Staatliche Eingriffe als Rüstungskontrollmaßnahme

Staatliche Eingriffe in die Rüstungsindustrie sind zur Durchsetzung eines planvollen Abbaus der Rüstungsproduktionskapazität offensichtlich erforderlich, um Beschäftigungseinbrüche in einzelnen Regionen, Branchen und Firmen zu verhindern bzw. durch alternative Arbeitsplätze kompensieren zu können. Es kann nicht erwartet werden, daß die Kapitaleigner der Rüstungsindustrie auf diesen Verwertungsbereich freiwillig verzichten. Allerdings sind, wie das Beispiel Lucas Aerospace in Großbritannien zeigt, auch Initiativen von Rüstungsarbeitern möglich. Ähnliche Bemühungen sind auch in Ansätzen in einzelnen Betrieben in der Bundesrepublik vorhanden.[23]

Eingriffe seitens des Staates sind in der Rüstungsindustrie im Prinzip leichter möglich als in der Mehrzahl der übrigen Industriezweige. Denn staatliche Kontrollen und Beteiligung spielt in der Rüstungsindustrie eine vergleichsweise große Rolle. Das Entwicklungsrisiko für Waffensysteme ist inzwischen so groß, daß der Staat als einziger Abnehmer (sieht man vom Export ab, der ebenfalls staatlich kontrolliert ist) dieses Risiko durch entsprechende Finanzierung voll übernehmen muß. Das gleiche gilt für den Produktionsverlauf (Materialbeschaffung) und die Produktion selbst. D. h., daß selbst dort, wo der Staat nicht kapitalmäßig beteiligt ist, die strukturellen Besonderheiten der Rüstungsproduktion und deren Fortschreibung fast ausschließlich ein Produkt fiskalischer Entscheidungen des Staates sind. Daraus leitet sich ab, daß die Umstellung der Produktionsstruktur weitgehend in die Verantwortung des Staates fällt und auch als Chance zur Verwirklichung angesehen werden kann. Erleichtert wird die notwendige staatliche Kontrolle durch die Tatsache, daß in vielen Ländern der Anteil staatlicher Unternehmen besonders hoch ist.

Es bleibt das Problem, in einer beschäftigungspolitisch schwierigen Phase für den Kapazitätsabbau Alternativen zu schaffen und die Nachfrage nach ersatzweise produzierten Gütern zu stimulieren. Auf welche Alternativproduktion Rüstungsproduktionskapazitäten umzustellen sind, hängt einmal vom Bedarf (und zwar nicht nur nach am Markt nachgefragten, sondern vor allem nach gesellschaftlich als notwendig erkannten Produkten) ab und wird zweitens weitgehend (zumindest kurzfristig) durch das vorhandene Realkapital sowie die vorhandene Qualifikation der Beschäftigten bestimmt. Ziel einer Umstellung sollte die möglichst weitgehende Nutzung der vorhandenen

---

23 Umstellungsausschüsse existieren bzw. sind in Vorbereitung bei Blohm und Voß sowie bei Mak. Siehe hierzu die Zeitschrift der IG Metall, Metall 3/1981, S. 17.

Produktionskapazität sein, um die Vernichtung von Produktionsmitteln und die Umschulung von Beschäftigten möglichst minimal zu halten. In jedem Einzelfall (für jede Firma, Branche, Stadt, Region) ist eine angemessene Umstellung zu planen, bei der vor allem den Betroffenen (primär den Beschäftigten) eine aktive Rolle zufällt. Dabei sind jedoch gesellschaftspolitische und wirtschaftliche Kriterien anzuwenden, um Fehlschläge bei der Umstellung von militärischer auf zivile Produktion zu vermeiden.

Ein bezeichnendes Beispiel für fehlgeschlagene Übertragung vom militärischen auf den zivilen Bereich ist das britisch-französische Überschallflugzeug Concorde. Statt die von maximalistischen Anforderungen des militärischen Sektors geprägte Struktur der Luftfahrtindustrie in ihrer technologischen Zielproduktion zu »entmilitarisieren« und auf wirtschaftliche Technologien umzustellen, hat man mit der Concorde ein ziviles Produkt entwickelt, das hinsichtlich Geschwindigkeit, Reichweite, usw. typisch militärischen Anforderungen entspricht, letztlich aber nur durch große Subventionen von der Konzipierungsphase bis zum Einsatz durchgeführt werden konnte.

6. Schrumpfung der Rüstungsindustrie als vertrauensbildende Maßnahme

Um die vorhandenen Überkapazitäten auszulasten, drängt die Rüstungsindustrie sowohl auf staatliche Unterstützung für den Rüstungsexport als auch auf erhöhte Beschaffung der eigenen Streitkräfte. Beide Tendenzen führen zu Aufrüstungsmaßnahmen; einmal in Entwicklungsländern, was sich teils in regionalen Rüstungswettläufen niederschlägt, und zweitens in Europa. Es ist deshalb sowohl aus friedenspolitischen wie auch volkswirtschaftlichen Gründen wichtig, die Überkapazitäten abzubauen, um eine der Ursachen für Aufrüstung zu beseitigen. Dies kann unabhängig von Rüstungskontrollverhandlungen durch einseitige Maßnahmen geschehen.

Die Forderung nach einseitigen Selbstbeschränkungen hat zunächst mehr symbolische als militärische Bedeutung. Durch eine Schrumpfung der Rüstungsindustrie beispielsweise, die man als Zeichen der Bereitschaft den Aufrüstungsprozeß zu stoppen, in der Bundesrepublik ankündigen und durchführen sollte, würde nämlich die Beschaffung der Bundeswehr in keiner Weise beeinträchtigt, da es zunächst um den Abbau von Überkapazitäten geht und außerdem noch im Ausland billiger gekauft werden kann. Am militärischen Kräfteverhältnis würde sich nichts ändern. Einseitige Maßnahmen sind jedoch insofern von Bedeutung, als man damit die Länder der Warschauer Vertragsorganisation zur Nachahmung animieren will. Dahinter steht die Erwartung, daß sich auf diesem Wege ein Prozeß der Vertrauensbildung erreichen läßt, der zur militärischen Entspannung und zu konkreten und weitgehenden Reduzierungen der Rüstungspotentiale führen soll.

Für die Bundesrepublik, aber auch für andere europäische Länder an der Nahtstelle zwischen Ost und West, muß noch grundsätzlicher gefragt werden, ob die Rüstungsindustrie nicht ausschließlich aus der einzelbetrieblichen Perspektive von Interesse, militär-logistisch aber irrational ist.

Die Vorstellung, bei Ausbruch eines militärischen Konfliktes in Europa, die Versorgung der Streitkräfte mit neuen Waffen, Ersatzteilen und Munition durch die Rüstungsindustrie sichern zu wollen, ist an Kriegsbildern aus dem ersten und zweiten Weltkrieg orientiert. Angesichts des in Europa in Ost und West dislozierten Zerstörungspotentials ist die Erhaltung des Produktionspotentials der Rüstungsindustrie nach Ausbruch eines Krieges äußerst unwahrscheinlich. Es wäre deshalb aus logistischen Überlegungen sinnvoller, die für erforderlich gehaltenen Waffensysteme im Ausland zu beschaffen und die Rüstungsindustrie in einem langfristig angelegten Konversionsprogramm abzubauen und auf zivile Fertigung umzustellen. Eine solche Maßnahme könnte den Druck der Rüstungslobby auf erhöhte Beschaffung im Inland reduzieren, die außenpolitisch heiklen Entscheidungen für Rüstungsexporte würden (zumindest für Neugerät) entfallen und letztlich könnte eine solche Maßnahme auch als rüstungskontrollpolitischer Schritt angekündigt werden.

Joachim Krause

X. Die Beschränkung konventioneller Rüstungstransfers in die Dritte Welt – Möglichkeiten und Methoden kooperativer Rüstungssteuerung*

1. *Vorbemerkung*

Die Begrenzung des Transfers konventioneller Waffen[1] in die Dritte Welt ist ein Thema, welches in der neueren Rüstungskontrolldiplomatie bislang mit sehr großer Zurückhaltung gehandhabt worden ist. Vorangegangene Initiativen für multilaterale Kontrollen – z. B. in den Vereinten Nationen – hatten kaum Aussicht auf Erfolg, und Länder wie die Bundesrepublik, die sich um einseitige Beschränkungsmaßnahmen bemühten, wurden immer wieder mit der Tatsache konfrontiert, daß stets andere Staaten in die dabei entstandenen Lücken zu springen bereit waren.
Erst in den siebziger Jahren gab es einige Anzeichen für einen gewissen Wandel. So kam es im Dezember 1974 anläßlich einer Konferenz acht lateinamerikanischer Staaten im peruanischen Ayacucho zu einer ersten regionalen Initiative, wonach die Rüstungsimporte der Länder des Subkontinents reduziert werden sollten. Der frühere amerikanische Präsident Carter schlug gleich zu Beginn seiner Amtszeit vor, daß die größeren Rüstungsexporteure gemeinsam über die Möglichkeiten der Eindämmung von Waffenlieferungen in die Dritte Welt beraten sollten und in der Folge kam es 1977 und 1978 zu ersten Gesprächen mit der Sowjetunion (sogenannte Conventional Arms Transfer Talks). Erstmals konnte auch in den Vereinten Nationen anläßlich der Sondergeneralversammlung über Abrüstung vom Frühjahr 1978 eine Formel verabschiedet werden, die Verhandlungen über die Begrenzung von Rüstungstransfers vorsieht.

---

* Überarbeitete und aktualisierte Fassung des Artikels »Konventionelle Rüstungstransfers in die Dritte Welt«, der in Heft 4/1979 der Zeitschrift »Außenpolitik« erschienen ist. Der Abdruck erfolgt mit freundlicher Genehmigung der »Außenpolitik«-Redaktion.
1 Unter »konventionellem Rüstungstransfer« wird im folgenden verstanden: der Verkauf von Rüstungsgütern durch Regierungen und/oder private Anbieter an ausländische Regierungen sowie die Überlassung von Rüstungsmaterial im Zuge von Militärhilfeprogrammen sowie Schenkungen oder Ausleihungen.

Infolge der allgemeinen Verschlechterung des internationalen Klimas nach der sowjetischen Besetzung Afghanistans blieben diese Anfänge vorerst ohne Erfolg, und durch den Präsidentenwechsel in Washington verlor derjenige Staatsmann, der sich am stärksten für Beschränkungen des internationalen Waffenhandels ausgesprochen hatte, sein Amt. Dennoch kann davon ausgegangen werden, daß das Problem auf der Agenda der internationalen Rüstungskontrolldiskussion stehen bleibt.
Welche Aussicht haben solche Bemühungen, das Prinzip kooperativer Rüstungssteuerung auf den Bereich der Nord-Süd-Beziehungen zu übertragen? Welche Methoden wären anwendbar und welche Erfahrungen gibt es, auf die zurückgegriffen werden kann. Um diese Fragen beantworten zu können, soll in drei Schritten untersucht werden,
– welche politischen Rahmenbedingungen einkalkuliert werden müssen,
– welche Konzeptionen gegenwärtig zur Diskussion stehen und wie deren Aussichten zu beurteilen sind, und
– welche sicherheitspolitische Bedeutung Übereinkommen zur Rüstungstransferbeschränkung zukommen kann.

2. *Politische Rahmenbedingungen*

Wenn hier von politischen Rahmenbedingungen gesprochen wird, so sind damit langfristige strukturelle Entwicklungstendenzen der internationalen Politik gemeint, nicht jedoch aktuelle Ereignisse und Konstellationen. Dabei ist nicht zu übersehen, daß es einige Gründe gibt, die Aussichten für Rüstungstransferbeschränkungen positiv zu beurteilen.
Als erstes wäre hier zu nennen, daß die Möglichkeiten der Rüstungsexporteure, Waffenlieferungen im Sinne der eigenen Ziele zu instrumentieren, geringer geworden sind. Sowohl die USA als auch die Sowjetunion haben mehrmals die Erfahrung machen müssen, daß selbst großzügige Lieferungen an Klienten in der Dritten Welt nicht immer dauerhaften Einfluß garantieren. Insbesondere solche Staaten, die aufgrund ihres Ölreichtums imstande sind, bar zu zahlen, lassen sich am wenigsten beeinflussen. Aber auch ärmere Länder, die sich ihrer strategischen Bedeutung für die Weltmächte bewußt sind, lassen es sich nicht nehmen, scheinbar festgefügte Klientelbeziehungen aufzukündigen und an anderer Stelle zu kaufen.
Aus der Sicht der Rüstungsexporteure geht diese Verminderung der Nutzungsmöglichkeiten mit einer Vermehrung der politischen Kosten für Rü-

stungsgeschäfte und Waffenlieferungen einher. So wachsen mit einer unkontrollierten Zunahme von Waffenlieferungen in eine Region die Gefahren, daß dort bestehende Konflikte zusätzlich angeheizt werden. Es kann in der Folge zu nachhaltigen Störungen der regionalen wie globalen Stabilität und unter Umständen sogar zur Verwicklung der Großmächte in regionale Kriege kommen (wie es z. B. beinahe im Nahost-Krieg von 1973 geschah). Dieser Veränderung in der Beziehung zwischen Waffenexportstaaten und Waffenimporteuren wurde man sich bislang am stärksten in den USA bewußt. Schon während der Amtszeit der Präsidenten Nixon und Ford bemühten sich beide Häuser des Kongresses um eine Neubewertung des Instruments der Rüstungstransfers für die US-Sicherheitspolitik. Die Regierung Carter betonte gleich zu Beginn ihrer Amtszeit, daß sie eine Politik einzuschlagen gedenke, die Rüstungstransfers mit größerer Vorsicht als bisher handhaben werde. Darüber hinaus wollte sich Carter um eine Verringerung der weltweiten Waffenlieferungen sowohl durch einseitige amerikanische Lieferbeschränkungen als auch durch multilateral verabredete Maßnahmen bemühen.[2]

Die übrigen großen Rüstungsexporteure haben diesen weitgehenden Wandel auf amerikanischer Seite nur bedingt mitgemacht. So scheinen Frankreich und Großbritannien kaum bereit zu sein, auf die volkswirtschaftlichen und rüstungsökonomischen Vorteile von Waffenverkäufen zu verzichten. Die Sowjetunion, für die Waffenlieferungen ein zentraler Bereich ihrer Politik gegenüber der Dritten Welt sind, zeigte sich in ähnlicher Weise zurückhaltend. Dennoch fand sie sich 1977 bereit, auf die amerikanischen Gesprächsangebote einzugehen. Es darf vermutet werden, daß die sowjetische Führung ein gewisses Interesse daran hatte, zumindest dort zu einer begrenzten Kooperation mit anderen Rüstungsexporteuren zu kommen, wo durch Waffenlieferungen lokale Konflikte in der Dritten Welt eskalieren und unter Umständen in direkte Großmachtkonfrontationen übergehen könnten. Zudem fürchtete sie offensichtlich, daß infolge eines uneingeschränkten Welthandels mit Waffen die angestrebte Modernisierung der chinesischen Streit-

---

2 Vgl. zur offiziellen Darstellung der Carterschen Politik den Bericht der US-Administration an den Kongreß: United States Conventional Arms Transfer Policy Report, Washington, Juni 1977 (Government Printing Office); zum Erfolg und den Aussichten dieser Politik vgl. *Hans Binnendijk* u. a., Prospects for Multilateral Arms Export Restraints. A Staff Report Prepared for the Use of the Committee on Foreign Relations, U.S. Senate, Washington, April 1979; ferner *Lucy W. Benson,* Turning the Supertanker: Arms Transfer Restraint, in: International Security, Vol. 3, No. 4 (Spring 1979), S. 6–17; s. a. *Richard Betts*, The Tragicomedy of Arms Trade Control, in: International Security, Vol. 5, No. 1 (Summer 1980), S. 80–110; zu den CAT-Gesprächen vgl. *Joachim Krause,* Amerikanisch-sowjetische Gespräche über Begrenzung und Kontrolle des internationalen Rüstungstransfers, in: Europa Archiv, Folge 15/1979, S. 473–482.

kräfte ganz entscheidend beschleunigt werden könnte. Ihr Eingehen auf das amerikanische Gesprächsangebot ist daher sehr stark durch das Bemühen motiviert gewesen, das amerikanische Interesse an allgemeinen Transferbeschränkungen in ein Instrument zur Verhinderung westlicher Rüstungslieferungen an die VR China umzufunktionieren.[3]

Ein weiteres Moment, welches der Anbahnung von internationalen Gesprächen und Verhandlungen über die Begrenzung konventioneller Rüstungstransfers förderlich sein könnte, ist das Unbehagen vieler ungebundener Staaten an der zunehmenden Aufrüstung und Militarisierung in der Dritten Welt. So stiegen – um diese Entwicklung einmal zu illustrieren – die Rüstungsaufwendungen der Entwicklungsländer in den Jahren zwischen 1967 und 1976 von 48,6 auf 86,6 Mrd. US-Dollar an – das ist eine Steigerung von 78,2 vH. Im selben Zeitraum nahmen die Rüstungsausgaben der entwickelten Staaten um etwa 8,8 vH zu, von 270,1 auf 293,9 Mrd. US-Dollar.[4] Diese Aufrüstung ist aber ungleich verteilt. Zwar läßt sich eine ganze Reihe von Staaten der Dritten Welt nennen, die in den letzten Jahren umfangreiche Rüstungsprogramme und Waffeneinkäufe verwirklicht haben und die die Vorreiter dieser Entwicklung sind; andererseits ist nicht zu übersehen, daß die Mehrzahl der Staaten Afrikas, Asiens und Lateinamerikas eher zurückhaltend war und auf einem recht niedrigen Rüstungsniveau verblieb.[5] Gerade sie müssen aber befürchten, daß mit der Aufrüstung ihrer Nachbarn negative Folgen für ihre eigene Sicherheit entstehen. In diesem Zusammenhang ist denn auch ein gewisses Umdenken bei einigen Staaten der Dritten Welt über die Sinnfälligkeit von Rüstungstransferbeschränkungen zu beobachten. Sie sind zwar weiterhin auf keinen Fall bereit, Kaufbeschränkungen zu akzeptieren, die von seiten der Rüstungsexporteure ihren Ausgang nehmen; andererseits dürfte der Gedanke an Raum gewonnen haben, daß im Zuge regionaler Sicherheitsregelungen die betroffenen Staaten auf den Import bestimmter Quantitäten und Qualitäten von Waffen verzichten könnten. Vor allem in Lateinamerika hat dieses Konzept bislang am stärksten Anklang gefunden, wie unten noch weiter auszuführen ist.[6]

Neben den hier geschilderten Entwicklungslinien, die die politische Basis vorbereiten können, und durch die internationale Gespräche und Verhandlungen über die Begrenzung und Kontrolle von konventionellen Rüstungs-

---

3 Vgl. *J. Krause*, a.a.O., S. 476 f.
4 Zahlen nach: United States Arms Control and Disarmament Agency, World Military Expenditures and Arms Transfers 1967–1976, Washington 1978, S. 28 f.
5 Vgl. United States Arms Control and Disarmament Agency, a.a.O., S. 4.
6 Vgl. *David Ronfeldt/Caesar Sereseres*, U.S. Arms Transfers, Diplomacy, and Security in Latin America, Santa Monica Cal., Oktober 1977 (RAND P–6005).

transfers erst möglich werden, bestehen jedoch auch Tendenzen, die eher in eine entgegengesetzte Richtung wirken und Vereinbarungen erschweren dürften. Hier wäre als erstes die erhöhte Konfliktanfälligkeit und -bereitschaft der Staaten der Dritten Welt zu nennen, die immer wieder für externe Mächte neue Anreize und Ansatzpunkte schafft, dort mittels Waffenlieferungen oder Interventionen Fuß zu fassen. Insbesondere die Sowjetunion und ihre Verbündeten haben in den letzten Jahren die sich ihnen bietenden Gelegenheiten dieser Art auszunutzen gewußt. Angesichts der sich verschlechternden weltweiten Rohstoff- und Energiesituation dürften die Aussichten zunehmen, daß militärische Hilfsmaßnahmen und Waffenlieferungen als Instrumente genutzt werden, um kurzfristig strategische Positionen zu wahren oder auszubauen.

Ein weiterer Faktor, der die Kontroll- und Begrenzungsverhandlungen erschweren könnte, ist die zunehmende Kommerzialisierung von Rüstungstransfers. Waffenlieferungen erfolgen in der Regel immer mehr als Verkäufe. Dies hat für den Exportstaat den Vorteil, daß er unmittelbaren wirtschaftlichen Nutzen daraus ziehen kann, der Käufer hingegen kann sicher sein – insbesondere dann, wenn es sich um ein Bargeschäft handelt –, daß der Verkäufer weniger Möglichkeiten besitzt, die Verwendung der gelieferten Waffen zu beeinflussen. Andererseits führt diese Entwicklung auch dazu, daß bei den Rüstungsexporteuren der innenpolitische Preis für die Aufgabe von Waffenverkäufen wächst. Angesichts der angespannten Wirtschaftslage und der relativ großen Bedeutung des Rüstungssektors werden mittlerweile in vielen westlichen Staaten Waffenverkäufe oder Genehmigungen für kommerzielle Rüstungsexporte unter arbeitsmarktpolitischen und außenwirtschaftlichen Gesichtspunkten vorgenommen oder erteilt. Restriktionen treffen hingegen vermehrt auf den Widerstand verschiedener innenpolitischer Interessengruppen und lassen somit die Aussichten auf erfolgreiche kooperative Vereinbarungen sinken.[7]

Zuletzt wäre noch anzumerken, daß die Chancen für multilateral vereinbarte Transferregelungen in dem Maße abzunehmen scheinen, in dem innerhalb der Dritten Welt die Bemühungen um den Aufbau eigener Rüstungsindustrien fortschreiten. Bereits heute gibt es in 42 Entwicklungsländern Kapazitäten zur Herstellung von Waffen aller Art, davon können viele bereits größere Waffensysteme wie Kampfflugzeuge, Raketen, gepanzerte Fahrzeuge oder Kriegsschiffe produzieren, und es besteht die Tendenz zu einer

---

[7] Vgl. *Lawrence G. Franko*, Restraining Arms Exports: Will Europe Agree?, in: Survival, Vol. 23, No. 1 (Jan./Febr. 1979), S. 14–25.

zunehmenden Beschleunigung dieser Entwicklung.[8] Es kann somit davon ausgegangen werden, daß von einem gewissen Zeitpunkt an Transferbestimmungen gleich welcher Art kaum noch einen Sinn ergeben werden.

Die Aussichten, zu Vereinbarungen über die Begrenzung und Kontrolle des internationalen Rüstungstransfers zu gelangen, sind also recht unsicher. Zum einen gibt es zwar eine gewisse gemeinsame politische Basis, die das Interesse vieler Staaten an Übereinkommen sichern könnte, andererseits muß der Erwartungshorizont für mögliche Maßnahmen sehr eng begrenzt werden. Wie groß der Spielraum im einzelnen Fall sein kann, läßt sich allerdings erst dann ermessen, wenn man die bislang zur Diskussion stehenden Konzeptionen genauer untersucht.

3. *Strategien kooperativer Kontrolle über konventionelle Rüstungstransfers in die Dritte Welt*

3.1 *Drei Grundmodelle*

Der Versuch mehrerer Staaten, in Zusammenarbeit den kommerziellen und/ oder staatlichen Verkauf von Waffen in Länder Asiens, Afrikas und Lateinamerikas zu beschränken und zu kontrollieren, ist keineswegs neu. Die jüngere Geschichte kennt verschiedene solcher Versuche, die zwar unter ganz unterschiedlichen historischen Bedingungen zustande kamen, die aber stets einem der unten genannten Muster folgten:
– Ein häufig zu findendes Instrument war das Kartell der Rüstungsexporteure. Hier wären als historische Beispiele das Brüsseler Abkommen von 1890 zu nennen, welches von Belgien, Deutschland, Großbritannien und Frankreich abgeschlossen wurde, um den unkontrollierten Strom von Waffen in deren Kolonialgebiete zu verhindern,[9] ferner die im Rahmen der Algeciras-Akte von 1906 verabredeten Kontrollen gegen den illegalen Waffenhandel[10] und nicht zuletzt das britisch-französisch-amerikanische

---

8 Vgl. hierzu *Peter Lock/Herbert Wulf*, Rüstung und Unterentwicklung, in: Aus Politik und Zeitgeschichte (Beilage zur Wochenzeitung Das Parlament), B 18, 5. 5. 1979, S. 3–28 (S. 16 ff.); vgl. auch SIPRI (Stockholm International Peace Research Institute), World Armaments and Disarmament – SIPRI Yearbook 1978, London 1978, S. 166 ff.
9 Vgl. *Romain Yakemtchouk*, Les Transferts Internaux d'Armes de Guerre, Paris 1980, S. 39–69; s. a. SIPRI, The Arms Trade with the Third World, Stockholm 1971, S. 90.
10 Vgl. *Lewis A. Frank*, The Arms Trade in International Relations, New York 1969, S. 201.

Übereinkommen zur Begrenzung des Waffenexports in den Nahen Osten aus dem Jahre 1950.
- Eine andere Kategorie von Abkommen bzw. Entwürfen zielte darauf ab, Rüstungstransfers im Rahmen umfassender globaler oder regionaler Rüstungsbegrenzungs- und Abrüstungsvereinbarungen oder im Rahmen von Friedensverträgen zu kanalisieren oder ganz zu unterbinden. Hierunter fallen die Haager Konvention von 1907, das 1975 in Kraft getretene Abkommen über das Verbot der Entwicklung, Herstellung und Lagerung von biologischen und Toxin-Waffen sowie über ihre Vernichtung und schließlich die Friedensverträge von Versailles und St. Germain-en-Laye von 1919.
- Die dritte Kategorie bilden Embargomaßnahmen des Völkerbundes oder der Vereinten Nationen gegen einzelne Staaten oder Staatengruppen.[11]

Auch die gegenwärtig zur Diskussion stehenden Vorschläge weichen im Prinzip von diesen Mustern nicht ab. So hatte die Carter-Administration – wenngleich unter anderen Vorzeichen – die Bildung eines Kartells der Rüstungsexporteure angeregt. Zugleich zeigten die USA, ähnlich wie viele Staaten der Dritten Welt, ein Interesse an umfassenderen Rüstungsregulungen auf regionaler Basis, die vor allem auf Transferbeschränkungen aufbauen sollten. Die Sowjetunion hingegen hat immer ein Festhalten an der Praxis der Embargo-Politik durch die Vereinten Nationen befürwortet.

Ungeachtet der Nähe zu den oben erwähnten historischen Vorbildern ist nicht zu übersehen, daß diese Vorschläge vornehmlich aus ihrem jeweiligen politischen Kontext heraus zu verstehen sind. Darüber hinaus enthalten sie jedoch viele neue konzeptionelle Elemente, die unter methodischen und praktischen Gesichtspunkten untersucht werden sollten. Zum Teil sind diese Vorstellungen nur spärlich expliziert worden, so daß in dem einen oder anderen Fall über weitere Entwicklungsmöglichkeiten nachgedacht werden muß.

---

11 Eine vierte, hier nicht weiter behandelte Kategorie kooperativer Rüstungsbeschränkung besteht in dem Versuch, das Problem global und umfassend anzugehen. Beispiel hierfür ist die Konferenz des Völkerbundes über die Kontrolle des internationalen Waffenhandels, die vom 4. Mai bis zum 17. Juni 1925 in Genf tagte und eine vielbeachtete, aber nie in Kraft getretene Konvention verabschiedete; vgl. *Yakemtchouk*, a.a.O., S. 97–115. Text der Konvention in: *Trevor N. Dupuy* and *Gay M. Hammerman*, A Documentary History of Arms Control and Disarmament, New York 1973, S. 126–138.

3.1.1 Das Exporteur-Kartell

Vorbild für ein solches Gremium könnte der »Londoner Suppliers Club« sein. Teilnehmer wären die größten Rüstungsexportländer, d. h. die USA und die Sowjetunion, die zusammen nahezu 70 Prozent des Welthandels mit Waffen bestreiten, sowie Frankreich, Großbritannien, die Bundesrepublik Deutschland und wahrscheinlich Italien, Polen, Schweden, die ČSSR und später weitere Staaten. Zweck eines solchen Kartells wäre es primär, Maßnahmen zur Verhinderung von Rüstungstransfers einzuleiten, die als destabilisierend und gefährlich für die Aufrechterhaltung des internationalen Friedens erachtet werden. Dazu müßten anstehende Waffengeschäfte von jedem Exportstaat dem Gremium vorgelegt werden, die Teilnehmer würden hierüber beraten und schließlich Empfehlungen ausarbeiten. Das betreffende Exportland ist an Beschlüsse nicht zwingend gebunden, es dürfte aber, sofern es an einer Fortsetzung der Zusammenarbeit interessiert ist, den Empfehlungen Folge leisten.

Die Voraussetzungen für das Funktionieren eines solchen Clubs sind folgende:
– die Einigung unter den Teilnehmerstaaten über zentrale Ziele und Prinzipien, denen die Zusammenarbeit dienen soll;
– die Übereinstimmung bezüglich technischer und definitorischer Probleme;
– die Erarbeitung einer eigenen Kasuistik, die angibt, unter welchen Voraussetzungen Waffengeschäfte anmeldepflichtig sind, zu welchem Zeitpunkt dies zu geschehen habe und welche Arten von Konsultationen und Unterrichtungen zu erfolgen hätten, einschließlich der Klärung der Frage, welche Typen von gemeinsamen Vorgehensstrategien in welchen Fällen angewendet werden können.

Darüber hinaus müßte das Gremium imstande sein, im Hinblick auf weitere Problemkreise aktiv zu werden. So könnte es dazu dienen, einen allgemeinen Informationsaustausch über die Lage auf dem Waffenmarkt zu fördern, es könnte sich aber auch mit der Frage beschäftigen, wie die Weitergabe von rüstungstechnologischem Know-how oder der Weiterverkauf an Dritte gemeinsam zu beschränken sind.[12]

Unter rein technischen Aspekten betrachtet, wäre die Einrichtung eines solchen Kartells kein sonderlich großes Problem. Ein Vorbild hierzu ist die Praxis der westlichen Staaten, ihre Exporte in die Staaten der WVO zu

---

12 Vgl. zu den Aufgaben eines solchen Gremiums den im Auftrag des US-Kongresses erstellten Regierungsbericht zur Rüstungstransferpolitik: U.S. Senate, Committee on Foreign Relations, Arms Transfer Policy, Report to Congress for Use of the U.S. Senate, Committee on Foreign Relations, Juli 1977, Washington 1977 (95th Congress, 1st Session, Committee Print), S. 14 f.

koordinieren (COCOM). Die Schwierigkeiten fangen dort an, wo die politischen Dimensionen angesprochen werden. Hierbei dürfte es sich im wesentlichen um folgende Probleme handeln:
- Sowohl der Westen wie die WVO-Staaten versuchen weiterhin, ihre gegensätzlichen politischen Zielvorstellungen auch mit dem Instrument des Rüstungstransfers durchzusetzen. Dieser prinzipielle Antagonismus wird verhindern, daß beide Seiten allzu schnelle und radikale Maßnahmen vorschlagen.
- Wie oben bereits gezeigt wurde, ist die Sowjetunion weit weniger als die USA bereit, auf Rüstungstransfers in die Dritte Welt zu verzichten. Dies liegt vornehmlich daran, daß die Sowjetunion in weitaus stärkerem Maße darauf angewiesen ist, auf militärische Einflußmittel zu setzen als der Westen.[13]
- Kaum ein waffenexportierendes Land möchte in den Ruf geraten, Teilnehmer eines Kartells zu sein, welches über die Köpfe der betroffenen Staaten der Dritten Welt hinweg Absprachen über die Verteilung von Waffen trifft. Von daher wird immer ein starkes Moment der Zurückhaltung wirksam sein. Bei den amerikanisch-sowjetischen Vorgesprächen war zu beobachten, daß die Sowjetunion hier weitaus größere Vorsicht walten ließ als die USA, die mehr als einmal deutlich gemacht haben, daß sie durchaus bereit sind, vorübergehende Unstimmigkeiten in Kauf zu nehmen.
- Waffenlieferungen sind nicht das einzige Mittel, mit dessen Hilfe lokale Konflikte in der Dritten Welt beeinflußt werden können. Zum Teil ist die Entsendung von Militärberatern, Interventionstruppen oder »Stellvertretern« aus der Dritten Welt, die Gewährung logistischer Unterstützung oder auch die ökonomische oder diplomatische Hilfeleistung weitaus bedeutender. Abreden unter den Kartellteilnehmern hätten von daher immer nur einen begrenzten stabilisierenden Effekt.

Der Spielraum für ein solches Kartell wäre also recht gering. Zum einen ist der Bereich gleichen Interesses unter den in Frage kommenden Mitgliedern nur sehr eng, zum anderen ist die Wirksamkeit möglicher Absprachen begrenzt. Es kann daher angenommen werden, daß ein Produzentenkartell unter den gegenwärtig bestehenden politischen Bedingungen lediglich Beschlüsse geringer Tragweite fassen würde. In diesem Zusammenhang wären z. B. Übereinkommen möglich, bei denen die Teilnehmer sich verpflichten,

---

13 Einer Aufstellung der US-Abrüstungsbehörde ACDA zufolge standen in den Jahren 1973 bis 1977 den 16,5 Mrd. US-Dollar sowjetischer Rüstungsexporte an Länder der Dritten Welt gerade 2,7 Mrd. US-Dollar Entwicklungshilfe entgegen. Bei den USA lag im gleichen Zeitraum die Relation bei 21,6 : 18,9, bei Frankreich bei 3,3 : 9,6 und bei der Bundesrepublik bei 1,9 : 7,0; vgl. World Military Expenditures and Arms Transfers 1968–1977, S. 11.

bestimmte neue Waffensysteme nicht in die eine oder die andere Region einzuführen. Unter Umständen wäre es auch noch denkbar, daß das Kartell anläßlich einer akuten Krisensituation ad hoc zu dem Beschluß kommt, Waffenlieferungen an die betreffenden kriegführenden Parteien einzuschränken oder zu unterlassen.

3.1.2 *Regionale Transferregelungen*

Es war nicht zuletzt das Wissen um die beschränkten Möglichkeiten des Kartell-Ansatzes, das recht früh dazu führte, daß die Carter-Administration auch andere Arten von Transferbeschränkungen in ihre Überlegungen einbezog. Dabei wurden vor allem Regelungen auf regionaler Basis ins Auge gefaßt. Diese amerikanischen Bemühungen waren durch die oben erwähnten vorangegangenen Initiativen lateinamerikanischer Länder ermutigt worden. Theoretisch sind drei Möglichkeiten denkbar, regionale Transferregelungen durchzuführen: durch Absprache der Rüstungslieferanten, durch Maßnahmen der Empfängerstaaten und durch gemeinsame Bemühungen von Empfänger- wie Lieferstaaten. Die erste Möglichkeit wäre dem oben erwähnten Produzenten-Kartell zuzurechnen und dürfte im Hinblick auf die damit verbundenen politischen Belastungen kaum verwirklicht werden können.[14] Die zweite Möglichkeit weist insofern schon den rechten Weg, als die Initiative von seiten der Empfängerstaaten kommen sollte. Allerdings dürften regionale Importbeschränkungen ohne die Mitwirkung der wichtigsten Rüstungsproduzenten vermutlich kaum durchführbar sein. Somit würde die am ehesten realisierbare Form des regionalen Transfer-Regimes diejenige sein, die von den Empfängerstaaten initiiert und realisiert, von den Lieferstaaten aber mitgetragen und verantwortet wird.

Die Frage, wie eine solche regionale Transferregelung aussehen könnte, ist bislang nur sehr dilatorisch behandelt worden. Die Carter-Administration hatte seinerzeit Konferenzen zwischen Empfänger- und Lieferstaat befürwortet, auf denen insbesondere die Sicherheitsinteressen der betroffenen Käuferstaaten berücksichtigt werden sollten.[15] Tiefergehende konzeptionelle Überlegungen wurden dabei allerdings nicht angestellt.

Es soll aus diesem Grunde versucht werden, einige Anregungen zu diesem

---

14 Ein Beispiel war das amerikanisch-britisch-französische Übereinkommen zur Begrenzung der Rüstungsexporte in den Nahen Osten aus dem Jahre 1950, welches bis zu dem Zeitpunkt durchgehalten werden konnte, an dem die Sowjetunion Ägypten mit massiven Waffenlieferungen versorgte (1955).
15 Vgl. U.S. Senate, Committee on Foreign Relations, Arms Transfer Policy, a.a.O., S. 14.

Komplex aufzugreifen und nach Möglichkeiten und Bedingungsfaktoren regionaler Vereinbarungen dieser Art zu fragen.[16]
Regional begrenzte Rüstungstransferregelungen sind nur denkbar, wenn sie Teil bzw. Kernstück einer Übereinkunft der betroffenen Staaten zu einer umfassenderen sicherheitspolitischen Regelung sind. In diesem Zusammenhang dürfte es zwei Gründe geben, die die Staaten einer Region dazu veranlassen könnten, Importbeschränkungen zu vereinbaren: zum einen der Wunsch, daß es nicht zu einem örtlich begrenzten Rüstungswettlauf zwischen zwei oder drei größeren Mächten kommt, die bislang relativ gleichgewichtig waren, und zum anderen die Absicht, eine hoch gerüstete und eventuell durch vorangegangene kriegerische Auseinandersetzungen zermürbte regionale Konfliktlage zu entschärfen. Für den ersten Fall könnte eine Regelung möglich sein, die im Modell dem Vertrag von Tlatelolco[17] ähnlich ist. Hier würden sich alle Beteiligten darüber einigen, bestimmte Waffenmengen und -arten nicht zu importieren, die entsprechenden Waffenexporteure würden diese Bemühungen unterstützen und gegebenenfalls Garantien oder Nebenleistungen erbringen. Im zweiten Fall könnte eine Regelung nach dem Modell der ägyptisch-israelischen Friedensregelungen (dem sogenannten Sinai-Modell[18]) oder, falls bereits Kontakte und Kooperationsmuster zwischen den Konfliktbeteiligten bestehen, nach dem Modell der Wiener Verhandlungen über einen beiderseitigen Truppenabbau in Europa (Mutual Balanced Force Reductions, MBFR, dem sogenannten Wien-Modell[19]) ablaufen. Bei den beiden letztgenannten Modellen käme es vorerst auf die Entschärfung eines Konfliktes und in der Folge auf den langsamen Abbau der Kriegführungspotentiale an.
Versucht man die Realisierungschancen solcher Modelle zu analysieren, kommt man allerdings zu eher skeptischen Schlußfolgerungen.
Der Versuch von acht lateinamerikanischen Staaten, anläßlich des Treffens von Ayacucho im Dezember 1974 den Grundstein für eine regionale Rüstungstransferregelung zu legen,[20] hat bislang noch zu keinem sichtbaren

---

16 Im folgenden wird auf Anregungen des französischen Politikwissenschaftlers Jacques Huntzinger zurückgegangen; vgl. *Jacques Huntzinger*, Regional Recipient Restraints, in: *Anne Hessing Cahn/Joseph J. Kruzel/Peter M. Dawkins/Jacques Huntzinger*, Controlling Future Arms Trade, New York u. a. 1977, S. 161–197.
17 Vertrag über das Verbot von Kernwaffen in Lateinamerika vom 14.12.1967; vgl. hierzu *Huntzinger*, a.a.O., S. 183–188.
18 *ebd.*, S. 188–192.
19 *ebd.*, S. 192–195.
20 Text der Deklaration von Ayacucho in: Nueva Sociedad (Costa Rica), No. 17, März/April 1975, S. 96–98; vgl. auch International Institute for Strategic Studies (I.I.S.S.), Strategic Survey 1974, London 1975, S. 93.

Erfolg geführt. Weder die Einleitung mehrerer technischer Folgekonferenzen noch der Versuch Mexikos, die Initiative auf einer Konferenz von 20 lateinamerikanischen und karibischen Staaten vom August 1978 wiederzugewinnen, konnten bisher einen Fortschritt in der Sache bringen.[21] Die Rüstungsetats fast aller beteiligten Staaten sind hingegen in den vergangenen Jahren erheblich gestiegen, und die Aussichten für ein regionales Arrangement dürften darüber eher gesunken sein.

Folgende Ursachen dürften für den bisherigen Mißerfolg verantwortlich sein:[22]
- das Fortleben verschiedener ungelöster territorialer Konflikte zwischen den Staaten dieser Region;
- die kritische Distanz Brasiliens und Kubas;
- die Fortentwicklung beim Aufbau einer eigenen Rüstungsindustrie in Argentinien und Brasilien, aber auch in Kolumbien, Venezuela und Peru.

Hinzu kommt, daß noch nicht klar ist, wie die Mitarbeit externer Mächte – insbesondere der USA, der Sowjetunion, aber auch anderer Rüstungslieferanten wie Frankreich, Großbritannien oder der Bundesrepublik – geregelt werden könnte. So fordert z. B. Brasilien die bindende Verpflichtung außerregionaler Staaten, auf die Androhung oder den Gebrauch von Waffen in Lateinamerika zu verzichten.

Auch das oben erwähnte »Sinai-Modell« scheint wenig erfolgversprechend zu sein, wenn man sich den Stand der Friedensbemühungen im Nahen Osten vor Augen führt. Die Aussichten, mit Hilfe des israelisch-ägyptischen Friedensvertrages zu einer Begrenzung des Rüstungstransfers in diese Region zu gelangen, sind zur Zeit gleich Null. Hierzu trägt nicht nur die Ablehnung bei, die das Abkommen bei den übrigen arabischen Staaten gefunden hat. Auch bei den unmittelbar betroffenen Vertragspartnern ist gegenwärtig eher eine Zunahme denn eine Abnahme des Imports von Waffen zu erwarten.

Aus der bisherigen Entwicklung sollte allerdings nicht auf die Unmöglichkeit geschlossen werden, im Rahmen einer Deeskalierung eines regionalen Konfliktes zu Vereinbarungen über die Beschränkung der Rüstungsimporte zu kommen. Es müßte immerhin berücksichtigt werden, daß solche Prozesse, in deren Verlauf »heiße« Konflikte »abkühlen«, recht langsam vonstatten gehen und in den meisten Fällen bei einem Status des »Nicht-mehr-Krieges« stehen bleiben, ohne daß es zu einer abschließenden friedlichen Regelung kommen muß. Gerade in diesem Fall kommt es entscheidend darauf an,

---

21 Vgl. The Long March of Arms Limitation Talks, in: Latin America Political Report, Vol. 12, No. 47 (1.12.1978), S. 371; vgl. auch *Ronfeldt/Sereseres*, U.S. Arms Transfers, a.a.O., S. 31 ff.
22 Vgl. *ebd.*

durch Rüstungskontrollmaßnahmen verschiedener Art (Disengagementabkommen, Vertrauensbildende Maßnahmen, Einsatzbeschränkungen etc.) den Status-quo zumindest abzusichern und aufrechtzuerhalten. Vereinbarungen über die Zurückhaltung der beteiligten Konfliktparteien beim Kauf neuer Waffen könnten dabei von einem bestimmten Stand der Entwicklung an dazu beitragen, daß solche Entwicklungen stabil bleiben. Es wäre in diesem Zusammenhang etwa denkbar, daß die am Konflikt beteiligten Staaten – sei es formell oder auch im stillschweigenden Einvernehmen – auf den Erwerb bestimmter neuer Waffen verzichten, die den bislang erreichten Status-quo gefährden könnten.[23]

Für den Fall, daß es in der Dritten Welt zu einer umfassenden politischen Friedensregelung in der einen oder der anderen Konfliktzone kommt, wäre es aller Voraussicht nach sinnvoll, Rüstungstransferbeschränkungen für die Beteiligten als Komplement zur politischen Lösung zu vereinbaren. Gerade für den hypothetischen Fall einer Nahost-Regelung wäre ein solches Übereinkommen – obwohl es mit einer Vielzahl von Problemen behaftet wäre – für eine Übergangszeit notwendig.

Ähnliche Entwicklungsmöglichkeiten, wie sie hier für das »Sinai-Modell« aufgezeigt worden sind, dürften auch für das sogenannte »Wien-Modell« gelten, wenngleich hinzugefügt werden muß, daß es gegenwärtig in der Dritten Welt keine Verhandlungen gibt, die in irgendeiner Weise diesem Modell nahekommen. Von daher können auch keine Erfahrungen eingebracht werden.

Der Gedanke, in der Dritten Welt auf regionaler Basis Beschränkungen für Rüstungsimporte zu vereinbaren, die entweder Grundpfeiler oder zumindest Baustein eines weitergreifenden Sicherheitssystems sind, behält trotz der bisher nur mageren Ausbeute seine Attraktivität. Allerdings sind nur in Ausnahmefällen (umfassender Friedensschluß) tatsächlich nachhaltige Verringerungen der Waffenlieferungen vorstellbar. In der Regel dürften Maßnahmen zur Rüstungstransferbeschränkung lediglich dazu geeignet sein, regionale Stabilitäten zu sichern, sofern diese durch Waffenlieferungen der einen oder anderen Art gefährdet sind. Dabei hängt die tatsächliche Verwirklichung solcher Maßnahmen allerdings noch von einigen allgemeineren politischen Rahmenbedingungen ab.

Für den Fall, daß eine Regelung gemäß dem »Tlatelolco-Modell« vorgenommen werden soll, ist es offensichtlich, daß alle wichtigen Staaten der Regionen teilnehmen sollten. Weiterhin muß gesichert sein, daß unter diesen

---

23 Vgl. zu den Aussichten solcher Maßnahmen für den Nahen Osten Yair Evron, The Role of Arms Control in the Middle East, London 1977 (I.I.S.S., Adelphi Paper No. 131), S. 25–29.

Ländern ein Mindestmaß an Konsens, eine grundsätzliche Bereitschaft zur friedlichen Beilegung von Konflikten und eine ungefähre Kräftebalance bestehen. Zudem sollte es möglich sein, die betreffende Region ausreichend abzugrenzen. Als ein hemmender Faktor könnte sich die Existenz einheimischer Rüstungsproduktion in einzelnen Ländern erweisen.

Ähnliche Voraussetzungen gelten für Regelungen, die in Anlehnung an die beiden anderen Modelle vorgenommen werden. Hier ist darüber hinaus die Bereitschaft aller Parteien notwendig, die gewaltsame Lösung eines Konfliktes nicht mehr zu suchen und in vorsichtiger Kooperation eine Stabilisierung der Lage zu erreichen.

Bei allen drei Modellen ist die Präsenz bzw. Mitwirkung der beiden Supermächte sowie weiterer interventionsfähiger oder rüstungsexportierender Staaten ein ganz entscheidender Faktor. Im Fall einer Regelung gemäß dem »Tlatelolco-Modell« müßten diese nicht nur Beschränkungen von Rüstungsimporten absichern, sondern darüber hinaus Garantien abgeben, nicht in der betreffenden Region militärisch zu intervenieren (negative Sicherheitsgarantien). Bei einer Regelung, die gemäß den beiden anderen Modellen erst eine Streitvermittlung und dann einen langsamen Abbau der Potentiale beinhaltet, dürfte die Beteiligung der Groß- und Supermächte sowohl bei der Streitbeilegung als auch in der nachfolgenden Phase erforderlich sein. Hier wäre es zum Teil angebracht, daß die eine oder andere Macht einem Staat oder einer Staatengruppe gegenüber Beistandsgarantien für den Fall gibt, daß eine der beteiligten Parteien vorübergehende Instabilitäten auszunutzen gedenkt (positive Sicherheitsgarantien).

3.1.3 *Waffenembargos der Vereinten Nationen*

Die von der Sowjetunion anläßlich der Conventional Arms Transfer (CAT)-Gespräche eingebrachten Vorstellungen bewegen sich nur geringfügig außerhalb des Rahmens der bisher praktizierten und anerkannten Maßnahmen. Soweit erkennbar, beabsichtigte die sowjetische Führung, den Prozeß der Embargoverhängung durch die VN stärker zu formalisieren und zu präzisieren.

Nach sowjetischer Vorstellung müßten die Vereinten Nationen – nach erfolgter amerikanisch-sowjetischer Absprache – Kriterien beschließen, denen zufolge bestimmte Waffenlieferungen zulässig, andere hingegen unzulässig wären. Dabei müsse sichergestellt sein, daß Staaten, die Opfer einer bewaffneten Aggression sind, ebensowenig von Restriktionen betroffen werden wie nationale Befreiungsbewegungen, die gegen Kolonialismus oder Rassismus kämpfen. Die Entscheidung über die Verhängung von Embargomaßnahmen (oder umgekehrt über die Unterstützung einer Seite) müsse dabei bei den VN liegen. Die sowjetischen Formulierungen lassen offen, an welche Art von Entscheidung und an welches Entscheidungsgremium dabei gedacht wurde. Es wird lediglich zu verstehen gegeben, daß die VN-Charta, die VN-Aggressionsdefinition[24] sowie Beschlüsse über die Unterstützung von Völkern, die für »ihre Befreiung von der kolonialen und rassistischen Unterdrückung kämpfen« heranzuziehen sind.[25] Diese Ansatzweise ist nicht untypisch für die sowjetische Abrüstungsdiplomatie. Zum einen entspricht sie der üblichen legalistischen Vorgehensweise, zum anderen aber auch der sowjetischen Vorstellung vom »gerechten Krieg« bzw. »gerechten Frieden«.[26] Wie effektiv könnte eine solche Regelung sein? Zur Beantwortung dieser Frage müßte zum einen die bisherige Praxis solcher Embargos beleuchtet und zum anderen untersucht werden, ob die neuen Elemente des sowjetischen Vorschlags wesentliche Veränderungen erbringen würden.

Das Embargo war bzw. ist im Völkerbund wie bei den Vereinten Nationen ein Instrument kollektiver Sicherheit, welches im Gegensatz zu dem übrigen diesbezüglichen Instrumentarium gelegentlich eingesetzt worden ist. Nach der VN-Charta ist es primär Sache des Sicherheitsrats (SR), Waffenembargos zu beschließen (Art. 39 und 41). Voraussetzung ist, daß der SR eine Bedrohung des Friedens oder eine Angriffshandlung feststellt. Gemäß Art. 11 und 12 – insbesondere unter Einbeziehung der »uniting for peace«-Resolution – kann aber auch die Generalversammlung Empfehlungen abgeben, die auf Waffenembargos abzielen. In der Geschichte der Vereinten Nationen hat es mehrere solcher Embargos gegeben:[27] gegen Albanien und Bulgarien (1949), China und Nordkorea (1951), Nahost-Region (1956), Südafrika (1962), Portugal (1962) und Südrhodesien (1965) etc. In allen Fällen blieben diese Beschlüsse – die zum Großteil mit einfacher Mehrheit von der Generalversammlung (GV) gefaßt wurden – letztlich ohne die erhoffte Wirkung, weil

---

24 UN-Doc. A/29/Res. 3314 vom 14.12.1974, deutsch in: Vereinte Nationen, Vol. 23, No. 4 (1975), S. 120.
25 Zur sowjetischen Haltung vgl. das Papier über »praktische Wege zur Einstellung des Wettrüstens«, UN-Doc. A/S-10/AC. 1/4 vom Mai 1978; vgl. auch *Wladimir Krawzow*, Den Waffenexport beschränken!, in: Neue Zeit, 1978, No. 34, S. 18–19; ferner: Disarmament Talks – A Status Review (Interview mit dem stellvertretenden sowjetischen Außenminister Kornijenkov), in: The Current Digest of the Soviet Press, Vol. 31, No. 4 (1979), S. 10; A. Kemov, Politikopravovye kriterii organicenija mezdunarodnoj torgovli oruziem (Politisch-rechtliche Kriterien der Begrenzung des internationalen Waffenhandels), in: Sovetskoe gosudarstvo i pravo, 1979, No. 3, S. 102–108.
26 Vgl. zum sowjetischen Kriegsbegriff *Edgar Tomson*, Kriegsbegriff und Kriegsrecht der Sowjetunion, Berlin 1979, insbes. Teil I.
27 Vgl. *Frank*, The Arms Trade, (a.a.O., S. 12, S. 207 f; sowie *Edward C. Luck*, The Arms Trade, in: *David A. Kay* (Hrsg.), The Changing United Nations – Options for the United States, New York 1977, S. 170–183.

sich Staaten fanden, die dem Embargo-Aufruf nicht Folge leisteten. Selbst die Embargos gegen Südrhodesien und Südafrika, denen sich mittlerweile alle größeren Rüstungsexporteure angeschlossen haben, erwiesen sich als wenig wirksam, weil zum einen Südafrika eine eigene Rüstungsindustrie aufbauen konnte, zum zweiten illegale Kanäle offensichtlich weiter fortbestehen dürften[28], und weil drittens Südafrika mit zwei weiteren »Außenseitern« der internationalen Gemeinschaft – Taiwan und Israel – rüstungswirtschaftliche Kooperationsbeziehungen hat anknüpfen können.[29]

Diese relativ geringe Wirkung von Waffenembargos wird durch die Erfahrungen des Völkerbundes nur bezeugt. Die seinerzeit gegen Bolivien und Paraguay (1934) und Italien (1935) verhängten Liefersperren blieben zwar nicht ohne Wirkung auf die Betroffenen, die damit verknüpften Erwartungen (rasches Ende des Chaco-Krieges, Abzug italienischer Truppen aus Abessinien) wurden jedoch nicht erfüllt.[30]

An diesem Grundproblem dürften die sowjetischen Vorstellungen prinzipiell nichts ändern. Das Neue an dem sowjetischen Vorschlag ist lediglich der Versuch, die Kriterien präziser zu fassen, nach denen sich Embargo-Entscheidungen auszurichten hätten. Diesem Zweck soll der Rückgriff auf die VN-Aggressionsdefinitionen vom 14. Dezember 1974 ebenso dienen wie die oben erwähnten VN-Beschlüsse über die Unterstützung solcher Völker, die für ihre Befreiung von kolonialer oder rassistischer Unterdrückung kämpfen.

Der Verweis auf die VN-Aggressionsdefinitionen ist allerdings kein Novum. Die Definition ist seinerzeit explizit als Richtlinie für Entscheidungen des Sicherheitsrats nach Art. 39 der VN-Charta über das Vorliegen einer Angriffshandlung konzipiert worden.[31] Das Dokument hat sich zwar bislang in beschränktem Maße als hilfreich erwiesen, es dürfte aber nicht zuletzt aufgrund des ihm innewohnenden – notwendigen – Auslegungsspielraums nicht geeignet sein, das Entstehen von Meinungsverschiedenheiten unter den SR-Mitgliedern zu verhindern.[32]

---

28 Der illegale Waffenhandel und -schmuggel dürfte nach Expertenschätzungen nicht mehr als 2 vH des Gesamtvolumens des weltweiten Rüstungsexports ausmachen. Bei einem geschätzten Handelsvolumen von bis zu 20 Mrd. US-Dollar im Jahre 1978 beträgt das allerdings immerhin noch bis zu 400 Mio. US-Dollar jährlich, von denen ein gewiß nicht kleiner Anteil in die vom Boykott betroffenen Länder Südafrika und Rhodesien gelangt; vgl. u. a. Geheimer Waffenhandel mit Rhodesien, in: Süddeutsche Zeitung (SZ), 13./14.6.1979.
29 Vgl. Die »Ausgestoßenen« rücken zusammen, in: SZ, 15.7.1978.
30 Vgl. auch *Alfred Pfeil,* Der Völkerbund, Darmstadt 1976, S. 125–137.
31 Vgl. *Alfred Verdross/Bruno Simma,* Universelles Völkerrecht, Theorie und Praxis, Berlin 1976, S. 142 ff.
32 Zur Vorgeschichte und Verabschiedung der VN-Aggressionsdefinition vgl. *Jochen Abr. Frowein,* Friedenssicherung und die Vereinten Nationen, in: *Ulrich Scheuner/Beate Lindemann*

Das zweite, von den sowjetischen Stellen immer wieder genannte Kriterium
– VN-Beschlüsse über die Unterstützung von Völkern, die für ihre Befreiung
von kolonialer oder rassischer Unterdrückung kämpfen – ist mit äußerster
Skepsis zu sehen. Mit dieser ominösen Umschreibung sind vor allem Resolutionen der GV gemeint, in denen Israel oder Südafrika verurteilt und die
westlichen Staaten wegen tatsächlicher oder angeblicher Unterstützung beschuldigt werden. Sofern es nur den Fall Südafrika betrifft, wo der Westen
ohnehin das Waffenembargo mitträgt, dürfte es gegenwärtig kaum Probleme
geben. Wenn allerdings versucht werden soll, westliche Waffenlieferungen an
Israel – oder sonstige Staaten, die dereinst in »Ungnade« fallen könnten – zu
unterbinden, sind doch erhebliche Bedenken angebracht. Es dürfte kaum
erwartet werden, daß sich westliche Staaten einer solchen Koppelung von
GV-Beschlüssen und Embargo-Entscheidungen beugen würden. Andererseits kann aber davon ausgegangen werden, daß der außen- wie innenpolitische Druck auf westliche Regierungen zunehmen wird. Letztlich hätte
die Sowjetunion also ein Instrument zur Beeinflussung politischer Entscheidungsprozesse in westlichen Staaten in der Hand.
Die sowjetischen Vorstellungen bringen also kaum neue Elemente ein, und
dort, wo tatsächlich Weiterentwicklungen vorgeschlagen werden, sind diese
politisch inakzeptabel und unrealistisch.[33] Darüber hinaus behält der Gedanke, mittels der Vereinten Nationen und der diesen zur Verfügung stehenden Instrumente Rüstungslieferungen in Konfliktgebiete zu beschränken,
natürlich seine Berechtigung.

4. *Die sicherheitspolitische Bedeutung multilateraler Maßnahmen zur
Beschränkung konventioneller Rüstungstransfers*

Faßt man die bisherigen Überlegungen zusammen, so bleibt als erstes festzustellen, daß eine nachhaltige Veränderung des konventionellen Waffentransfers in die Dritte Welt – sowohl von der Quantität wie von der Qualität der

(Hrsg.), Die Vereinten Nationen und die Mitarbeit der Bundesrepublik Deutschland, München, Wien 1973, S. 45–76 (S. 53–57); vgl. auch *Gottfried Zieger*, Die Vereinten Nationen, Hannover 1976, S. 111 f.
33 Offensichtlich versuchte die Sowjetunion anläßlich der CAT-Gespräche auch ein Prinzip zu verankern, wonach Staaten, die multilateralen Abrüstungs- und Rüstungskontrollabkommen nicht beigetreten sind, keine Waffenlieferungen erhalten dürfen. Dieser Vorschlag zielt eindeutig auf die Diskriminierung der VR China hin.

gelieferten Waren her – in naher Zukunft nicht zu erwarten ist. Die Voraussetzung dazu wäre die politische Lösung all jener Konflikte in der Dritten Welt, die die Nachfrage nach modernen Rüstungsgütern immer wieder hochtreiben (insbesondere der Nahost-Konflikt). Alle hier aufgeführten Konzepte dürften gegenwärtig kaum Aussicht auf Erfolg haben, wenngleich sie theoretisch gesehen denkbare und gangbare Möglichkeiten aufzeigen.
Andererseits hat die Diskussion der verschiedenen Vorstellungen deutlich werden lassen, daß es unter gewissen zu benennenden Umständen sinnvoll und möglich sein kann, begrenzte Transferbeschränkungen als Rüstungskontrollinstrumente zu nutzen. Maßnahmen dieser Art können geeignet sein, den Ausbruch von kriegerischen Auseinandersetzungen zwischen Staaten weniger wahrscheinlich und Friedensregelungen eher möglich zu machen.
Im einzelnen wären es folgende Maßnahmen, die in bestimmten politischen Situationen positive Impulse vermitteln können:

– Absprachen zwischen Rüstungsexporteuren, die darauf abzielen, im Zuge eines akuten oder auch antizipierenden Krisenmanagements die Lieferung einzelner, spezifischer Waffensysteme generell oder bezüglich bestimmter Regionen zu unterlassen, sofern vom Transfer solcher Waffen negative Auswirkungen auf die sicherheitspolitische Stabilität einzelner Gebiete erwartet werden, oder wenn es sich um Waffen handelt, die übermäßige Leiden verursachen.
– Embargo-Maßnahmen der Vereinten Nationen, soweit gesichert ist, daß diese auf einem breiten Konsens beruhen und ihre Wirksamkeit gegeben sein dürfte.
– Vereinbarungen, die zwischen den Staaten einer abgrenzbaren Region der Dritten Welt mit der Absicht getroffen werden, ein bislang relativ konfliktarmes Gebiet durch allseitigen Verzicht auf den Erwerb bestimmter Waffensysteme stabil zu halten und einen Rüstungswettlauf zwischen einzelnen Staaten zu verhindern.
– Übereinkommen, die darauf hinauslaufen, Waffenstillstandsabkommen, friedenserhaltende Operationen der Vereinten Nationen oder sonstige *ad hoc* vorgenommene Maßnahmen zur Dämpfung akuter Krisen zwischen allen Beteiligten abzusichern und zu stabilisieren.
– Komplementärabkommen, die im Rahmen umfassender politischer Friedensregelungen für eine Konfliktzone Rüstungsimporte beschränken und die zur Verifikation und Vertrauensbildung zwischen den Parteien beitragen.

Die Kriterien und Voraussetzungen für die erfolgreiche Anwendung solcher Maßnahmen sind aufgrund mangelnder, empirisch verwertbarer Erfahrungen gegenwärtig kaum zu benennen. Die Angemessenheit der einen oder anderen Transferbeschränkung ist in der Regel von der konkreten politischen Situation abhängig, und zum Teil konnten im Verlauf dieser Arbeit bereits erste Bemerkungen hierzu gemacht werden. Generell ließe sich festhalten, daß die Wahrscheinlichkeit für die erfolgreiche Verwendung von Waffentransferbeschränkungen als Instrument multilateraler Rüstungskontrolle in dem Maße zunehmen dürfte, in dem es zum einen gelingt, die Staaten der Dritten Welt stärker für friedliche Formen der Konfliktlösung zu gewinnen, und in dem es zum anderen möglich wird, die Sowjetunion und ihre Verbündeten zu größerer Kooperation bei der Behandlung von Konflikten in der Dritten Welt und zu einer Verlagerung der Konkurrenz auf nichtmilitärische Bereiche zu verpflichten.

Die Beschränkung konventioneller Rüstungstransfers im Rahmen multilateraler Absprachen ist, das dürfte andererseits gefolgert werden, nicht als isoliertes Vorhaben möglich. Sie kann und sollte nur Teil einer Politik sein, die es nicht versäumt, den Staaten der Dritten Welt zugleich realistische Alternativen zu ihren gegenwärtig verfolgten sicherheitspolitischen Strategien anzubieten. Diese Strategien sind häufig äußerst kurzsichtig und maximalistisch und beinhalten eine Tendenz zu einem »Nullsummen-Denken«, die allseits gefährliche Folgen haben kann. Solange allerdings keine anderen Konzepte – etwa von seiten der westlichen Staaten, die am nachhaltigsten Rüstungstransferbeschränkungen befürworten – aufgezeigt werden können, die bei einem Weniger an Rüstungsaufwand ein Mehr an Sicherheit für diese Länder bieten, dürften alle Versuche, den Transfer von Rüstungsgütern in die Dritte Welt zu begrenzen, Stückwerk bleiben. Eine umfassende Politik der Waffentransfer-Kontrolle kann also nicht nur bei der Frage nach den besten Modellen und Ansatzweisen verbleiben, sie müßte ebenfalls eine Verbesserung der Konfliktlösungsinstrumente (etwa der Vereinten Nationen oder anderer regionaler internationaler Organisationen) und Anreize (z. B. wirtschaftlicher Art) für kooperatives Verhalten in der internationalen Politik bieten können.

Michael Brzoska

XI. Verifikationsprobleme der Rüstungstransferkontrolle

1. Zum Stand der Rüstungstransferkontrollverhandlungen

Die Diskussion um Rüstungstransfers, das kann jetzt schon gesagt werden, wird auf längere Zeit mit dem Namen Carter verbunden sein. Präsidentschaftskandidat Carter hatte die Beschränkung der Rüstungstransfers der USA 1976 zu einem Wahlkampfthema gemacht. Für ihn waren vor allem moralische Bedenken ausschlaggebend, unterstützt durch die politische Überlegung, daß die Ausbreitung des Ost/West Konfliktes in der Dritten Welt den außenpolitischen und ökonomischen Spielraum der USA beschränkt. Insofern war auch Carters ablehnende Haltung zu Rüstungstransfers als Ausdruck des »Vietnam-Syndroms« zu verstehen, der Erfahrung, daß nicht- erfolgreiches militärisches Engagement im Ausland schwerwiegende außenpolitische, ökonomische und innenpolitische Folgen hat.
Im Mai 1977 verkündete Präsident Carter ein Sechs-Punkte-Programm zur qualitativen Einschränkung und schrittweisen qualitativen Reduzierung der Rüstungsverkäufe aus den USA. Carter verband diese Ankündigung mit der Hoffnung, durch Verhandlungen mit der UdSSR und den westeuropäischen Rüstungsexporteuren zu einem effektiven »Club« der wichtigsten Rüstungsexporteure zu kommen.
Carter hatte damit die Absicht der USA kundgetan, einseitig mit der Rüstungstransferkontrolle zu beginnen. Angesichts der führenden Rolle US-amerikanischer Firmen auf dem weltweiten Markt für Rüstungsgüter (siehe Schaubild 1) war dies eine Ankündigung, die – bei Ausführung – mittelfristig bedeutsame qualitative und quantitative Auswirkungen gehabt hätte.
Die Carter-Administration setzte ihre Rüstungstransferpolitik nicht im angekündigten Maße um. Schon bald wurden die Widersprüche der Außenpolitik der Carter-Administration, einschließlich der Rüstungstransferpolitik, deutlich: »Befreundete« Regierungen vor allem im Nahen Osten (Saudi Arabien, Iran) verlangten Waffen in großen Mengen, die die Regierung der USA um den Preis der »Freundschaft« zu liefern bereit war; »antikommunistische« Regierungen riefen nach US-amerikanischen Waffen, gegen an-

Schaubild 1

Anteile der wichtigsten Rüstungsexporteure am Waffenhandel, Anteile in %

	Weltweiter Waffenhandel nach ACDA			Waffenhandel mit der 3. Welt nach ACDA		Großwaffenhandel mit der 3. Welt nach SIPRI		Weltweiter Großwaffenhandel nach SIPRI
	1967	1973	1977	1967-76	1973-77	1968-72	1973-77	1978
USA	44	29	39	52	41	36	40	47
UdSSR	38	39	29	27	32	37	31	27
Frankreich	2	6	7	5	6	8	11	11
Großbritannien	2	4	5	3	5	10	9	4
Bundesrepublik Deutschland	1	1	5	2	4	1	2	2
Andere	13	21	15	11	12	8	7	9
Absolute Werte in Mrd DM (zu Preisen von 1975)	20	40	38	280	130	40	76	50

Quellen: ACDA, World Military Expenditures and Arms Transfers, Washington, Ausgaben 1967-76 und 1968-77
SIPRI, Yearbook 1979, London 1979
Eigene DM-Umrechnungen, Wechselkurse nach IMF, International Financial Statistics

geblich oder tatsächlich von der Sowjetunion unterstützte Nachbarregierungen oder Guerilla-Truppen im Land.
Die Doktrin der Carter-Administration sah mehrseitige Verhandlungen zur Absicherung von einseitiger Anbieterbeschränkung vor. Ende 1977 begannen Verhandlungen, allerdings nur mit der Sowjetunion.[1] Andere prospektive Teilnehmer (vor allem Frankreich und Großbritannien) verhielten sich abwartend. Obwohl damit wichtige Anbieter auf dem Rüstungsmarkt fehlten, gingen beide Verhandlungspartner davon aus, daß aufgrund der quantitativen Dimensionen und vor allem der grundsätzlichen weltweiten politischen Konfrontation in einer ersten Runde Verhandlungen nur zwischen einer US-amerikanischen und einer sowjetischen Delegation durchaus sinnvoll wären.
Beide Verhandlungspartner begannen die erste Verhandlungsrunde am 14.12.1977 in Washington mit äußerst unterschiedlichen inhaltlichen Vorstellungen. Die US-Delegation beabsichtigte vor allem über eine weltweite Kartellbildung der Rüstungsexporteure zu verhandeln. Daneben sollte, als ein zweites Element der Carter-Ankündigung, die Begrenzung regionaler Rüstungswettläufe debattiert werden. Die sowjetische Delegation schlug vor, zum Beispiel aus der UN-Charta Kriterien dafür abzuleiten, in welchen Fällen Rüstungstransfers erlaubt und in welchen Fällen sie zu verbieten seien. Eine weltweite quantitative Begrenzung lehnte die sowjetische Delegation ab.
Die sowjetische Position wurde in Kreisen der US-amerikanischen Delegation als zurückhaltend, aber offen bezeichnet. Bemerkenswert ist auf jeden Fall, daß die Sowjetunion diese Verhandlungen aufnahm, obwohl ihr daraus aus der Dritten Welt der Vorwurf einer »neokolonialen Komplizenschaft« mit den USA hätte erwachsen können.
In den beiden folgenden Sitzungen der »Conventional Arms Transfer Talks« (CAT) im Mai und Juli 1978 in Helsinki wurde bereits von der Möglichkeit eines Rahmenabkommens für die Verhandlungen gesprochen. Die Sowjetunion gab ihren anfänglichen Widerstand gegen Verhandlungen über Beschränkungen von Rüstungstransfers in einzelne Regionen auf. Trotzdem scheiterte CAT während der nächsten Verhandlungsrunde im Dezember 1978 in Mexiko-City. Der Anlaß waren vor dieser Verhandlungsrunde durch das US-amerikanische Außenministerium bekanntgegebene Rüstungsexporte der Sowjetunion nach Cuba und an afrikanische Länder. Die dadurch ausgelöste Kontroverse über sowjetische Rüstungsexportpolitik führte zu

---

1 Vgl. zum Überblick:*J. Krause*, Die amerikanisch-sowjetischen Gespräche über die Begrenzung und Kontrolle des internationalen Rüstungstransfers, in: Europa-Archiv, Jg. 34, Folge 15 (1979) und SIPRI-Jahrbuch 1980, (Anm. 5), S. 121 ff.

einer Begrenzung des Verhandlungsmandats der US-amerikanischen Delegation auf die Regionen Afrika und Lateinamerika. Statt über relativ unstrittige Fälle zu sprechen wurden die Verhandlungen damit auf die kritischsten Länder zugespitzt: Cuba, Angola und Äthiopien. Wiederbelebungsversuche während des Gipfeltreffens Carter/Breschnew im Juni 1979 blieben erfolglos. Was sind die tieferen Gründe für das Scheitern der Verhandlungen? CAT muß wohl – ähnlich wie die angekündigte einseitige Beschränkung der Rüstungslieferungen durch die USA – als Opfer der Abschwächung des »Vietnam-Syndroms« gesehen werden. Der Wechsel US-amerikanischer Außenpolitik von Zurückhaltung zu offener – notfalls auch militärischer – Einmischung in der Dritten Welt erfolgte parallel zu den CAT-Verhandlungen. Im Frühjahr 1978 kündigte Präsident Carter die Aufstellung einer mobilen Einsatztruppe an. Im September 1978 wurde das Camp-David-Abkommen von der ägyptischen und israelischen Regierung unterzeichnet, das US-amerikanische Militärhilfe in Höhe von US $ 3 Mrd. an Israel und US $ 1,5 Mrd. an Ägypten einschloß.[2] Im Herbst 1978 wurde deutlich, daß die Position des Schah von Persien, des besten Verbündeten der US-Regierung im Nahen Osten und wichtiger Trägers der »Nixon-Doktrin«, wankte. Schon mehr als ein Jahr vor der Intervention sowjetischer Truppen in Afghanistan hatten sich die Spannungen zwischen USA und Sowjetunion wesentlich verstärkt.

Der wichtigste Ansatz zur Kontrolle des Rüstungstransfers war gescheitert, bevor die eigentlichen Verhandlungen begonnen hatten – trotz zunächst durchaus guten Willens auf Seiten der USA und UdSSR. Aber selbst wenn die beiden »Großen« im Rüstungsexport sich hätten einigen können – eine Kontrolle des Rüstungstransfers wäre damit noch nicht erreicht gewesen. Denn vor allem westeuropäische Anbieter aus Ländern wie Frankreich, Großbritannien und Italien, aber auch »Newcomer« im Rüstungsexportgeschäft wie brasilianische und israelische Hersteller haben in der Vergangenheit Lücken, die die beiden ganz Großen ließen, ausgefüllt. Als Beispiel läßt sich die lateinamerikanische Situation in den 60er Jahren anführen. Die US-amerikanische Regierung begann in den 60er Jahren die Rüstungsexporte nach Lateinamerika zu begrenzen. Als Resultat wandten sich die lateinamerikanischen Regierungen nach Europa. Zwischen 1967 und 1972 erhielten lateinamerikanische Streitkräfte Waffen im Wert von 1200 Mio. US $ aus europäischen Ländern gegenüber 335 Mio. US $ aus den USA.[3]

---

2 SIPRI-Jahrbuch 1980, London 1980, S. 104.
3 SIPRI-Jahrbuch 1980 (Anm. 2), S. 115.

Obwohl im Rahmen der »Nixon-Doktrin« auch in diese Region vermehrt US-Waffen verkauft wurden, blieben europäische Hersteller in vielen Bereichen die wichtigsten Lieferanten.

Andere Rüstungsexportländer sind in weitaus stärkerem Maße als die USA und die Sowjetunion ökonomisch vom Rüstungsexport abhängig. Ca. die Hälfte der Produktion italienischer Rüstungsfirmen wird exportiert. In den Fällen Frankreich, Brasilien und Israel sind es zwischen 30 und 35 Prozent, bei Großbritannien ca. 25 Prozent und im Falle der Bundesrepublik Deutschland noch 20 Prozent. Der Exportanteil liegt mit 16 Prozent, bzw. 11 Prozent für die Sowjetunion und die USA weitaus niedriger. Die Erhaltung einer eigenständigen Rüstungsindustrie – auch bei den Nicht-Großmächten ein erklärtes Ziel – ist nur auf Grund des hohen Niveaus der Rüstungsexporte möglich.

Die Einbeziehung dieser Länder in ein System der Beschränkung der Rüstungstransfers wäre daher vermutlich nur mit größeren Schwierigkeiten aushandelbar. Zu den weltpolitischen Problemen des Ost/West Konfliktes würden die ökonomischen Probleme einer Reihe von Ländern hinzukommen.

Ein Lieferantenkartell nach dem Modell des Londoner Supplier-Clubs der Lieferanten von angereicherten Kernbrennstoffen wäre also auch unter den weltpolitischen Konstellationen von 1977 äußerst unwahrscheinlich gewesen. Angesichts der Krise der internationalen Beziehungen scheinen die Aussichten für eine derartige Vereinbarung Anfang der 80er Jahre gleich Null.

Dies ändert aber nichts an den grundsätzlichen ökonomischen und politischen Vorteilen aus bestimmten Rüstungstransferbeschränkungen. Im Gegenteil: Die Verschärfung der weltweiten ökonomischen Krise Anfang der 80er Jahre, unter der besonders die Länder in der Dritten Welt zu leiden haben, macht die einseitige oder mehrseitige Einschränkung von Rüstungsimporten in Länder der Dritten Welt immer notwendiger. Bisher waren finanzielle Engpässe in der großen Zahl der Länder der Dritten Welt der wichtigste Begrenzungsfaktor für den weltweiten Rüstungshandel. Diese kritische finanzielle Situation wird sich in den 80er Jahren zuspitzen. Die Weltbank schätzt, daß selbst unter günstigen Umständen die Schuldendienstquoten (Zins- und Tilgungszahlungen dividiert durch Ausfuhr von Waren und Dienstleistungen) der ölimportierenden Entwicklungsländer mit niedrigem Einkommen von 10,1 Prozent (1977) auf 11,3 Prozent (1985) und für Länder mit mittlerem Einkommen von 19,8 Prozent (1977) auf 28,6 Prozent (1985) ansteigen werden. Nur für die ölexportierenden Länder wird nach den Weltbankschätzungen die Schuldendienstquote von 16 Prozent

(1977) auf 13,5 Prozent (1985) zurückgehen.[4] Der zunehmende ökonomische Druck auf zunächst nur einseitige Beschränkungen der Rüstungsimporte äußert sich auch in einer zunehmenden Bereitschaft der Länder der Dritten Welt, über Rüstungstransferbeschränkungen zu diskutieren. Als Beispiele lassen sich etwa die Erklärung von Ayacucho (Peru) aus dem Jahr 1974 oder die Erklärungen von Regierungen aus der Dritten Welt während der Sondergeneralvollversammlung zu Abrüstung der Vereinten Nationen im Jahre 1978 nennen. In Ayacucho erklärten acht lateinamerikanische Staaten ihre Bereitschaft, über regionale Rüstungstransferbeschränkungen zu verhandeln. Trotz Wiederholung einer derartigen Erklärung im August 1978 durch 20 lateinamerikanische und karibische Staaten sind Erfolge bisher nicht zu verzeichnen.[5] Im Gegenteil – die Aufrüstung in den Staaten, die die Erklärung von Ayacucho unterzeichneten (wozu von den großen lateinamerikanischen Staaten lediglich Brasilien nicht gehörte), schreitet voran.

Im Abschluß der Sondergeneralvollversammlung vom Mai 1978 wurde einstimmig beschlossen, daß die wichtigsten Liefer- und Empfängerstaaten Konsultationen über die Beschränkung des Transfers aller Arten von konventionellen Waffen aufnehmen sollten (§ 85 des Schlußdokumentes).[6] Obwohl auch während der Sondergeneralvollversammlung das Mißtrauen der Länder der Dritten Welt gegen von den Industrieländern verordnete Rüstungsbegrenzungen für die Dritte Welt deutlich wurde (ein japanischer und ein britischer Vorschlag für eine UN-Untersuchung über Wege zur Begrenzung und des Abbaus von konventionellen Waffen wurden abgelehnt), ist festzuhalten, daß erstmals von den Staaten der Dritten Welt einer derartigen Empfehlung zugestimmt wurde.

Erste Ansätze für eine verstärkte Bereitschaft, auch ohne die Lieferanten über die Beschränkung von Rüstungstransfers zu verhandeln, sind also zu erkennen. Dies darf nicht mit der Auffassung verwechselt werden, daß die Länder der Dritten Welt bereit wären, die immer noch weit überproportionale Aufrüstung in den Industrieländern von der Rüstung in der Dritten Welt zu »entkoppeln«. Hauptziel bleibt für sie weiterhin der Abbau der Rüstungen in den Industrieländern und die Umlenkung von Militärausgaben für die Entwicklungshilfe.

Die moralische Position der Länder der Dritten Welt ist zweifellos stark, aber sie wird immer kostspieliger und unpraktischer. Denn wenn es auch richtig

---

4 Weltbank, Weltentwicklungsbericht 1980, Washington 1980 (deutsche Version), S. 14.
5 Nach: *J. Krause,* Konventionelle Rüstungstransfers in die Dritte Welt, in: Außenpolitik, Jg. 30, Nr. 4 (1979), S. 400.
6 Das Schlußdokument (A/S-10/PV) ist u. a. im Anhang 11 A des SIPRI-Jahrbuches 1979, London 1979, zu finden.

ist, daß die Anteile an den weltweiten Militärausgaben die Industrieländer in Ost und West als weitaus stärker aufgerüstet ausweisen – die eindeutig höheren Zuwachsraten lagen in der Vergangenheit bei den Ländern der Dritten Welt. In den 70er Jahren wuchsen die Militärausgaben dort um ca. 7 Prozent im jährlichen Durchschnitt, die in den Industrieländern um ca. 2 Prozent.[7] Ein nicht unerheblicher Prozentsatz, vermutlich etwas über 30 Prozent der Militärausgaben der Länder der Dritten Welt, werden für moderne Waffensysteme verausgabt. Diese modernen Waffensysteme, die zum großen Teil in den Industrieländern erstanden werden müssen, haben nachweislich große ökonomische Folgekosten. Um sie effektiv einsetzen zu können, müssen Soldaten in großer Zahl zu Technikern ausgebildet oder zivile Techniker in die Streitkräfte eingezogen werden; es muß eine spezifische Infrastruktur errichtet werden (Häfen, Flughäfen, Brücken, Straßen etc.) und muß die Abhängigkeit vom Lieferanten der Ersatzteile in Kauf genommen werden.[8] Es ist darüber hinaus fraglich, ob diese Waffensysteme die Schlagkraft von Armeen in der Dritten Welt tatsächlich erhöhen. In vielen Fällen zeigt sich eher eine Verminderung der militärischen Stärke durch die Orientierung auf moderne Waffensysteme, die fast ausschließlich für den europäischen Kriegsschauplatz entwickelt wurden. Die im Bericht des Generalsekretärs der Vereinten Nationen von 1977 über die »Sozialen und wirtschaftlichen Auswirkungen des Rüstungswettlaufs und seine äußerst schädlichen Auswirkungen auf Frieden und Sicherheit in der Welt« deutlich gewordenen Ansichten über die weit überwiegend negativen Folgen von Aufrüstung werden zunehmend zu schmerzlicher Erkenntnis in vielen Staaten der Dritten Welt. Wenn auch – zumeist aus innenpolitischen Gründen – nicht an weitgehenden Abbau der vorhandenen Rüstungen gedacht wird, so besteht doch die Tendenz, weitere Rüstungswettläufe möglichst zu vermeiden. Wie realistisch die Umsetzung von Abkommen der Empfängerländer ist, kann an dieser Stelle nicht erörtert werden. Die Meinungen darüber gehen weit auseinander;[9] ihre Relevanz kann sich erst angesichts tatsächlicher Verhandlungen erweisen.

Ein Problem möglicher Rüstungstransferbeschränkungen läßt sich aber schon im Vorgriff analysieren: die Kontrolle etwaiger Abkommen. Die Kontrolle von Rüstungssteuerung (Verifikation) war bisher bei allen Rüstungskontroll- und Abrüstungsverhandlungen ein wesentliches Problem.

---

7 Vgl. SIPRI-Jahrbuch 1980, (Anm. 2), S. 2 f, 8 f.
8 Vgl. als Übersicht: *H. Wulf*, Rüstungsimport als Technologietransfer, München 1979.
9 Eine eher positive Einschätzung haben z. B. die Autoren des SIPRI (Anm. 1), S. 132, und *H. Haftendorn*, Der internationale Rüstungstransfer, Europa-Archiv, Folge 11, Jg. 33 (1978) in bezug auf bestimmte Regionen; eine negative findet sich z. B. bei *Krause* (Anm. 16), S. 399 f.

SALT II zum Beispiel drohte schon vor der sowjetischen Aktion in Afghanistan auch an diesem Problem zu scheitern.

2. *Verifikation im Bereich der Rüstungstransferkontrolle*

USA und Sowjetunion verfügen über zahlreiche Mittel der Verifikation. Zu den wichtigsten Hilfsmitteln der gegenseitigen militärischen Beobachtung, die Grundlage der Verifikation ist, gehören direkte Spionage durch Agenten oder Überläufer, indirekte Erkenntnisse über öffentlich zugängige Informationen, Überwachung des Funkverkehrs, Horchstationen, Aufklärungsflüge (nur USA) und Aufklärungssatelliten.[10] Die elektronischen Mittel werden gegenüber den klassischen Mitteln der Spionage immer bedeutsamer. Insbesondere die Satellitenüberwachung ist zum zentralen Bestandteil der militärischen Beobachtung geworden. Die Überwachungstechniken sind ständig verbessert worden. Das technische Maß der »Auflösung«, das einen Hinweis darauf gibt, ab welcher Größe einzelne Gegenstände bei normalen Lichtverhältnissen als solche identifiziert werden können, liegt bei den neuesten US-amerikanischen Militärsatelliten nach Schätzungen bei mindestens 30 cm.[11] Das würde bedeuten, daß nicht nur Straßen und Eisenbahnschienen (erforderliche Auflösung ca. 1,5 bis 5 m), sondern auch einzelne Fahrzeuge und Panzer (erforderliche Auflösung ca. 15 cm bis 1 m) auf den Photographien der Kameras in diesen Satelliten erkennbar sind (vgl. auch Schaubild 2). Informationen über den Stand der sowjetischen Technologie sind rar, es wird aber vermutet, daß die sowjetische Satellitenaufklärung über ähnliche Möglichkeiten wie die US-amerikanische verfügt.[12]
Die technologische Entwicklung in diesem Bereich war in den 70er Jahren äußerst rasant. Die US-amerikanischen Big-Bird-Satelliten etwa, die 1971 ins Weltall transportiert wurden, hatten Kameras an Bord, die eine Auflösung von ca. 30 m lieferten.[13] Dies ist zur Zeit etwa der Grenzbereich ziviler Satellitenaufklärung, etwas des Landsat III Typs aus den USA oder bemannter sowjetischer Raumstationen wie Saljut 6. Die technische Entwicklung

---

10 Vgl. als Überblick z. B. *R. Betts,* Intelligence für Policymaking, in: Washington Quaterly, Vol. 3, No. 3, (1980) und *H. Scoville,* Is Espionage Necessary, Foreign Affairs, Vol. 54, No. 3 (1976).
11 Vgl. Expertenkomitee für eine internationale Satellitenüberwachungsagentur, Proposal on Technical Implications, Genf 1980, SMA/WP/21, S. 4.
12 Vgl. Expertenkomitee (Anm. 11), S. 11 ff.
13 Expertenkomitee (Anm. 11), S. 5.

Schaubild 2

Schätzung der notwendigen Auflösung bei durchschnittlichen Bedingungen (in Meter)

Objekt	Auffindung	Erkennung	Identifikation	Beschreibung
Brücken	6	4,5	1,5	0,9
Radar	3	0,9	0,3	0,15
Funkstationen	3	1,5	0,3	0,15
Depots	1,5	0,6	0,3	0,25
Truppeneinheiten	6	2,1	1,2	0,3
Flughafenausrüstung	6	4,5	3	0,3
Artillerie und Raketen	0,9	0,6	0,15	0,05
Flugzeuge	4,5	1,5	0,9	0,15
Hauptquartiere	3	1,5	0,9	0,15
Bodenabwehrraketen, Luftabwehrbatterien	3	1,5	0,6	0,3
Mittelgroße Schiffe	7,5	4,5	0,6	0,3
Fahrzeuge	1,5	0,6	0,3	0,05
Landminenfelder	9	6	0,9	0,025
Straßen	9	6	1,8	0,6
Häfen	30	15	6	3
Militärflughäfen	–	90	4,5	1,5
U-Boote an der Wasseroberfläche	30	6	1,5	0,9

Nach: Expertenkomitee für eine Internationale Satellitenüberwachungsagentur, Proposal on Technical Implications, Genf 1980, SMA/WP/21

dürfte eine Auflösung von ca. 5 cm, die notwendig ist, um einen einzelnen Menschen zu erkennen, in den nächsten Jahren möglich machen.

Der Vorsprung der US-amerikanischen und sowjetischen Techniker, die in militärischen Satelliten- und Aufklärungsprogrammen arbeiten, ist beträchtlich. Vergleichsdaten sind zum Beispiel für den 1979 mit einer sowjetischen Trägerrakete ins All transportierten indischen ESO-Satelliten bekannt. Die Auflösung, die dessen Kameras liefern konnten, lag bei 1000 m.[14] Ein Grund für diese geringe Auslösung ist die weit größere Erdumlaufbahn dieses langlebigeren, energiearmen Satelliten.

Frankreich, die europäische Weltraumagentur, Japan, Kanada, China und Indien planen in der ersten Hälfte der 80er Jahre Erdbeobachtungssatelliten in den Weltraum zu schießen. Die Auflösung wird vermutlich im Bereich der augenblicklich die Erde umkreisenden zivilen US-amerikanischen und sowjetischen Systeme liegen.[15] Diese Satelliten sollen vornehmlich zivilen Aufgaben dienen.

---

14 Vgl. SIPRI-Jahrbuch 1980 (Anm. 2), S. 199.
15 Vgl. SIPRI-Jahrbuch 1980 (Anm. 2), S. 199 f.

Neben der – äußerst kostspieligen – Möglichkeit, eigene Satelliten zu konstruieren und ins Weltall bringen zu lassen, besteht die Möglichkeit für die Staaten der Dritten Welt, Daten des zivilen US-amerikanischen Landsat-D-Programms zu erhalten. Die Auflösung, die mit Hilfe der ersten Landsat Satellitenkameras und Übertragungssysteme erreicht werden konnte, lag bei ca. 80 m. Mit Landsat-D wird sie ab Ende 1981 oder Anfang 1982 ca. 30 m erreichen. Die eigentlichen Aufgaben von Landsat liegen im Bereich der Geographie, Hydrologie, Ozeanographie und Landwirtschaft. Obwohl die Auflösung theoretisch nicht ausreichend ist, haben Militärexperten auch auf Landsat-Photos militärische Anlagen wie Straßen, Flughäfen, Depots etc. identifizieren können.[16]

Zugang zu Landsat-Daten über eigene Empfangsstationen haben in der Dritten Welt bereits Brasilien und Indien. Thailand, die VR China und die Republik Südafrika haben entsprechende Verträge mit der US-amerikanischen Raumfahrtbehörde NASA abgeschlossen.[17] Landsat-Daten und -Karten können von anderen Staaten in den USA erworben werden. Zur Zeit verfügen lediglich die USA und die UdSSR über die technischen Möglichkeiten der elektronischen Aufklärung für die Verifikation von Rüstungstransferkontrolle im Bereich von Großwaffen. Alle anderen Länder wären von der Lieferung der Daten aus einem dieser beiden Staaten abhängig. Es verbleiben allerdings die klassischen Mittel von Spionage und Sammlung veröffentlichter Information als Quellen für die militärische Beobachtung des Rüstungstransfergeschehens.

Als Indiz dafür, wie gut die Information aus diesen Quellen ist, können zwei bekannte Rüstungstransferstatistiken herangezogen werden: die Rüstungstransferstatistik der US-amerikanischen Abrüstungsbehörde ACDA,[18] die auf Informationen des US-amerikanischen militärischen Geheimdienstes CIA beruht und das Transferregister des Stockholmer Friedensforschungsinstitutes SIPRI, das nur mit Hilfe öffentlich zugänglicher Quellen erstellt wird.[19]

Ein ausführlicher empirischer Vergleich[20] der Vollständigkeit dieser beiden Quellen ergibt ein unbefriedigendes Ergebnis: Weder die SIPRI- noch die ACDA-Daten können als vollständige Erfassung des Handels mit Rüstungs-

---

16 Vgl. Expertenkomitee (Anm. 11), S. 9.
17 Vgl. Expertenkomitee (Anm. 11), S. 17 ff.
18 US Arms Control and Disarmament Agency, World Military Expenditures and Arms Transfers, Washington, jährlich.
19 SIPRI-Jahrbücher, London (früher Stockholm), jährlich.
20 Vgl. IFSH Arbeitsgruppe Rüstung und Unterentwicklung, An Assessment of Data and Sources on Military Expenditures and Arms Transfers, Contribution for the UN expert committee on Disarmament and Development, mimeo, Hamburg 1980.

waren gelten. Während die Abdeckung US-amerikanischer und sowjetischer Transfers noch als gut bezeichnet werden kann, ergeben sich vor allem bei den ACDA-Angaben zu einigen westeuropäischen Exporteuren (Frankreich, Großbritannien) und Exporteuren aus den Ländern der Dritten Welt (Israel, Brasilien) erhebliche Zweifel an der Richtigkeit der Angaben. SIPRI macht erst gar nicht den Versuch, den gesamten Rüstungswarenhandel zu erfassen, sondern beschränkt sich auf den Handel mit Großwaffen. Es scheint, als ob in den von SIPRI allein ausgewerteten öffentlich zugänglichen Quellen (Militärhandbücher, Militärzeitschriften, Zeitungsreportagen etc.) ein Großteil der tatsächlichen Großwaffenexporte verzeichnet wird. Der Vergleich mit den Geimdienst-ACDA-Angaben deutet in diese Richtung, wenn auch zu vermuten steht, daß eine vollständige Erfassung auf diese Weise nicht zu erreichen ist.

Eine dritte mögliche Quelle für Informationen über Rüstungstransfers erweist sich bei genauem Hinsehen als völlig ungeeignet: die Außenhandelsstatistiken der Rüstungsimporteur- und -exporteurländer. Nur sehr wenige Staaten weisen ihre Importe und Exporte von Rüstungswaren explizit aus. Allerdings kann auch in diesen Fällen nicht geprüft werden, ob tatsächlich alle Exporte und Importe von Rüstungswaren in der Statistik erscheinen. Die große Zahl der Außenhandelsstatistiken enthält die Rüstungstransfers gar nicht oder zumindest nicht innerhalb der dafür vorgesehenen Warengruppen. Bei einer Durchsicht von Außenhandelsstatistiken konnte ein höcht unvollständiger Ausweis von Rüstungstransfers in der Außenhandelsstatistik festgestellt werden.[21]

3. Überwachungsmöglichkeiten für Dritte-Welt-Länder

Welche Möglichkeiten bestehen, Verifikationen zum Beispiel für Rüstungskontrollvereinbarungen ohne Informationsvermittlung durch die USA und die UdSSR für die Länder der Dritten Welt möglich zu machen und das »Geheimnismonopol« der USA und der UdSSR zu durchbrechen?
Zum Beispiel könnte eine Verbesserung der Erfassung von Rüstungstransfers in den Außenhandelsstatistiken ins Auge gefaßt werden. Außenhandelsstatistiken etwa waren die Basis für die über Rüstungstransfers informierenden statistischen Jahrbücher des Völkerbundes. Gleichwohl sind Außenhan-

21 Vgl. Anm. 20.

delsstatistiken grundsätzlich als Basis für Verifikationszwecke ungeeignet. Zwar ist es möglich, Ausfuhr- und Einfuhrstatistiken von Handelspartnern zu vergleichen, doch liefert dies erfahrungsgemäß keine Anhaltspunkte über die Richtigkeit von Angaben in Außenhandelsstatistiken. Unterschiedliche Angaben erheblicher Größenordnung sind in allen Warengruppen die Regel. Auch reichen die momentan gültigen Außenhandelsklassifikationen nicht aus, um den Transfer von Rüstungswaren vom Transfer ziviler Güter zu trennen. Flugzeuge, Fahrzeuge oder elektronisches Gerät etwa werden nicht nach ziviler oder militärischer Verwendung gesondert aufgeführt.

Für weitaus erfolgversprechender halten einige Experten eine UN-unmittelbare Statistik des Rüstungstransfers. Vorstöße in Richtung auf eine derartige Statistik erfolgten 1965 durch die maltesische UN-Delegation und 1968 gemeinsam durch die dänische, norwegische, maltesische und isländische Delegation bei den UN.[22] Die Mehrheit der Länder der Dritten Welt lehnte diese Vorschläge strikt ab. Für sie war eine Rüstungstransferstatistik unabhängig von einer Rüstungsproduktionsstatistik nicht akzeptabel. Während der UN-Sondergeneralvollversammlung zu Abrüstung 1978 verlangte die kolumbianische Delegation eine Studie über die Ausmaße und Trends im weltweiten Waffenhandel. Die türkische Delegation verwies auf die verschiedenen Vorschläge für eine UN-Rüstungstransferstatistik aus der Vergangenheit und erneuerte die Forderung nach einer derartigen Statistik.[23] Diese – begrenzten – Vorstöße sind vorsichtig zu bewerten. Während sie einen gewissen Wandel in der Haltung einiger Länder der Dritten Welt erkennen lassen, darf nicht übersehen werden, daß gleichzeitig von den Industrieländern vorgeschlagene Projekte mit ähnlicher Ausrichtung von der Mehrheit der Staaten der Dritten Welt nicht akezptiert wurden (siehe oben). Eine UN-Rüstungsexportstatistik wurde auch von Bundesaußenminister Genscher im Herbst 1980 vor den UN vorgeschlagen.[24] Insgesamt sind die Hoffnungen, sich über eine Statistik der konventionellen Rüstungswaren zu einigen, in den letzten Jahren gestiegen. Dies ist nicht zuletzt auch ein Ergebnis der Öffentlichkeit, die durch die Veröffentlichungen von SIPRI und ACDA geschaffen wurde. Die gängige Vernebelung von Rüstungstransferaktivitäten wird dadurch teilweise ad absurdum geführt.

Die Bemühungen in Richtung auf eine Rüstungstransferstatistik würden zweifellos verstärkt, wenn auch die Industrieländer bereit wären, Konzessionen zu machen und die Rüstungstransferstatistik mit einer Rüstungsproduk-

---

22 Vgl. SIPRI, The Arms Trade with the Third World, Stockholm, New York 1971, S. 95 ff.
23 Vgl. SIPRI-Jahrbuch 1979 (Anm. 6), S. 506 ff.
24 Vgl. Bulletin der Bundesregierung vom 29.8.80, Nr. 93, S. 797.

tionsstatistik zu koppeln. Daß es möglich ist, eine derartige Rüstungsproduktionsstatistik zu erstellen, zeigen wiederum die Arbeiten des Stockholmer Friedensforschungsinstitutes SIPRI. Seit 1978 wird in deren Jahrbüchern auch über die Rüstungsproduktion Buch geführt. Was über die Geheimhaltungspraxis der Rüstungstransfers zu sagen ist, gilt auch für die Rüstungsproduktion.

Allerdings steht zu befürchten, daß auch eine UN-Rüstungsstatistik nicht in einem für Verifikationszwecke hinreichenden Maße vollständig wäre. Denn wie bei Außenhandelsstatistiken wäre die einzige Möglichkeit der Kontrolle der Vergleich der Import- und Exportmeldungen, der durch gemeinsame Aktion von Empfänger und Lieferanten leicht unterlaufen werden kann. Wenn auch eine UN-Rüstungsstatistik als ein wichtiger Schritt in die richtige Richtung zu bezeichnen ist, um gegenseitig Vertrauen zu schaffen und damit Grundlagen für regionale Rüstungstransferbeschränkungen und Rüstungssteuerungsbemühungen einzuleiten, so kann eine solche Statistik vermutlich nicht hinreichen. Weitere Kontrollmaßnahmen müßten hinzukommen.

Als eine derartige Maßnahme könnten örtliche, unangemeldete Inspektionen durch unabhängige Beobachter vorgesehen werden. Diesen Beobachtern müßte ungehinderter Zugang zu militärischen Anlagen ihrer Wahl gewährt werden, so daß sie sich von der Richtigkeit gegenüber der UN gemachter Angaben überzeugen könnten. Als Vorbild könnten in gewissem Umfang die Inspektionen durch die Internationale Atomenergiebehörde dienen, die sowohl punktuelle personelle, als auch ständige photomechanische Überwachung durchführt.[25] Eine ständige Überwachung von der Erde aus scheint aber bei Rüstungswaren anders als bei Atomreaktoren technisch nur mit extrem großem Aufwand durchführbar. Die Überwachung durch personelle Inspektion war auch Teil eines US-amerikanischen Vorschlags zur Kontrolle der Rüstungsproduktion und des Rüstungshandels an den Völkerbund im Jahre 1934. Dieser Vorschlag wurde von den Völkerbundmitgliedstaaten Großbritannien und Italien zurückgewiesen, Frankreich und die UdSSR wollten im Gegensatz dazu den Vorschlag der USA noch verstärken. Das »Sonderkomitee für die Regulierung des Handels in der privaten und staatlichen Produktion von Waffen« legte im April 1935 ein Papier vor, daß die verschiedenen Positionen darlegte. Eine weitere Diskussion des Papiers wurde durch die wachsenden internationalen Spannungen verhindert.[26]

Eine Alternative und/oder Ergänzung der indirekten menschlichen In-Augenscheinnahme stellt auf Grund der technischen Möglichkeiten mit hoher

---

25 Vgl. SIPRI, The Nuclear Age, London, Stockholm 1975, S. 83 ff.
26 Vgl. SIPRI (Anm. 22), S. 99 f.

Wahrscheinlichkeit in der nächsten Zukunft die Überwachung aus dem Weltall dar. Zwei Grundmodelle sind denkbar, um mitliärische Daten auch für Länder der Dritten Welt nutzbar zu machen: 1. die Belieferung mit Daten durch die USA und/oder die Sowjetunion und 2. eigene Satellitensysteme unabhängig von den USA und der UdSSR.

Die USA haben während der bereits mehrfach erwähnten Sondergeneralvollversammlung im Mai 1978 angeboten, bestimmte Daten aus der Luftraumüberwachung über die Vereinten Nationen oder regionale Organisationen den Staaten der Dritten Welt zugänglich zu machen. Es ist ungeklärt, welchen konkreten Wert dieses Angebot der USA hat. Landsat-Daten (siehe oben), die ebenfalls von den USA erworben werden können, haben zur Zeit nur begrenzten militärischen Wert. Vornehmlich aus politischen Erwägungen dürften es die Länder der Dritten Welt ablehnen, Verifikation als Abfallprodukt der gemeinsamen amerikanischen und sowjetischen Überwachung aus dem Weltall zu behandeln.

Sehr viel bessere Aussichten auf Durchführung dürfte daher der ebenfalls auf der Sondergeneralvollversammlung 1978 vorgebrachte französische Vorschlag einer internationalen Satellitenüberwachungsagentur haben. Diese Agentur soll parallel zur internationalen Energieagentur als Spezialorganisation der Vereinten Nationen arbeiten. Der technische Aufbau umfaßt nach den französischen Vorstellungen drei Phasen: In einer ersten Phase sollen von Staaten mit Beobachtungssatelliten gelieferte Daten gesammelt und verglichen werden. In der zweiten Phase soll die Satellitenagentur eigene Erdfunkstationen einrichten, um Daten direkt von den bereits stationierten Satelliten abfragen zu können. In einer dritten Phase schließlich soll die Agentur selbst über Satelliten verfügen. Auf einer Expertentagung im Herbst 1980 wurde dieser Drei-Stufen-Plan gebilligt. Erste Kostenschätzungen wurden vorgenommen. Frankreich intendiert, da es unwahrscheinlich ist, daß die USA oder die UdSSR militärische Satelliteninformationen zur Verfügung stellen werden, das Programm um den französischen SPOT-Satelliten herum aufzubauen. SPOT soll 1984 in den Weltraum befördert werden. Die Auflösung wird bei einfarbigen Bildern in der Größenordnung von 25 m liegen.[27] Dies reicht allerdings nicht hin, um die Basis für die Verifikation von Rüstungstransferkontrolle zu bilden (siehe Schaubild 2). Die Expertenkommission für die Errichtung einer internationalen Satellitenagentur verlangt eine Auflösung von mindestens 50 cm für die verschiedenen anvisierten Aufgaben im Bereich der Überwachung von Rüstungskontroll- und Abrüstungsabkommen.[28]

27 Vgl. SIPRI-Jahrbuch 1980 (Anm. 7), S. 194.
28 Vgl. Expertenkommission (Anm. 11), S. 32.

Momentan scheinen also die zugänglichen technischen Möglichkeiten, die sich aller Wahrscheinlichkeit nach auf zivile Entwicklungen beschränken müssen, nicht auszureichen. Neben diesen technischen bestehen auch – kleinere – finanzielle und – weit gewichtigere – politische Probleme. Im Abschlußdokument der 1978er Sondervollversammlung wurde ausdrücklich festgehalten, daß Verifikationsmaßnahmen nicht zwischen verschiedenen Staaten diskriminieren dürfen und daß sie keine Einmischung in die internen Angelegenheiten eines Staates darstellen dürfen (Artikel 91 und 92).[29] Bei den Beratungen um eine internationale Satellitenagentur wird ausdrücklich davon ausgegangen, daß Observation nur mit Erlaubnis des Staates möglich ist, dessen Territorium observiert werden soll.[30] Vor diesem Hintergrund werden eine Reihe äußerst brisanter Probleme extensiver Satellitenüberwachung deutlich. Zum Beispiel wäre es möglich, mit der von den Experten geforderten Auflösung eine Menschenansammlung (ob bewaffnet oder unbewaffnet) zu beobachten. In Kombination mit sehr viel groberen Rastern, die größere Gebiete abdecken, wäre eine großräumige Überwachung nationaler Territorien möglich – durchaus nicht nur für Verifikationszwecke, sondern zum Beispiel auch zur Überwachung der eigenen Bevölkerung. Mit weiter verbesserter Auflösung wird es in absehbarer Zeit möglich sein, einzelne Personen vom Weltall her zu beobachten. Diese Vision, die für die Industrieländer schon sehr bald Realität werden dürfte, erinnert deutlich an die totale Fernsehüberwachung in Orwells »1984«. Es ist äußerst fraglich, ob die möglichen Fortschritte auf dem Gebiet der Verifikation von Rüstungskontrollabkommen die Gefahren der Beschneidung individueller Freiheit rechtfertigen können.

Das Problem könnte dadurch entschärft werden, daß die persönliche Inspektion das letzte Mittel der Verifikation bleibt. Die großflächige Satellitenaufklärung mit begrenzten technischen Möglichkeiten könnte die Anhaltspunkte liefern, wo was zu suchen ist. Eine internationale Satellitenagentur sollte nicht das Monopol der Überwachung erhalten.

---

29 Vgl. Anm. 6.
30 SIPRI-Jahrbuch 1979 (Anm. 6),S. 509.

4. Zusammenfassung

Die Bestandsaufnahme der zur Zeit verfügbaren Quellen zur Verifikation von Rüstungstransferkontrolle, die von Staaten der Dritten Welt initiiert würde, zeigt, daß die vorhandenen Informationsquellen bei weitem nicht ausreichen. Eine Rüstungsstatistik der Vereinten Nationen (Rüstungstransfer- und Rüstungsproduktionsstatistik) in Verbindung mit direkter Inspektion durch internationale Behörden und grobflächige Satellitenüberwachung scheint der erfolgversprechendste Weg zu sein, um das Vertauen in Verifizierbarkeit zu erzeugen, das zur Durchhaltung einer derartigen Rüstungskontrollmaßnahme notwendige Voraussetzung ist.

Es bleibt abschließend zu hoffen, daß die Länder der Dritten Welt unabhängig von den Industrieländern den Weg zu Rüstungskontrolle beschreiten und sich vom Ost/West Rüstungswettlauf abkoppeln. Die wenigen Anzeichen hierfür sollten von der Bundesrepublik tatkräftig unterstützt werden. Dazu gehört etwa die Bereitschaft, sich an einer Rüstungsstatistik der Vereinten Nationen zu beteiligen und die Versicherung, regionale Rüstungstransferbeschränkungen zu respektieren. Inwieweit dazu auch die (finanzielle) Unterstützung einer internationalen Satellitenagentur gehört, ist von den weiteren Diskussionen über die Zielrichtung dieser Agentur abhängig. Wirksamstes Hilfsmittel für Abrüstungsbemühungen in der Dritten Welt bleiben Abrüstungsbemühungen im Ost/West Konflikt.

Dieter S. Lutz

XII. Neutralität – Keine Alternative zur Kooperativen Rüstungssteuerung?

Eine zur bundesdeutschen Sicherheitspolitik im März 1980 in Auftrag gegebene vertrauliche Erhebung soll folgende Ergebnisse erbracht haben:
- 49% der Befragten sprachen sich für mehr »Eigenständigkeit der Bundesrepublik gegenüber den USA« aus, nur 29% waren dagegen;
- 52% hielten eine »bedingungslose Anlehnung der Bundesrepublik an die Außenpolitik der USA« für falsch, 26% plädierten dafür;
- 60% lehnten eine »Stationierung von mehr Atomwaffen in der Bundesrepublik« ab, 24% waren dafür;
- 45% der Befragten schließlich hielten »die militärische Neutralität der Bundesrepublik und der DDR« für eine geeignete Möglichkeit zur Friedenssicherung, 34% verneinten dies.[1]

Zwei weitere Untersuchungen, einerseits des Sozialwissenschaftlichen Instituts der Bundeswehr in München und andererseits von Emnid in Bielefeld, bestätigten und ergänzten diese Ergebnisse: Nach einer Umfrage des Bundeswehrinstituts vom Februar 1980 lehnen 71,7% der befragten Bundesdeutschen eine Verteidigung mit Atomwaffen auf dem Gebiet der Bundesrepublik ab, für eine Verteidigung unter Bedingungen des Atomwaffeneinsatzes votieren dagegen lediglich 16%.[2] Für eine Neutralitätspolitik sprechen sich – laut Emnid im August 1980 – 43% der bundesdeutschen Bevölkerung aus. Unter den SPD-Anhängern gibt es Emnid zufolge mit 49%:47% sogar bereits eine knappe Mehrheit für eine Alternativoption Neutralität.[3]

Folgt man den Aussagen der genannten Umfragen und Analysen, so scheinen weite Teile der bundesdeutschen Bevölkerung zu Beginn der 80er Jahre nicht nur spezifische Ausformungen der derzeitigen partei- und regierungs-

---

1 Die Untersuchung wurde von dem in Fachkreisen renommierten Institut »Sinus« durchgeführt – vgl.: Kurs auf den dritten Weg, Deutsches Allgemeines Sonntagsblatt vom 4. Mai 1980; vgl. ferner: *Vielain, Heinz*, 90 Prozent für besseren Draht zu USA, in: Die Welt vom 30. April 1980.
2 *Zoll, Ralf*, Sozialer und Politischer Wandel als gesellschaftliche Bedingung und Herausforderung für die Streitkräfte, Vortrag, gehalten auf der 24. Kommandeurtagung der Bundeswehr in Trier, 29. 4. 1980, hier: Tabelle Nr. 5; vgl. auch: Nur jeder dritte vertraut auf die Abwehrkraft der NATO; in: Die Welt vom 30. 4. 1980.
3 Zitiert nach: »Emnid: 43 Prozent für Bonner Neutralitätskurs«, in: Die Welt vom 19. 8. 1980, S. 1.

offiziellen Militär- und Sicherheitspolitik zu kritisieren, sondern über ihr Plädoyer für eine Neutralität im Ost-West-Gegensatz die Fundamente der westdeutschen Außen- und Sicherheitspolitik selbst grundsätzlich in Frage stellen zu wollen. Kann aber Neutralität, insbesondere eine deutsche Neutralität, angesichts der militärischen und ideologischen Spaltung Europas überhaupt als glaubwürdige und in ihren Risiken kalkulierbare Alternative zur Sicherung der Strategischen Stabilität in Betracht kommen? Muß nicht vielmehr bereits das Spielen mit dem Gedanken des Ausscherens aus der sogenannten »Blocksolidarität« destabilisierend und kriegsfördernd wirken? In den folgenden Abschnitten werden wir diesen Fragen in spezifischer Weise, bezogen auf die Kooperative Rüstungssteuerung mit ihrem übergeordneten Ziel der Strategischen Stabilität und ihren drei Subzielen bzw. Forderungen nach weniger kostspieligen, weniger bedrohten und weniger bedrohlichen Potentialen (vgl. dazu in diesem Band Kapitel I), nachgehen; vorab müssen jedoch noch einige Definitions- und Abgrenzungsprobleme der Neutralität geklärt werden.[4]

1. *Neutralität – Rechtsgrundlagen und Definition*

Nach allgemeinem Völkerrecht besitzt jeder Staat grundsätzlich das Recht, sich für neutral zu erklären (ius ad neutralitatem). Die wichtigsten Rechts- und Definitionsquellen des allgemeinen Neutralitätsrechts (ius in neutralitate) selbst sind das (V. Haager) »Abkommen betreffend die Rechte und Pflichten der neutralen Mächte und Personen im Falle eines Landeskrieges« und das (XII. Haager) »Abkommen, betreffend die Rechte und Pflichten des Neutralen im Falle eines Seekrieges« – beide vom 18. Oktober 1907. Sie werden ergänzt durch Normen des Völkergewohnheitsrechts, z. B. in bezug auf den Luftkrieg und den Wirtschaftskrieg sowie in bezug auf humanitäre Belange durch die Genfer Abkommen von 1949 zum Schutze der Kriegsopfer.

In der einfachsten Definition bedeutet Neutralität »die Nichtbeteiligung eines Staates an einem Krieg anderer Staaten«. Zu unterscheiden ist zwischen *gewöhnlicher* (gelegentlicher oder einfacher) Neutralität einerseits und *dauernder* (ständiger oder immerwährender) Neutralität andererseits. Im ersten Fall beteiligt sich der neutrale Staat nur an (einem) ganz bestimmten Krieg(en) nicht; im zweiten Fall erklärt der neutrale Staat bereits im Frieden,

---

[4] Vgl. zum folgenden ausführlicher: *Lutz, Dieter S.*, Neutralität – (k)eine Alternative?, in: *Lutz, Dieter S./Große-Jütte, Annemarie* (Hrsg.), Neutralität – Eine Alternative?, Baden-Baden 1981 (i. E.), Kapitel I und dort die Literaturhinweise.

prinzipiell weder einen Krieg zu beginnen noch sich an irgendeinem zwischenstaatlichen Krieg zu beteiligen, solange er nicht selbst angegriffen wird. Von *Neutralisierung* wird gesprochen, wenn ein Staat nicht freiwillig, sondern gezwungenermaßen neutral ist. Beide Formen, die freigewählte wie die von außen aufgezwungene, können von anderen Staaten *garantiert* sein. Die *völkerrechtliche* Verankerung der freigewählten Neutralität beruht entweder auf einer einseitigen Willenserklärung des Neutralen oder auf einem Vertrag. Das Neutralitätsrecht wird in der Regel vom neutralen Staat voll beachtet bzw. angewandt (*integrale* oder absolute Neutralität). Die *differentielle* (relative oder qualifizierte) Neutralität schließt demgegenüber die Beteiligung eines neutralen Staates an wirtschaftlichen (jedoch nicht militärischen) Sanktionen im Rahmen einer Organisation kollektiver Sicherheit, in concreto: der Vereinten Nationen, nicht aus.

Ihre Konkretisierung findet die Definition der Neutralität als »Nichtbeteiligung an einem Krieg anderer Staaten« in den völkerrechtlichen *Neutralitätspflichten*. Diese Pflichten des Neutralen sind im Kriegsfall:

1. die *Enthaltungspflicht*, d. h. der neutrale Staat ist verpflichtet, nicht nur selbst keinen Krieg zu beginnen, sondern sich auch der Unterstützung Kriegsführender durch Streitkräfte, staatliche Kriegsmateriallieferungen, staatliche Kredite für Kriegszwecke und durch Übermittlung militärischer Nachrichten zu enthalten;

2. die *Verhinderungspflicht*, d. h. der neutrale Staat ist verpflichtet, nicht nur selbst die eigene Neutralität und Unabhängigkeit zu verteidigen, sondern jede neutralitätswidrige Handlung Kriegsführender auf seinem Territorium und in seinem Luftraum zu verhindern;

3. die *Duldungspflicht*, d. h. der neutrale Staat muß bestimmte Handlungen der Kriegsführenden, z. B. die Kontrolle neutraler Schiffe auf hoher See, dulden;

4. die *Unparteilichkeitspflicht*, d. h. der neutrale Staat ist verpflichtet, die Kriegsführenden in bezug auf staatliche Regelungen der privaten Ausfuhr und Durchfuhr von Kriegsmaterial gleich zu behandeln.

Neben die Pflichten des Neutralen im Kriegsfall treten die Pflichten des dauernd Neutralen im Frieden. Diese *Vorwirkungen* oder *sekundären Pflichten* sind:

1. das Aggressionsverbot,
2. das Bündnisverbot,
3. das Stützpunktverbot,
4. das Rüstungsgebot.

Nach Kunter, Mark, u. a.[5] lassen sich diese vier Vorwirkungen in der allgemeinen Form zusammenfassen, daß ein dauernd neutraler Staat bereits im Frieden alles zu tun hat, um bei Ausbruch eines Krieges die skizzierten primären Neutralitätspflichten erfüllen zu können, und alles unterlassen muß, was ihm dessen Einhaltung unmöglich machen oder wesentlich erschweren würde. Auf die Frage, ob das »Rüstungsgebot« nicht exakter als »Verteidigungsgebot« verstanden werden muß, werden wir allerdings nochmals zu sprechen kommen müssen (vgl. Abschnitt 3).
Mit der Neutralität politisch mehr oder weniger verwandt, aber im rechtlichen Sinne von ihr abzugrenzen, sind verschiedene Phänomene:
– die Nichtkriegführung,
– die entmilitarisierten Zonen und/oder neutralisierten Gebiete sowie
– der Neutralismus.
Die *»Nichtkriegführung«* bezieht sich – im Gegensatz zur Neutralität – lediglich auf das Fehlen einer formellen Kriegserklärung oder auf die Nichtbeteiligung eigener Streitkräfte am Krieg. Sie schließt dagegen nicht die indirekte Unterstützung einer Kriegspartei mit diplomatischen, wirtschaftlichen oder sogar militärischen Mitteln in Form von Waffenlieferungen, militärischen Beratern, Nachrichten- und Übermittlungsdiensten etc. aus. (z. B. USA und UdSSR in den Nahostkriegen 1967/73 oder während des Zweiten Weltkrieges Spanien und vor Kriegseintritt Italien, Argentinien und die Türkei). Als ihr Extremfall kann die Form der Stellvertreterkriege angesehen werden.
Die *»entmilitarisierten Zonen«* und/oder *»neutralisierten Gebiete«* sind nicht selbst Staaten, sondern lediglich Gebietsteile von Staaten oder staatsgewaltfreie Räume, die entweder befriedet sind, d. h. in denen keine Kriegshandlungen durchgeführt werden dürfen (z. B. die neutralisierten Provinzen Chablais und Faucigny Nordsavoyens nach 1815) oder die entmilitarisiert sind (z. B. die Rheinlande durch den Versailler Vertrag von 1919) oder für die beide Formen zutreffen, wie z. B. für die Antarktis oder für den Meeresboden oder den Weltraum.
Der *Neutralismus* oder die *Blockfreiheit* (non-alignment) schließlich beziehen sich als besondere Form der Bündnisfreiheit, insbesondere von Entwicklungsländern, in erster Linie auf den Ost-West-Konflikt und den damit verbundenen (ideologischen und) militärischen Gegensatz: Anders als die Neutralität definiert sich Neutralismus also lediglich aus einer politischen

Konstellation und nicht aus dem klassischen Neutralitätsrecht. Die Neutralisten oder Blockfreien halten sich deshalb auch, insbesondere für den Kriegsfall, alle Optionen offen.

2. Ist Neutralität »weniger kostspielig«?

Nach dieser knappen Skizze der rechtlichen und definitorischen Grundlagen können wir uns nunmehr der Neutralität in ihrer Funktion als sicherheitspolitische Alternative zuwenden. Bezogen auf die Ziele der Rüstungssteuerung (s. o.) lautet die erste Teilfrage: Ist unter finanziellen Gesichtspunkten eine neutrale Außen- und Sicherheitspolitik mit geringeren Verteidigungsaufwendungen verbunden, m. a. W. ist sie weniger kostspielig als eine bündnisgestützte Militär- und Sicherheitspolitik (wie sie derzeit auch von der Bundesrepublik praktiziert wird)?

Im vorangegangenen Abschnitt haben wir gesehen, daß sich die immerwährende Neutralität eines Staates aus den völkerrechtlichen Neutralitätspflichten und ihren Vorwirkungen definiert. Zu diesen Strukturelementen der Neutralität gehört die »Verhinderungspflicht« im Kriegsfalle ebenso wie das »Rüstungsgebot«, das bereits im Frieden seine Wirkung entfaltet. In der Konsequenz beider Imperative liegt es, daß die heutige Praxis neutraler Staaten mit Fragen der Abrüstung und Rüstungsbegrenzung, der Entmilitarisierung oder auch der Denuklearisierung nichts oder nur wenig gemein hat. Die theoretische Verbindung von Pazifismus und Neutralismus, die insbesondere in Aussagen von Ulrich Noack und anderen Vertretern[6] der nachkriegsdeutschen »Ohne-mich-Bewegung« und des »Nie mehr wieder« eine erhebliche Rolle gespielt hatte, ist von der Realität niemals nachvollzogen worden. Im Gegenteil: Immerwährende Neutralität, wie sie heute von Schweden, der Schweiz, Österreich oder Finnland praktiziert wird, versteht sich bewußt als »bewaffnete Neutralität«. Unbewaffnete Formen, wie der seit 1929 neutrale Vatikanstaat, sind dagegen die (unbedeutende) Ausnahme geblieben.

---

5 Vgl. stellvertretend: *Mark, Wilhelm*, Die Sicherheitspolitik der Schweiz, in: *Lutz, Dieter S./Große-Jütte, Annemarie* (Hrsg.), Neutralität – Eine Alternative?, Baden-Baden 1981 (i. E.), hier: Kapitel II, Abschn. 2.3.; *Kuntner, Wilhelm*, Militär- und Sicherheitspolitik neutraler Staaten – Ein österreichischer Beitrag, in: Ebda, Kapitel III, Abschn. 2; *Riklin, Alois*, Ist die schweizerische Neutralität noch zeitgemäß?, hier: Seperatdruck aus: Wende in unserer Sicherheitspolitik, Lugano o. J., S. 45, 47.
6 Vgl. z. B. *Noack, Ulrich*, Die Sicherung des Friedens durch Neutralisierung Deutschlands und seine ausgleichende weltwirtschaftliche Aufgabe, Köln 1948, S. 29; vgl. auch die Auseinandersetzung mit *Noack* bzw. mit dem Nauheimer Kreis, in: EA 11/1950, S. 3069 ff; EA 12/1950, S. 3103 ff; EA 8/1951, S. 3879 ff.

Motor für diese – die Beantwortung aller weiteren Fragen grundlegend prägende – neutrale Praxis sind allerdings nicht nur die Neutralen allein. Vielmehr bestehen gerade die paktgebundenen Staaten in Ost und West, insbesondere die beiden Supermächte, auf dem wehrhaften Charakter der Neutralität: Die UdSSR forderte z. B. bereits 1948 im finnisch-sowjetischen »Vertrag über Freundschaft, Zusammenarbeit und gegenseitigen Beistand« nachdrücklich den bewaffneten Eigenbeitrag Finnlands zur Abwehr von Aggressionen; die USA und Frankreich wiederum, zwei westliche Signatarmächte des österreichischen Staatsvertrages, erkannten die dauernde Neutralität Österreichs 1955 nur unter der Bedingung an, daß das Land in der Lage und bereit sei, seine Unabhängigkeit und Neutralität ggf. wirksam mit Waffengewalt zu verteidigen. In diesen und ähnlichen Forderungen Nicht-Neutraler spiegelt sich besonders deutlich die Doppelfunktion der »bewaffneten Neutralität« wider: Zum einen soll Neutralität die eigene Unabhängigkeit des neutralen Staates schützen. Zum anderen soll sie aber eben auch den neutralen Staat für andere kalkulierbar machen; jeder Nicht-Neutrale, d. h. jeder potentiell kriegführende Staat soll die Garantie haben, daß keine Seite, auch nicht der mögliche Gegner, aus der Besetzung neutralen Gebietes, aus dem Durchmarsch über neutrales Territorium oder aus ähnlichen Kriegshandlungen gegen den Neutralen einen Vorteil im Gesamtkriegsverlauf ziehen könnte.

Wenn aber staatliche Neutralität als »bewaffnete Neutralität« zu verstehen ist. bzw. zu Rüstungsmaßnahmen verpflichtet, so kann die neutrale Alternative – und damit kehren wir zu unserem eigentlichen Teilproblem: der Verringerung der Verteidigungsausgaben zurück – zumindest nicht a priori und automatisch als »weniger kostspielig« gekennzeichnet sein. Welches also sind die finanziellen Konsequenzen der Option »bewaffnete Neutralität«?

Nach herrschender Meinung ist der neutrale Staat im Rahmen des ihm »Zumutbaren« zur Aufstellung und Beschaffung und ggf. auch zum Einsatz von Streitkräften und Rüstung verpflichtet. Keinesfalls ist der Neutrale aber zu Rüstungsmaßnahmen in einem Umfang gezwungen, der ihn in seiner finanziellen und wirtschaftlichen Lebensfähigkeit gefährden würde. Was zumutbar ist, muß im Einzelfall an Hand von Faktoren wie Wirtschaftskraft, Bevölkerungszahl, strategische Lage, operative Situation und ähnliches mehr beurteilt werden. Als Hilfsregel kann der sog. »*internationale Standard*«, d. h. der Standard vergleichbarer Staaten hinzugezogen werden. Was aber ist wiederum der »internationale Standard«?

Vergleicht man die Ausgaben der europäischen Neutralen, so kann von einem »internationalen Standard« kaum gesprochen werden: Weder die Höhe der absoluten Verteidigungskosten noch der Ausgabenanteil pro Kopf noch die Relation zum Bruttosozialprodukt lassen einen auch nur annähernd gemeinsamen Nenner erkennen. Selbst wenn man die derzeitigen Aufwendungen der Bundesrepublik vergleichend in die Betrachtung mit einbezieht, so läßt sich lediglich im Verhältnis zu Schweden ein »Standard« im Sinne ähnlich hoher Ausgaben pro Kopf bzw. im Verhältnis zum BSP feststellen. Allerdings kann nicht übersehen werden, daß, wenn schon kein gemeinsamer »Standard« besteht, so doch das jeweilige Ausgaben-Niveau der Neutralen Finnland, Österreich und Schweiz sowie des blockfreien Jugoslawien (letzteres mit Ausnahme des Ausgabenverhältnisses zum BSP) deutlich unter dem der Bundesrepublik (und Schwedens) liegt.

Mit Hilfe eines Ausgabenvergleichs läßt sich die Frage nach der »Zumutbarkeits-Grenze« also nicht positiv beantworten; andererseits spricht die festgestellte Ausgabenheterogenität der Neutralen eben auch nicht *gegen* die Vermutung, die bundesdeutschen Verteidigungslasten würden sich im Zuge einer Neutralisierung verringern. Eine stärker funktional an Kampfkraft und Abschreckungswirkung der Streitkräfte orientierte »Zumutbarkeits«-Analyse läßt diese Hypothese allerdings wenig plausibel erscheinen. Denn ähnlich dem paktgebundenen Staat will – genauer: soll und muß – auch der Neutrale mögliche Angreifer mit der Androhung von hohen Verlusten abschrecken, wenngleich auch mehr über einen hohen »Eintritts- und Aufenthaltspreis« als über die Androhung von Vergeltungsmaßnahmen, etwa den Einsatz von (atomaren) Flächenwaffen gegen Bevölkerungszentren und Industrieansiedlungen des Aggressors. Wenn sich aber funktional – auch nach einer Neutralisierung – nichts an der grundlegenden Abhalte- und Abschreckungsaufgabe der Streitkräfte ändert, so wird konsequenterweise auch die bisherige »Zumutbarkeits«-Grenze des ehemaligen Paktstaates unverändert bleiben bzw. auf den Neutralen übertragen werden können. M. a. W.: Eine Verringerung der finanziellen Verteidigungslasten ist mit dem Akt der Neutralisierung allein noch nicht zu erwarten.

3. *Ist Neutralität »weniger bedrohlich«?*

Orientieren wir uns auch weiterhin an den Zielen der Rüstungssteuerung, so gilt es nunmehr, in einem zweiten Schritt der Frage nach der Verringerung von Bedrohung und Bedrohungswirkung auf einen möglichen Konfliktpartner nachzugehen. Die Bedrohungsvorstellungen selbst sind insbes. auf das zentrale Dilemma von Streitkräften inklusive Rüstung zurückzuführen, die eben nicht nur »Sicherheit produzieren«, sondern auch aufgrund ihrer bi- und multifunktionalen Einsetzbarkeit Unsicherheitsgefühle wecken (können). Diese Unsicherheits- und Bedrohtheitsgefühle werden mit der derzeit sich abzeichnenden Tendenz der Rüstungstechnologie zu erstschlagsfähigen Waffensystemen zweifelsohne rapide gefördert.

Betrachtet man das Problem der »Bedrohungswirkung« von Streitkräften isoliert und unter Ausblendung anderer Faktoren, so liegt die Problemlösung mit der größten Durchschlagskraft zweifelsohne in einem politischen Konzept, das (vorrangig) auf nicht-militärischen Grundlagen ruht: Zu diskutieren sind insbesondere drei denkbare Modelle:

1. eine »entmilitarisierte«, aber »garantierte« Neutralität,
2. eine »verteidigte« Neutralität,
3. eine »pazifistische« Neutralität.

In Abschnitt 1. hatten wir die Rechts- und Definitionsgrundlagen der Neutralität herausgearbeitet. Für die Analyse des ersten Denkmodells, die *entmilitarisierte und garantierte Neutralität,* relevant sind insbesondere drei Definitions- und Abgrenzungsaussagen, und zwar:
– (entmilitarisierte, neutralisierte) Zonen oder Gebietsteile, die nicht selbst Staaten darstellen, sind von der Neutralität im rechtlichen Sinne zu unterscheiden;
– Neutralität gebietet die Verhinderungspflicht;
– Neutralität kann (von anderen Staaten) garantiert werden.

Führen wir diese drei Aspekte zusammen, so wird ein Staat denkbar, der erstens sein gesamtes Territorium entmilitarisiert und neutralisiert, dessen Neutralität ferner völkerrechtlich garantiert wird und auf dessen »Verhinderungspflicht« die Garantiemächte drittens schließlich verzichten oder die sie gemeinsam übernehmen. Letzteres könnte im Rahmen der Vereinten Nationen oder eines regionalen kollektiven Sicherheitssystems geschehen oder zwischen den beiden Militärpakten ausgehandelt werden. In jedem Fall aber würde für die Realisierung dieses Denkmodelles ein einseitiger Akt des neutralen »Kandidaten« keinesfalls genügen; Voraussetzungen wären vielmehr Bereitschaft, Zustimmung, gemeinsames Handeln und auch kooperative Konfliktsteuerung der potentiellen Garantiemächte (vor und nach Vertragsschluß). Kann das Modell aber nur über die bi- und multilaterale Kooperationsbereitschaft der möglichen Konfliktgegner in Ost und West realisiert werden, so ist es – und damit kommen wir zu unserer Ausgangsfrage nach möglichen, »weniger bedrohlichen« Alternativen zur derzeitigen Abschreckungs- und Rüstungssteuerungspolitik zurück – eher als *Teil*(maßnahme im Rahmen) der Kooperativen Rüstungssteuerung denkbar und realisierbar denn als *Alternative* zu ihr. Die Diskussion der Neutralitätstheorie und -konzeption verliert insofern also ihre systememmanente Richtung; gleichzeitig fällt ihr aber die u. U. ebenso wichtige Funktion als Katalysator des kreativen Durchdenkens innovativer Mittel und Wege der Kooperativen Rüstungssteuerung zu.

Anders als die »garantierte« Neutralität – Mischformen sind natürlich möglich – ruht das zweite der genannten Denkmodelle, die *»verteidigte Neutralität«,* in erster Linie auf dem einseitigen und souveränen Willensakt des Neutralen selbst. Anders auch als der Begriff der »bewaffneten« Neutralität präjudiziert die »verteidigte« Neutralität noch nicht die Mittel und Methoden, mit denen der Neutrale bereit ist, sowohl den eigenen Staat zu schützen als auch den völkerrechtlichen Verhinderungspflichten nachzukommen. Die »verteidigte« Neutralität schließt zwar die Beschaffung und den Einsatz auch militärischer Mittel nicht grundsätzlich aus, ist aber umgekehrt frei, sich teilweise oder völlig auf nicht-militärische Formen und Mittel wie die *»Soziale Verteidigung«* zu beschränken. Daß aber eine nicht-militärische Verteidigungskonzeption »weniger bedrohlich« (im Sinne des auch von der KRSt theoretisch angestrebten Teilziels) als eine militärische wirkt, scheint – zumindest auf den ersten Blick – plausibel, bedarf aber dennoch der Nachweise. Die Frage, ob Soziale Verteidigung, d. h. gewaltfreier, ziviler Widerstand gegen einen Aggressor oder Usurpator, tatsächlich mit Erfolg zum eigenen Schutz durchgeführt bzw. abschreckend eingesetzt werden kann, ist nicht unbezweifelt, mag aber in unserem Zusammenhang dahingestellt bleiben. Für die Frage der Bedrohungswirkung wichtig ist allein die zweite Teilfunktion der sog. Verhinderungspflicht, nämlich Kriegführende davon abzuhalten, vom Territorium oder dem Luftraum neutraler Staaten aus militärische Handlungen gegen Dritte vorzunehmen. Wie bereits betont geht es dem Nicht-Neutralen in erster Linie um die Kalkulierbarkeit der Rolle des Neutralen im Gesamtkriegsverlauf (vergl. Abschnitt 2): »Es wird den betroffenen kriegführenden Staat wenig kümmern, ob der Neutrale mit den Mitteln der Sozialen Verteidigung das Überleben der *eigenen* Sozialordnung gegenüber der Besatzungsmacht sichern kann oder nicht. Für ihn ist wesentlich, daß *er* vor Überraschungen aus dem Gebiet des neutralen Staates *sicher* ist. Er wird deshalb nur jene Form der Verteidigung als glaubhaft genug ansehen, die ihm solche Überraschungen fernhält oder sie so lange aufhält, daß sie ihren Effekt als Überraschung verlieren«[7] (Hervorheb. – DSL). Die Form der »Sozialen Verteidigung« wird diesen Anforderungen in zweifelsfreier Weise wohl kaum entsprechen können.

---

7 *Vetschera, Heinz.* Soziale Verteidigung, Ziviler Widerstand, Immerwährende Neutralität, Wien 1978, S. 147.

Neutralität steht also vor dem Dilemma, die direkte Bedrohungswirkung von Streitkräften zwar dann radikal abbauen zu können, wenn sie Abstriche an ihrer, aus der neutralen Verteidigungspflicht resultierenden, Kalkulierbarkeit in Kauf nimmt; umgekehrt erzeugt sie aber gerade damit wieder – wenn auch in vermittelter Weise – neue Bedrohungsvorstellungen. Dieses Spannungsverhältnis von Bedrohungsabbau und -erzeugung spiegelt sich am ausgeprägtesten im dritten der genannten Modelle, der ausschließlich *»pazifistischen Neutralität«* wider. Schon der Begriff der »pazifistischen Neutralität« stellt, zumindest unter klassisch-völkerrechtlichen Vorzeichen, nichts anderes dar als eine contradictio in adjecto.

Wie jede Verteidigungskonzeption, die nicht auf Kriegführung und Überlegenheit ausgerichtet ist, sondern auf Kriegsverhütung und Stabilität, wird also auch Neutralität einen überzeugenden *Mittelweg* zwischen Bedrohungsabbau und -erzeugung finden müssen. Dieser könnte in einer Mischform liegen, bestehend einerseits aus Sozialer Verteidigung zum Schutz der eigenen Sozialordnung und andererseits aus militärischen Mitteln wie den wenig bedrohlichen, aber durchaus effektiven Abwehrraketen zur Erfüllung der neutralen Verhinderungspflicht, etwa der Sicherung des neutralen Luftraumes. Anregungen für letzteres könnten Theorien und Konzepte bilden, wie sie etwa Afheldt[8] unter dem Begriff der »Technokommandos« vorgetragen hat.

Anregungen lassen sich jedoch nicht nur den theoretischen Konzepten und Modellen entnehmen. Auch in der Praxis der europäischen Neutralen selbst sind – in Form von völkervertragsrechtlichen Beschränkungen des neutralen Rüstungsgebotes – durchaus erste Ansätze zu einem solchen Mittelweg zu finden: So ist Österreich im Staatsvertrag von 1955 an ein – letztendlich allerdings kontra-defensives, aber historisch positiv aus der Nachkriegssituation zu erklärendes – »Raketenverbot« gebunden. Ähnliches gilt für Finnland, das im Friedensvertrag von 1947 gleichfalls einem Verbot unterworfen ist, Torpedos und Lenkwaffen, aber auch Bomber und U-Boote zu besitzen und darüber hinaus noch in der Höchststärke der Teilstreitkräfte, der Gesamttonnage der Marine sowie dem Bestand an Flugzeugen Beschränkungen unterliegt. Nicht zuletzt muß auch hervorgehoben werden, daß keines der neutralen Länder Europas Nuklearwaffen besitzt. Eine einheitliche völkerrechtliche Grundlage für diese »Enthaltung« existiert allerdings nicht. Während die sowjetische Völkerrechtslehre eine atomare Bewaffnung als unvereinbar mit dem neutralen Status ansieht, besteht nach vorherrschender An-

---

8 *Afheldt, Horst*, Verteidigung und Frieden. Politik mit militärischen Mitteln. München 1979.

sicht westlicher Autoren eine solche »Unvereinbarkeit« zumindest nicht zwingend.
Lassen sich also zusammenfassend, in Theorie und Realität der Neutralen, durchaus positive Ansätze für eine Verringerung der Bedrohungswirkung festhalten, so ist abschließend doch, sowohl für die Praxis als auch für die angeführten Modelle, zu wiederholen: Der angestrebte, bedrohungsmindernde Effekt ruht weniger auf dem Neutralitätskonzept eo ipso, als vielmehr auf Struktur- und Organisationsfragen der Verteidigung, die nicht originäre oder ausschließliche Definitions- und Eigenschaftsmerkmale der Neutralität sind.

4. Ist Neutralität »weniger bedroht«?

Bleibt in Anlehnung an das dritte Subziel der Kooperativen Rüstungssteuerung die Frage zu beantworten, ob eine neutrale Bundesrepublik von der Möglichkeit eines Krieges »weniger bedroht« wäre. Exakter ausgedrückt lautet die Frage: Kann durch eine Neutralisierung der Bundesrepublik, und ggf. auch der DDR, die Gefahr eines Krieges (oder die Drohung mit ihm) zwischen den Militärpakten und im besonderen für die beiden deutschen Staaten verringert werden?
Im folgenden kann das Spektrum möglicher Gefährdungen nicht durchgespielt werden – beschränken wir uns also auf den wichtigsten Fall: In den kommenden Jahren geht die weitaus größte Kriegsgefahr von der sich rapide und dynamisch fortentwickelnden Nuklear- und Raketentechnologie aus; sie kann zu einer Denkweise in Kategorien des Erstschlages und der Schadensbegrenzung durch Präemption führen.[9] Ein Staat wie die Bundesrepublik wäre von dieser Entwicklung, deren erste Anzeichen sich im übrigen in der derzeitigen sog. Nachrüstungsdiskussion bereits feststellen lassen, in besonderer Weise betroffen: Als europäisches Land mit der größten Atomwaffendichte bietet die Bundesrepublik eine Vielzahl von Zielen, ist also im Präemptionsfalle außerordentlich gefährdet.
Hervorgehoben werden muß, daß die Zerstörung dieser atomaren Ziele mit Kernwaffen verheerende Folgen für die *deutsche* Bevölkerung sowie die Existenz der Bundesrepublik nach sich ziehen würde, es sich bei den Zielen jedoch um militärisches Potential und Einrichtungen der *USA* handeln würde. Dies ist deshalb zu betonen, weil zu den Vorwirkungen oder sekundären Pflichten des Neutralen im Frieden das Stützpunktverbot gehört (vgl.

---

9 Dazu: *Lutz, Dieter S.*, Weltkrieg wider Willen?, Reinbek bei Hamburg 1981 (i. E.).

Abschn. 1). M. a. W.: Mit der Neutralisierung der Bundesrepublik müßten die amerikanischen Stützpunkte auf deutschem Territorium aufgegeben werden, würden also auch die Ziele für einen Präemptionsschlag entfallen. Zumindest auf den ersten Blick scheint also eine Neutralisierung der Bundesrepublik das Risiko eines atomaren Krieges bzw. das Gefahrenausmaß, definiert als Produkt aus Schadenshöhe (Kriegsschäden) und Eintrittswahrscheinlichkeit (Kriegswahrscheinlichkeit),[10] entscheidend zu verringern. Gleichwohl darf nicht übersehen werden, daß die Bedrohungs- und Risikominderung im vorliegenden Fall nicht in direkter Konsequenz aus dem Neutralitätskonzept als Vertrauensmodell resultiert, sondern lediglich mittelbar über den Abzug ausländischer Streitkräfte, d. h. quasi nur als Nebenprodukt der Neutralisierung anfällt: Der Erfolg – die Bedrohungsminderung – ruht also nicht auf einer spezifisch »neutralen« Systemeigenschaft. Im Gegenteil: In Abschn. 3 hatten wir bereits gezeigt, daß zwar alle neutralen Staaten auf einen eigenen Atomwaffenbesitz verzichtet haben, eine einheitliche völkerrechtliche Norm oder Lehrmeinung für diese Enthaltung jedoch nicht existiert. Umgekehrt lassen sich mit Dänemark und Norwegen sogar zwei NATO-Staaten anführen, die mit Nachdruck einerseits auf eigenes Atompotential sowie auf die Stationierung ausländischer Kernwaffen auf nationalem Territorium in Friedenszeiten verzichtet haben, andererseits jedoch glauben, die größere Sicherheit nicht in der Neutralität, sondern in der Militärallianz zu finden.

Die Idee der Neutralität darf also nicht ohne weiteres mit dem Konzept einer atomwaffenfreien Zone gleichgesetzt werden. Letzteres ist vielmehr sogar, wenngleich auch mit wechselnden Interessen und Prioritäten, Diskussionsgegenstand gerade der Rüstungssteuerungsgespräche zwischen den paktgebundenen Staaten, seien sie ausgerichtet auf bestimmte Seegebiete wie den Indischen Ozean, die Ostsee oder das Mittelmeer, seien sie gestützt auf Vorstellungen und Forderungen für Mitteleuropa oder wie jüngst wieder auch für Nordeuropa.

5. Zusammenfassung: Neutralität und Strategische Stabilität?

Der Katalog der in den vorangegangenen Abschnitten diskutierten Problematisierungen ist ganz sicherlich ergänzungsbedürftig. Gleichwohl haben bereits die angeschnittenen Aspekte gezeigt, daß die von einer alternativen

---

10 Vgl. *Rosenkranz, Erhard*, die Kernfrage der Sicherheitspolitik, in: *Baudissin, Wolf Graf von/ Lutz, Dieter S. (Hrsg.)*, Konflikte, Krisen, Kriegsverhütung, Baden-Baden 1981 (i. E.).

Sicherheitspolitik erwarteten Optimierungseffekte nicht, oder nicht allein, über Neutralität zu erreichen sind. Diese Feststellung schließt allerdings nicht aus, daß Neutralität unter bestimmten Bedingungen einen Beitrag zur Erlangung oder Verbesserung Strategischer Stabilität leisten kann: Eine neutrale Bundesrepublik würde z. B. über ihre potente Rüstungsindustrie einen Stabilitätsgewinn im Sinne einer Verringerung der Blockabhängigkeit europäischer Neutraler im Rüstungsbeschaffungsbereich und damit in der Erfüllung ihrer völkerrechtlichen Verhinderungspflicht und letztlich auch ihrer Kalkulierbarkeit bedeuten. Neutralisierungen der Bundesrepublik und der DDR würden ferner den Gürtel der Neutralen zwischen Nord und Süd schließen und zugleich eine militärstrategische Riegelfunktion zwischen Ost und West erfüllen. Unter entspannungspolitischen Vorzeichen schließlich könnten typische Funktionen neutraler Staaten wie »Vertrauensbildung« und »Gute Dienste« als Brücke zwischen den Blöcken genutzt werden. Weitgehende Voraussetzungen wären allerdings – und dies sei nochmals hervorgehoben – Bereitschaft, Zustimmung und der kooperative Wille zur friedlichen Konfliktsteuerung gerade auch der Blockstaaten (sowie der potentiellen Garantiemächte). Konzepte der Neutralität und Neutralisierung sind deshalb eher als Teilmaßnahmen im Rahmen der Kooperativen Rüstungssteuerung denkbar und erfolgreich denn als Alternativen zu ihr.

Autorenverzeichnis:

Baudissin, Wolf Graf von, Jg. 1907, Prof., Wissenschaftlicher Direktor des IFSH, General a. D., Lehrbeauftragter, zahlreiche Veröffentlichungen, u. a.: Soldat für den Frieden, München 1970.

Beuter, Heinz-Jürgen, Jg. 1943, Dipl. Pol., Dr. phil., Oberstleutnant i. G., z. Z. integrierte Verwendung SHAPE (Belgien), vormals Fellow am IFSH, Veröffentlichungen u. a.: SALT – Ein Konzept antagonistischer Rüstungssteuerung, Baden-Baden 1981 (i. E.).

Bilstein, Helmut, Jg. 1939, Staatsrat der Freien und Hansestadt Hamburg, Vorsitzender des Kuratoriums des Instituts für Friedensforschung und Sicherheitspolitik an der Universität Hamburg.

Buch, Heinrich, Jg. 1940, Dipl. Pol., Oberstleutnant i. G., derzeit: Amt für Studien und Übungen der Bundeswehr, Bergisch Gladbach, zahlreiche Veröffentlichungen zur Sicherheitspolitik.

Brzoska, Michael, Jg. 1953, Dipl. Volkswirt, Wissenschaftlicher Mitarbeiter am IFSH, Veröffentlichungen u. a. zu Rüstung und Dritte Welt, Rüstungsexporte und -produktion.

Chossudovsky, Evgenij, Jg. 1904, Dr. rer. pol., Prof., Europäischer Vertreter des United Nations Institute for Training and Research (UNITAR), nach 1945 Mitglied sowjetischer Delegationen in internationalen Organisationen, Mitglied des Wissenschaftlichen Beirates des IFSH, Veröffentlichungen u. a. zu Fragen der Ost-West-Beziehungen.

Gräbner, Justus, Jg. 1946, Hauptmann i. G., Fellow am IFSH, Veröffentlichungen zur Sicherheitspolitik.

Krause, Joachim, Jg. 1951, Dipl. Pol., Wissenschaftlicher Referent bei der Stiftung Wissenschaft und Politik/Ebenhausen, vormals Zivildienstleistender am IFSH, Veröffentlichungen zu sicherheitspolitischen Fragen.

Lutz, Dieter S., Jg. 1949, M. A., Dr. rer. soc., Stv. Wissenschaftlicher Direktor des IFSH, Lehrbeauftragter, zahlreiche Veröffentlichungen, zuletzt: Weltkrieg wider Willen?, Reinbek bei Hamburg 1981, Herausgeber der wissenschaftlichen Buchreihe Militär, Rüstung, Sicherheit im NOMOS-Verlag Baden-Baden.

Ruhala, Kalevi, Jg. 1939, Ph. D. Pol. Sc., Senior Research Fellow des Instituts für Militärwissenschaft in Helsinki, Finnland, Mitglied u. a. des Rates für Abrüstung im finnischen Außenministerium, vormals Forschungsstipendiat am IFSH, zahlreiche Veröffentlichungen zu Fragen der internationalen Beziehungen und der Rüstungssteuerung.

Šahovič, Milan, Jg. 1924, Dr. jur., Prof. an der Universität Belgrad, Mitglied und Vorsitzender verschiedener internationaler Einrichtungen, vormals Vorsitzender des Wissenschaftlichen Beirates des IFSH, zahlreiche Veröffentlichungen zu Fragen des Völkerrechts und der Internationalen Beziehungen.

Wulf, Herbert, Jg. 1939, Dipl. Volkswirt, Dr. rer. pol., Wissenschaftlicher Referent am IFSH, Lehrbeauftragter, zahlreiche Veröffentlichungen, zuletzt u. a.: Rüstungsimport als Technologietransfer, München/London 1979.

Register

Abrüstung 13, 14, 25, 46, 50, 67, 72, 99, 173, 179, 186, 189, 222
Abschreckung, (-sstrategie) 12, 14 f., 23, 47, 68, 76, 92, 109, 114, 124
Aggressionsverbot 228
Arms control (siehe Rüstungssteuerung) 72, 87, 141, 144 f., 150 f., 154, 156
Associated Measures (siehe begleitende Maßnahmen) 17, 42
Atomwaffenfreie Zone 105, 236
Aufrüstung, (-sprozeß) 109, 119, 181, 186, 192, 214 f.

Baruch-Plan 72
Bedrohtheitsgefühl 17, 94, 232
Bedrohungsvorstellung, (-perzeption) 113, 231, 234
Bedrohungswirkung 231 ff.
Begleitende Maßnahmen 17 f.
Blockfreiheit 228 f.
Bündnisverbot 228

Confidence-Building Measures (CBM), (siehe VBM) 138 ff., 159 ff.
Conventional Arms Transfer Talks (CAT) 202, 210 f.
CSCE (siehe KSZE) 132 f., 139 ff., 159

Détente (siehe Entspannung) 131 ff., 139, 145, 148, 159 f.
Disarmament (siehe Abrüstung) 136, 139, 145, 154

East-west relations (siehe Ost-West Verhältnis) 160 ff.
Embargo (siehe Waffenembargo) 195, 202 ff.
Entmilitarisierte Zone 228, 232
Entmilitarisierung (siehe Neutralität, entmilitarisierte) 229
Entspannung, (-spolitik) 9 ff., 15 f., 50, 56, 79, 172, 181, 187
Entwaffnungsschlag, (-maßnahme) 104, 116, 121
Erstschlag, (-sfähigkeit) 103 ff., 235
Eskalationsdominanz 85
Eskalationskontrolle 111 ff., 127

flexible response, flexible Reaktion 88, 113, 155

Grauzonenproblem 71, 81

Konversion 172 ff.
Kräfteverhältnis 102 ff.
KRSt (Kooperative Rüstungssteuerung), (siehe Rüstungssteuerung) 9 f., 13 ff., 22, 33, 45 ff., 87, 102 ff., 189 f., 226, 232 f., 235, 237
KSZE (Konferenz für Sicherheit und Zusammenarbeit in Europa) 36, 46, 129, 171

MBFR (Mutual Balanced Force Reductions) 34 ff., 42, 44 ff., 49, 87, 89, 171, 199
Moratorium 16, 34, 94 f., 98 f., 101, 121, 124, 128

Nachrüstung, (-sbeschluß, -sdiskussion) 83 f., 91 ff., 95 f., 107 ff., 123 ff., 235
Nato-Doppelbeschluß (siehe Nachrüstung) 87, 91 ff., 95 f., 107 ff., 123 ff.
Nato-Ratsbeschluß, siehe Nachrüstung 87, 91 ff., 95 f., 107 ff., 123 ff.
Neutralisiertes Gebiet 228
Neutralisierung 227, 231, 235 f
Neutralismus 228 f.
Neutralität 225 ff.
Neutralität, bewaffnete 229 f.
Neutralität, entmilitarisierte 232
Neutralität, pazifistische 232, 234
Neutralität, verteidigte 232 f.
Neutralitätspflicht 227 ff.
Neutralitätsrecht 227, 229
Neutronenwaffe 27, 107, 117
Nichtkriegführung 228
Non aligned countries 130 ff.
Non-alignment (siehe Blockfreiheit) 131
Nuclear free zone (siehe atomwaffenfreie Zone) 105, 145, 154
Nuklearwaffenfreie Zone (siehe atomwaffenfreie Zone) 105

Ost-West-Konflikt, (-Verhältnis) 72, 171, 209, 213, 224, 226, 228

Pazifismus 229
Präemption, (-sschlag) 9, 45, 104, 114, 116, 127, 235 f.
Präventivkrieg, (-schlag) 104
Presidential Directive 59, (PD 59) 112, 124

Rapacki-Plan 35 f.
Reduktionszone 37
Reduzierungsraum (siehe Reduktionszone) 42, 45
Rüstungsexport (-transfer) 175 ff., 189 ff., 209 ff.
Rüstungsexportverbot 178
Rüstungsgebot 228 f., 234
Rüstungskontrolle 75 ff., 186, 189, 201, 207, 222
Rüstungssteuerung, (-sverhandlungen) 9 f., 19, 46 f., 49 f., 52 ff., 68, 71 ff., 75 ff., 94, 97, 102 ff., 118, 171, 173, 215, 221, 229, 231, 236
Rüstungswettlauf 33, 57, 92, 122, 126, 199, 206, 210, 215

SALT (Strategic Arms Limitation Talks) 9, 20 ff., 31, 33 f., 44 f., 47, 49 ff., 58 ff., 66 ff., 71 ff., 78 ff., 87, 96 f., 100, 118, 151, 171, 216
Security policy (siehe Sicherheitspolitik) 147, 150
Sicherheitspolitik 10 ff., 19, 50, 52, 120, 171, 179, 229, 237
Soziale Verteidigung 233 f.
Stützpunktverbot 228, 235

TNF-Modernisierung, (-sprogramm) 78, 90 ff., 107 ff., 111, 116

VBM (Vertrauensbildende Maßnahmen) 17 ff., 34, 42, 44, 47, 62, 101, 186, 201
Verifikation 32, 34, 44 ff., 62, 74, 76 f., 96, 118, 126, 206, 209, 215 ff.
Vorneverteidigung 109, 115
Vorwarnzeit 103

Waffenembargo 202 ff.
Waffenexport (-transfer), siehe Rüstungsexport) 205 f.
Wettrüsten 16, 67, 69, 77, 92, 108, 182

Militär, Rüstung, Sicherheit

Eine Veröffentlichung des Instituts für Friedensforschung und Sicherheitspolitik an der Universität Hamburg
Herausgegeben von Dieter S. Lutz

1 *Lutz, Dieter S.* (Hrsg.); Die Rüstung der Sowjetunion – Rüstungsdynamik und bürokratische Strukturen, *1979, 273 S., 15,3 x 22,7 cm, Salesta brosch., 49,– DM*

2 *Schwarz, Günter; Lutz, Dieter S.;* Sicherheit und Zusammenarbeit – Eine Bibliographie zu MBFR, SALT und KSZE, *1980, 150 S., 15,3 x 22,7 cm, Salesta brosch., 58–, DM*

3 *Krell, Gert* (Hrsg.); Die Rüstung der USA – Gesellschaftliche Interessen und politische Entscheidungen, *1981, 288 S., 15,3 x 22,7 cm, Salesta brosch., 49,– DM*

4 *Lutz, Dieter S.; Große-Jütte, Annemarie* (Hrsg.); Neutralität – Eine Alternative? – Die Militär- und Sicherheitspolitik neutraler Staaten in Europa, *1981, 224 S., 15,3 x 22,7 cm, Salesta brosch., in Vorbereitung*

5 *Krell, Gert; Lutz, Dieter S.;* Nuklearrüstung im Ost-West-Konflikt – Potentiale, Doktrinen, Rüstungssteuerung, *1980, 217 S., 15,3 x 22,7 cm, Salesta brosch., 24,– DM*

6 *Lüders, Carl H.;* Ideologie und Machtdenken in der Außen- und Sicherheitspolitik der Sowjetunion, *1981, 113 S., 15,3 x 22,7 cm, Salesta brosch., 12,80 DM*

7 OTA, Kongreß der Vereinigten Staaten, Office of Technology Assessment; Atomkriegsfolgen – Mit einer Einleitung von *Dieter S. Lutz, in Vorbereitung*

8 *Kutz, Martin;* Reform und Restauration der Offiziersausbildung der Bundeswehr – Strukturen und Konzeptionen der Offiziersausbildung im Widerstreit militärischer und politischer Interessen, *in Vorbereitung*

9 *Schulz, Karl-Ernst* (Hrsg.); Bildungsreform in der Bundeswehr – Zwischenbilanz und Perspektiven, *in Vorbereitung*

10 *von Baudissin, Wolf Graf; Lutz, Dieter S.* (Hrsg.); Kooperative Rüstungssteuerung – Sicherheitspolitik und Strategische Stabilität, *1981, 245 S., 15,3 x 22,7 cm, Salesta brosch., 19,80 DM*

11 *von Baudissin, Wolf Graf; Lutz, Dieter S.* (Hrsg.); Konflikte, Krisen, Kriegsverhütung – Fragen, Analysen, Perspektiven, *1981, 243 S., 15,3 x 22,7 cm, Salesta brosch., 19,80 DM*

Nomos Verlagsgesellschaft
Postfach 610 · 7570 Baden-Baden

12 *Böge, Volker;* Die Türkei – Eckpfeiler der westlichen Allianz? – Zur türkischen Außen- und Sicherheitspolitik und zu den NATO-Interessen in Südosteuropa und Mittelost, *in Vorbereitung*

13 *Lutz, Dieter S.* (Hrsg.); Sicherheitspolitik am Scheideweg?, *in Vorbereitung*

14 *Beuter, Heinz-Jürgen;* SALT als System antagonistischer Rüstungssteuerung, *in Vorbereitung*

15 *Mutz, Reinhard;* Konventionelle Abrüstung in Europa – Die Bundesrepublik Deutschland und MBFR, *in Vorbereitung*

16 *Lutz, Dieter S.; Pott, Andreas; Schwarz, Günter;* Seemacht und Friedenspolitik, *in Vorbereitung*

17 *Leitenberg, Milton;* Sicherheitspolitik und militärische Doktrin, *in Vorbereitung*

Nomos Verlagsgesellschaft
Postfach 610 · 7570 Baden-Baden